영성의
발자취

유해룡

영성의 발자취

초 판 1쇄 발행 | 2011년 2월 28일
개정판 1쇄 발행 | 2011년 12월 1일
개정판 5쇄 발행 | 2025년 3월 15일

지은이 유해룡
펴낸이 김운용
펴낸곳 장로회신학대학교 출판부

등록 제1979-2호
주소 (우)04965 서울시 광진구 광장로5길 25-1(광장동)
전화 02-450-0795
팩스 02-450-0797
이메일 ptpress@puts.ac.kr
홈페이지 http://www.puts.ac.kr

값 19,000원
ISBN 978-89-7369-277-4 93230

영성의 발자취

유 해 룡

장로회신학대학교출판부

머 리 말

『영성의 발자취』는 기독교 영성 수련의 이론과 실제라는 주제로 수업을 진행하기 위해서 11년 전에 펴쳐 낸 『하나님 체험과 영성 수련』을 근간으로 해서 대폭 수정 보완한 책이라고 할 수 있다. 동일한 주제로 지난 10년 이상 동일한 교재를 사용하여 강의를 진행해 왔지만, 실제적인 강의에서는 그 내용에 있어서 많은 부분이 보완되었을 뿐만 아니라, 강의의 구조 역시도 변화를 겪어 왔다. 말하자면 그 동안 동일한 교재를 사용하면서도 그 내용과 구조는 꾸준히 수정되고 발전되어 왔다. 그래서 세월이 흘러갈수록 『하나님 체험과 영성 수련』을 교재로 채택하고 있음에도 불구하고, 교재의 역할로서의 효용성은 점점 떨어져 가고 있다는 것을 자각하면서 벌써 수년 전부터 새로운 책을 계획하고 있었다. 그러나 집중적으로 그 작업을 할 수 있는 시간을 얻지 못하다가 2010년 봄 학기에 장로회신학대학교의 배려로 연구 학기를 얻게 되어 비로소 그 동안 생각해 왔던 계획을 실행할 수 있게 되었다. 처음 작업을 시작할 때는 『하나님 체험과 영성 수련』을 기본 골조로 하여 어느 정도 수정하고 보완하는 것으로 끝을 맺으려 하였다. 그러나 저술 작업이 진행되는 동안 처음의 생각과는 달리 대수술이 벌어지는 느낌이 들었다.

그 동안 강의 자료로 사용되어 왔고, 그리고 모아 두었던 자료와 틈틈이 써왔던 연구 논문을 면밀히 살펴보면서 그 내용을 새로운 책에 반영하기 시작했다. 어떤 강의 자료나 논문은 약간 틀만 바꾸어 상당 부분 그대로 옮겨오기도 했고, 또 어떤 것들은 정확한 출처와 논리를 갖추면서 새롭게 단장을 하기도 했다. 그래서 이전 책에서 만족스럽지 못한 부분은 보완하거나 삭제하고 새로운 것으로 교체하기도 했다. 본 책의 첫 부분부터 대대적인 수술 작업이 시작되었다. 영성에 대한 이론적 부분을 살펴보면서 그 동안 영성에 대한 담론이 매우 제한적이고 피상적이라는 것을 발견하였다. 이 첫 부분이 지금까지의 강의에서 크게 역할을 하지 못했다는 것을 인식하고 그 부분을 전적으로 수정하고 보완하면서 보다 심도 있게 다루어 보기로 했다. 물론 첫 번째의 저서인 『하나님 체험과 영성 수련』의 저술 목적이 영성 수련에 대한 이론과 실제였기 때문에, 의도적으로 영성 그 자체에 대한 이론적 담론은 최소화시켰다. 그래서 독자로 하여금 영성에 대한 담론에서 새로울 것이 없다는 오해를 불러일으킬 정도로 성경적 입장에서 간단하게 서술했었다.

그러나 실제적으로 지난 십여 년 이상 강의를 진행하는 동안, 청중이나 독자는 영성 수련이라는 실천적 측면을 다루기 전에 과연 영성이라는 주제가 무엇을 의미하고, 무엇을 다루는 영역인가에 대한 관심이 예상 외로 크다는 것을 발견했다. 지난 20여 년 동안 한국적 상황에서 영성에 대한 논란이 활발하게 일어나곤 했지만, 여전히 그 주제는 사람들에게 낯설거나 불분명하다. 그래서 그 저서의 목적이 어떻게 설정되었든지 가장 기본이라고 할 수 있는 영성에 대한 이해를 어느 정도 심도 있게 다루어 주어야 할 필요성을 절감하게 되었다. 그래서 영성의 이론 부분을 다룬 첫 장은 거의 새로운 것이라고 할 수 있다.

그러한 과정은 그 다음 장에서도 계속되어 갔다. 그래서 『영성의 발자취』와 『하나님 체험과 영성 수련』은 구조적으로는 크게 변화가 없기에 겉으로 보기에는 유사한 책처럼 보이지만, 『영성의 발자취』의 전체적인 내용으로 볼 때 새로운 내용으로 대체되거나 수정된 것들이 압도적으로 많이 차지하고 있기 때문에 전적으로 새로운 책이라고 해도 좋을 듯하다. 영성이라는 주제가 실천을 전제할 때만이 비로소 생동력 있는 의미를 지닐 수 있는 것처럼, 동시에 이론적이고 학문적인 뒷받침이 선행될 때만이 실천적인 방법이 항구적인 생명력을 유지할 수 있다. 그렇기에 갖가지 영성 수련의 방법을 제시하면서 그것들이 긴 역사 동안에 어떻게 검증을 받아 왔는지를 보여 주는 역사적 근거와 신학적 배경 이론을 제시하였다. 그리고 이전의 책의 구조를 따라 저술을 펼쳐 가다 보니 하나의 책으로는 그 분량이 너무 커지고 있다는 것을 발견했다. 그래서 『하나님 체험과 영성 수련』의 제4장인 "영성 지도의 의미와 전통"과 제5장인 "하나님 체험과 영성 식별"은 이 책에서 제외하기로 했다. 분량적인 측면에서뿐만 아니라 내용적으로 볼 때도 별개의 책으로 다루는 것이 더 적합하다고 생각되었기 때문이다. 그래서 기회가 허락되는 대로 추후 새로운 단행본으로 펼쳐 내리라는 생각을 한다.

『영성의 발자취』는 그 이름에서 풍겨 나오는 대로 긴 기독교 역사 속에서 제시되어 왔던 다양한 영적 수련의 방법의 이론과 실제를 개인적으로 혹은 공동체적으로 배우고 익히기를 원하는 사람들에게 도움을 줄 것이다. 비교적 긴 세월 동안 이 분야를 연구하고 가르치고 훈련해 왔던 경험을 반추하면서 본 저서를 집필해 왔다. 그러나 이미 빚어진 결과를 돌이켜보건대 여전히 저자의 미숙함과 어리석음이 이 졸필 곳곳에서 묻어 나오고 있다는 두려움이 있기는 하지만, 필요성과 사명감에 앞서 감히 또 다른 저서를 세상에 내놓게 되었다. 이 글이 세상에 나오기까지 그 동안 저에게 가르치고 섬길 수 있는 기회와 그리고 연구할 기회를 준 장로회신학대학교에 감사를 드리며, 그리고 영성에 대한 학문적 열정과 실천적 사명감을 불러일으켜 주신 성삼위 하나님께 감사를 드린다.

2010년 12월 21일
광나루 언덕 선지동산에서

유 해 롱

차 례

영성이란 무엇인가?

기독교 영성의 궁극적인 목적으로 삼는 것은
인간의 신화(deification)이다.
기독교에서의 신화는 유일신이신 하나님
그 자신의 신성에 참여한다기보다는
삼위일체 하나님을 향한
믿음 안에서의 관계 형성을 의미한다.
그러므로 영성적인 사람이 된다는 것은
삼위일체 하나님과의 관계 안에서
인간이 되어 가는 것(becoming person)을 의미하며,
인간이 되어 간다는 것은
전인(the whole person)이 되는 것을 의미한다.

제 1 장 영성이란 무엇인가?

1. 왜 영성이 회자되는가?

20세기 전반부터 영성에 대한 관심이 학문적 영역과 실천적 영역에서 일어나기 시작하더니, 20세기 후반으로 넘어오면서 그 관심은 더 강렬하고 폭넓게 고조되어 왔다. 특수한 수도 단체나 제도권 밖에서 일어나는 교회 운동이나 신앙 운동에 국한되어 있던 영성에 대한 논의가 각 방면으로 확산되어 갔다. 19세기 후반부터 20세기 초반에 이르러 영성이라는 말은 서구의 물질문화에 대한 반발과 그 대안으로 동양의 신비 종교나 힌두교와 만나면서 기독교 안에서 사용되고 있던 의미[1]를 뛰어넘어 탈색되고 확대되어 갔다. 그럼에도 불구하고 여전히 영성에 대한 열기는 소수의 젊은 지성인이나 열정적인 종교인 가운데서 제한적으로 일어나고 있었다. 그러나 20세기 후반에 들어오자 이러한 경향이 보다 다양하고 폭넓게 확산되었다. 기독교 신학과 관련하여서는 물론이거니와 다양한 기독교 공동체 운동이나 이슬람, 힌두, 불교 등 비기독교적 종교 영역 안에서뿐만 아니라 문화적 영역 안에서도 영성은 중요한 논제가 되었다.[2]

이러한 현상의 이유는 현대인들이 제도화된 교회 공동체와 그 안에서 일

---

1) 유해룡, 『하나님 체험과 영성수련』 (서울: 장로회신학대학교출판부, 2002), 21-25 참고.
2) Kenneth J. Collins, ed., *Exploring Christian Spirituality: An Ecumenical Reader* (Grand Rapids, Michigan: Baker Books, 2000), 44-47.

어나고 있는 갖가지 신앙적 정신적 활동에 대해서 매우 회의적이 되었기 때문이다. 20세기에 들어서 대단위의 인명 살상을 초래한 세 개의 큰 전쟁은 서구인의 정신 세계를 뒤흔들어 놓았다. 즉 제2차 세계 대전에서의 유대인 대학살, 히로시마의 원자 폭탄 투하 사건, 베트남 전쟁으로 인한 대량 살상 등이다. 그것은 서구 문명의 허구성과 기독교 문화의 한계성을 드러내는 사건으로서, 서구 기독교 문화에 대한 비판적 성찰과 반성을 촉구하는 계기를 제공했다. 제도화된 공동체와 교리적으로 체계화된 교회 안에서 이루어지고 있던 신앙적 행위는 점점 내면적이고 개인적이며 경험적인 방향으로 선회하기 시작했다. 그 결과 신앙은 더 이상 제도화된 공동체의 일이 아니고 개인의 일로 바뀌어 갔다.3)

정복하고 다스리라는 성경의 창조 이야기가 서구의 자본주의적 개발 논리를 적지 않게 합리화해 주었다는 점에서, 오늘날 서구 기독교가 삶의 내적 의미를 추구하는 사람들에 의해서 공격의 대상이 되고 있다. 그것은 단순히 문화화된 서구 기독교를 겨냥할 뿐만 아니라, 심지어는 제도화된 교회를 겨냥하기도 한다. 그렇기에 현대인들은 그 어느 때보다도 종교적이 되어 가지만, 제도화된 교회의 영향으로부터는 더욱더 멀리 벗어나고 있다. 그들은 그 어느 때보다도 하나님의 존재를 인정하며, 자신이 영적이라고 믿고 있지만, 반드시 특정한 종교인이나 교인이 될 필요를 느끼지는 않는다.4) 미국 사회에서 사람들이 교회를 떠나는 주된 이유 중 하나는 보다 깊은 영적 의미를 원하고 있기 때문이라고 한다.5) 그들은 소위 영성을 더욱 깊게 하기 위해서 갖가지 정신적 수련에 참여하거나 유사 종교적 성격을 띤 정신 활동에 참여

3) Michael Downey, *Understanding Christian Spirituality*, 안성근 역, 『오늘의 기독교 영성이해』(서울: 도서출판 은성, 2001), 32-38.
4) Carla Power, "Lost in Silent Prayer," *Newsweek*, 12 July 1999, 44-49. 지난 20년간 하나님의 존재를 믿는 유럽인들은 20%나 상승하여 90%에 이르고 있다고 한다. 그러나 그들은 대부분 특정한 교회에 소속할 필요성을 느끼지 못한다고 한다.
5) George Gallup은 "미국인들이 교회를 떠나는 가장 큰 세 가지 이유 중 하나는 그들이 보다 더 깊은 영적 의미를 원하기 때문이다."라고 지적한다. Geoge Gallup, *People's Religion*, 144, quoted in Kenneth Collins, ed., *Exploring Christian Spirituality*, 9.

하고 있다. 이러한 상황은 한국 사회에서도 예외는 아니다.6) 1960년대 이래로 서구 신학은 종교 다원주의와 심리학으로부터 상당한 영향을 받아 오고 있다. 로마 가톨릭에서는 제2차 바티칸 공의회(1962-1965) 이래로 하나님의 구원 활동 영역을 제도권 교회 밖으로 확대시키고자 하는 분위기가 일어나면서 영성의 의미를 보다 폭넓게 사용하고 있다. 개인의 믿음 생활이 교회법적인 테두리로부터 비교적 자유로워지면서 경험이라는 말이 자연스럽게 흘러 나오기 시작했다. 이러한 배경에서 영성이라는 말이 흘러 나오기도 하였다. 즉 믿음 생활이란 교회의 전통이나 가르침이라는 권위에 기초를 두기보다는 각 개인의 경험적 차원을 강조하는 의미에서 영성이라는 말을 즐겨 사용하게 되었다. 20세기 후반이 시작되는 1960년대 중반으로 넘어오면서 세계는 매우 급진적인 변화를 겪어 왔다. 종교는 문화의 실체이고, 문화는 종교의 표현 양식이라는 폴 틸리히의 주장대로 미국의 1960년대는 종교와 문화가 서로 굳게 손을 잡은 시기였다.7)

종교, 문화, 경험 이 세 영역이 서로 굳게 손을 잡으면서 생겨난 합성 산물이 뉴에이지(New Age) 운동이다. 이 운동은 이전부터 있어 왔던 것이기는 하나, 대중들의 가슴속으로 깊이 파고들기 시작한 시기는 바로 1960년대이다. 이 운동은 무슨 특정한 노선이나 선언문을 내건 의도적인 운동은 아니다. 해묵은 고정 관념을 극복하고 내면의 자유를 구가하고자 하는 내면적인 운동이요, 정신적이요 문화적인 운동이며, 자연과의 조화를 추구하는 생명

---

6) 탈세속화 이론에서 주장하는 대로 한국 사회도 외형적으로 종교 인구가 계속 늘고 있다. 통계청 인구 센서스 조사는 1985년부터 10년마다 종교 인구 조사를 실시하였는데 그 결과에 따르면 한국의 종교 인구는 1985년 42.6%, 1995년 50.7%, 2005년 53.5%로 계속 늘어나고 있고, 20년 사이 10% 가량이 늘어났다. 종교 인구가 가장 많이 늘어난 연령대는 10세 미만으로 20년 사이 15.4%나 증가하였다. 10대의 경우도 11.7%나 증가하였는데, 자녀 연령대의 종교 인구가 많이 늘었다는 것은 가정 내 신앙 전수가 강화되고 있음을 짐작케 한다. 이외에도 통계치에 잡히지 않는 다양한 대체 종교 인구를 포함시킨다면 그 수는 더 크게 증가하고 있다는 것을 보여 줄 것이다.

7) F. Forrester Church, ed., *The Essential Tillich: An Anthology of the Writings of Paul Tillich* (New York: Collier Books Macmillan Publishing Co., 1987), 103. 폴 틸리히는 1956년에 "Aspects of a Religious Analysis of Culture"라는 논문을 발표하면서 종교와 문화의 이원론적인 분리를 극복하고자 했다.

운동이기도 하다. 이 운동은 한 마디로 규명하기 어려울 정도로 복잡한 경향을 지니고 있다. 이 운동의 이론가인 매릴린 퍼거슨(Marilyn Ferguson)은 이 시대의 특징을 이렇게 묘사하고 있다. "우리 시대의 정신은 모순으로 가득 차 있다. 실용적이기도 하면서 동시에 초월적이기도 하다. 이성과 신비, 위력과 겸양, 상호 의존과 독립 등 두 대립 요소가 함께 공존한다."8)

　1960-1970년대 서구의 젊은 세대들은 문화, 종교, 사회를 향하여 저항하는 일단의 반문화 운동(counter culture)을 전개하였다. 이들은 틀에 박힌 생기 없는 물질 문명과 기술 문명 사회로부터의 탈출과 자유를 선언했다. 그들은 당시 사회를 지배하고 있던 객관적인 진리와 절대적인 가치관에 더 이상 의미를 두지 않으려 하였으며, 그 대신 경험주의적인 종교 문화에 탐닉하였다. 동양의 신비 종교 특히 인도의 힌두교가 새로운 시대 정신에 활기를 불어넣는 듯했다. 이러한 흐름으로 말미암아 진리의 상대성과 종교 다원주의는 자연스럽게 퍼져 나갔다. 이 세대에게 있어서 진정한 영성이란 전통적인 권위나 교리라는 형식보다는 내면적이요 초월적인 경험과 밀접한 관계를 맺고 있었다.

　더욱이 정보화와 인터넷 문화가 급진적으로 확산되어 가는 현대 문화의 영향을 받고 있는 현대인들은 사이버 공동체 외에 물리적 공동체에 대한 매력을 점점 상실해 가고 있다. 그들은 군중 속에 머물고 있으면서도 홀로 있다는 의식이 매우 강하다. 이전의 사람들은 자기 자신의 정체성을 공동체 안에서 찾으려 했으나 근대 이후의 세대들은 고독한 단독적인 존재로서 자기 안에서 자신의 정체성을 찾고자 몸부림치고 있다. 헨리 나우웬(Henri Nouwen)은 오늘의 이 세대의 사람들을 핵 인간이라고 정의하면서 핵 인간의 특징을 역사적 단절, 단편화된 이데올로기, 새로운 불멸에 대한 추구 등이라고 말한다.9) 현대인들은 연대감이나 연속 의식보다는 '지금 여기'(the

8) Marilyn Ferguson, *The Aquarian Conspiracy*, 김용주 역, 『뉴에이지 혁명』 (서울: 정신세계사, 1994), 13.

9) Henri Nouwen, *The Wounded Healer*, 최원준 역, 『상처입은 치유자』 (서울: 두란노, 1999), 19.

here and now)라는 바로 그 순간만을 중요시하는 경향이 있다.[10] 핵 인간
은 시대를 초월하여 타당한 진리가 있다는 사실을 믿지 않는다. 우선적으로
가치 있게 느껴지는 경험만이 중요한 이데올로기가 된다.[11] 인간은 불멸 의
식이 분명할 때 '오늘 여기에'라는 것에 더 깊은 의미를 두기 시작하며, 비로
소 창조적 욕구를 발전시키게 된다. 그러나 현대인들은 전통적인 가르침이나
권위에 신뢰를 두지 않기에 불멸 의식에 대한 뿌리가 매우 취약하다. 그럼에
도 불구하고 현대인들은 그 불멸 의식에 대한 내적 갈망을 포기하지 않고,
각 개인의 경험 안에서 그 근거를 찾으려고 노력하고 있다.[12]

그래서 현대인들은 보다 내면적인 실체, 보이지 않는 것의 실체, 존재의
근원 등에 더욱 깊은 관심을 보이기 시작한다. 명상이나 정신 수련 센터 또
는 묵상을 위한 피정 센터, 선이나 요가 센터가 늘어나는 이유가 바로 여기
에 있다.[13] 이 세대는 개인적인 것에 절대 우위를 부여하는 세대이며, 자아
속으로 움츠러드는 경향이 두드러지게 나타나는 세대이다. '바깥 어딘가' 또
는 '위 어딘가'에 아무것도 없다면 '내면 어딘가'에는 무엇인가 의미 있고 확
실한 무엇이 있을지도 모른다는 생각을 가져야만이 자신의 존재를 지탱할 수
있기 때문이다. 그래서 현대의 고독한 군중들은 점점 더 내향성(inward-
ness)을 지향하고 있다고 헨리 나우웬은 지적한다. 그들은 보편타당한 외적
인 진리가 존재한다는 사실을 믿는 대신에 가장 개인적인 것이 가장 보편적
이라는 사실을 믿고자 한다.[14]

이와 같이 현대인은 자기 정체성에 대한 의혹과 내면 세계의 갈망으로부
터 하나의 화두와 같은 '영성'이라는 말을 찾아 냈다. 그 언어를 어떻게 이해
하고 해석하느냐에 따라서 사람들은 그 정의에 상응한 삶의 양태와 내면 형

---

10) 위의 책, 20.
11) 위의 책, 24.
12) 위의 책, 26-27.
13) 위의 책, 30.
14) Carl Rogers, *On Becoming a Person* (Houghton Mifflin, 1961), 26, Henri Nouwen,
『상처입은 치유자』, 30 에서 재인용.

성을 이루어 간다. 상대적으로 자신의 위치를 가늠할 수 있는 절대적 기준이나 위치를 상실한 현대인은 참된 자아를 찾아야 한다는 강박 관념에 사로잡혀 있다. 공동체와 권위가 살아 있던 시대의 사람들은 스스로 자기 자신을 찾아야 한다는 강박 관념이 그렇게 크지 않았다. 왜냐하면 이미 세상에 존재하기 시작하면서 자기가 누구인지가 공동체 안에서 규정되었고, 그 규정에 따라서 자기를 실현해 가면서 건강한 인격을 형성해 갔기 때문이다. 그러나 오늘날 건강한 사람이 된다는 것은 더 이상 외적인 규범을 지키고, 그 문화에 적응하는 문제가 아니라 내면의 심연 깊은 곳에서 자신이 누구냐를 발견하는 것을 의미한다. 그러므로 오늘날 우리는 통념적으로 회자되는 영성이라는 말을 바르게 이해하기 위해서 사전적 정의나 신학적인 해석에 의존하는 것으로는 충분하지 않다. 왜냐하면 영성이라는 말은 어떤 교리적 가르침이나 특정한 신앙적 전통에 뿌리를 둔 용어가 아니라, 특정한 시대를 살아가는 각 사람의 내면의 목마름을 대변해 주는, 시대가 낳은 독특한 용어이기 때문이다. 그러므로 바람직한 영성에 대한 이해는 현대를 살아가고 있는 인간 내면 안에서 무엇이 일어나고 있는가라는 물음으로부터 비롯되어야 한다. 이러한 물음에 활력을 불어넣어 준 계기는 심층심리학의 발달이다.

그 동안 전통적으로 오직 종교적 영역이라고 믿어 왔던 영혼의 문제, 자아의 탐구 문제가 객관적이고 과학적인 학문의 중요한 주제가 되었다. 추상적인 영역이었던 내면의 문제나 영혼의 문제가 구체적인 탐구의 대상이 되었다. 그것은 막연한 추상적인 실체가 아니라 경험적인 실체가 되었다. 심층심리학자들의 노력은 내면의 갈망으로 헐떡이는 새로운 세대에게 구원의 메시지가 되었다. 심리학자들은 새로운 세대에게 인위적으로 신비적인 내면 세계와 종교적 영역을 체험해 주고자 하는 노력을 하였다.[15] 이러한 운동이 물질주의적이고 권위주의적인 시대 흐름에 대한 회의주의에 부분적인 해답을 주

---

15) Kenneth Leech, *Experiencing God: Theology as Spirituality* (New York: Harper & Row, 1985), 17-18.

는 듯했다. 대부분 이런 운동이 교회 밖에서 일어나고 있었기 때문에 하나님
의 추구가 제도권적인 교회의 독점적인 영역이라는 전통적인 이해로부터 개
인적인 경험의 영역이기도 하다는 확신이 점점 강하게 싹트기 시작했다.[16]

이러한 시대적 사조와 문화적 흐름으로부터 회자된 영성이라는 말이 오늘
의 신학적 주제로 부상했고, 우리는 이것을 기독교적 신앙에 비추어 매우 비
판적으로 다루어야 할 필요가 있게 되었다. 이러한 다양한 흐름이나 운동이
공통적으로 주목하고 있는 것은 초월을 향한 주관적 체험이다. 그러한 주관
적 체험의 출처가 무엇인가? 그러한 체험이 과연 개인의 영적 성장에 어떤
영향력을 미치는가? 더욱이 그것이 기독교 영성적 측면에서 말한다면 더욱
복잡한 문제로 남는다.

2. 영성을 어떻게 정의해야 하는가?

그 동안 영성이라는 말은 흔히 인간 삶의 초월적인 차원에 관심을 두고 논
의되어 왔다. 종교와 영성은 같은 것은 아니지만, 일반적으로 이 두 영역은
모두 초월적인 차원에 관심을 두고 있기에 본질적인 측면에서 서로 얽혀 있
다. 그래서 사람들은 영성을 말할 때 거의 종교와의 관계적인 구도에서 이해
해 왔다. 이는 하나님은 창조주이시고 인간은 피조물이기에, 절대적 기준인
하나님에 대한 이해를 전제로 인간은 누구인가를 답할 수 있다고 믿어 왔기
때문이다. 이런 전제 아래에서 영성을 이해하는 것은 인간의 경험보다는 선
험적인 가르침이나 종교적 교리에 바탕을 둔 연역법적인 접근 방법에 의존한
다는 것을 의미한다. 그런데 이러한 방법에 의존할 때는 "도대체 영성과 신
학의 차이는 무엇인가?"라는 물음이 제기된다. 전통적인 기독교 믿음에 충
실하지 못한 사람 가운데서도 피상적인 삶의 공허성을 인식하고 그것을 극복

---

16) 위의 책, 19.

하고자 하여 영성에 대하여 적극적인 관심과 갈망을 가지고 있는 사람들이 늘어나고 있다. 그러한 사람들에게 설득력 있게 영성에 대한 이해를 전해 줄 수는 없는가?

특정한 신앙 전통과 관련하여 영성을 정의하려고 한다면 통일된 영성의 이해를 가지기가 어렵다. 이미 알려진 대로 각 종교는 그들의 종교적 신념에 따라서 각각 다른 영성의 의미를 지니고 있다. 이렇게 도출된 영성의 이해는 각각 다른 초월자에 대한 이미지나 상이한 교리적 입장에서 볼 때는 전혀 다른 의미로 이해될 수 있다. 이렇게 서로 다른 의미로서의 영성의 이해는 상호 보완적으로 자기 전통에 입각한 영성에 대한 정의를 보다 풍성하게 해 주기보다는 자주 배타적인 태도를 초래할 수 있다. 그러므로 각 전통에서 이해하고 있는 초월자에 대한 입장에서 인간을 이해하려 하기보다는, 피조물 자체로서의 인간의 이해를 깊게 탐구하고 경험할 때 피조물로서의 인간의 독특성이 무엇인지를 인지할 수 있다. 이런 식으로 영성의 의미를 추구할 때 보다 보편적이고 객관적인 영성의 정의를 이끌어 낼 수 있다. 이것은 인간을 이해하려 할 때 하나님과의 관계를 고려해서는 안 된다는 말은 아니다. 인간의 경험 자체 안에서 하나님의 피조물로서의 독특성이 무엇인지를 이해해 보자는 말이다.

그러므로 보다 보편적이고 객관적인 영성의 이해를 위해서는 역사성과 교리적 가르침을 전제하는 연역적 방법보다는, 인간 자체의 심원한 내면 세계를 관찰하면서 영성의 의미를 추구하는 것이 좋다. 일반적으로 신학적 입장에서의 인간 이해는 인간이 하나님의 형상으로 지음받았다는 전제를 두고 인간을 탐구해 들어간다. 이러한 연역법적인 탐구를 받아들일 때 기독교적 영성이란 하나님의 형상과 관련을 맺고 있는 인간 존재의 핵심이라고 말할 수 있다.[1] 그러나 이러한 영성의 정의는 역동성이 결여될 수 있다. 영성이란 말은 역동성과 경험적인 뉘앙스를 지니고 있는 용어인데, 이러한 신학적 뿌리

---

[1] Ewert Cousins, Preface to *Christian Spirituality: Origins to the Twelfth Century*, by Bernard McGinn, John Meyendorff, and Jean Leclercq, eds. (New York: Crossroad, 1987), xiii.

에 기초한 영성의 정의는 그 의미를 사변적 개념에 묶어 둘 수 있다. 그러므로 바람직한 영성의 이해를 추구하는 방법은 개인이 경험할 수 있는 내면 세계와 그와 관련된 외적인 활동을 면밀히 관찰함으로써 인간의 보편적 특성을 설명해 보려는 귀납법적인 방법이 더 적합하다. 귀납법적인 방법이 연역법적인 진술을 완전히 배제하지는 않는다. 귀납법적인 방법을 통한 경험적인 통찰은 오히려 연역법적인 진술을 더욱 진정성 있게 수용하는 지름길이 된다. 그 결과로 얻은 영성의 이해는 더 확고한 객관성을 확보할 수 있으며, 보다 생동력 넘치는 경험적인 기독교 영성의 의미를 전해 줄 수 있다.

3. 인간의 영으로서의 영성

존 맥쿼리(John Macquarrie)는 영성은 온전한 의미에서 인간이 되는 것이 무엇인지를 탐구하는 것과 관련이 있다고 주장한다.[1] 우리 인간이 생물학적인 성장과 더불어 본래적인 의미로서의 인간 성숙이 수반되지 않는다는 것을 잘 이해하고 있다. 인간은 주체적이고 자의식적으로 인간됨을 추구함으로써 형성되어 가는 존재이다. 이러한 경험적인 측면의 인간 이해를 가지고 있다면 인간은 주체적 자아와 객체적 자아가 존재한다는 것을 추론하게 된다. 객체적 자아는 분명히 형성되어 가면서 경험될 수 있는 대상이 되지만, 주체적 자아는 경험을 낳게 하지만 결코 파악할 수 없고 경험될 수 없는 영원한 주체로 남을 수 있는 그 무엇이 인간을 인간 되게 한다고 할 수 있다. 그 무엇이 무엇인가? 전통적으로 그것을 영이라 했고 그것이 인간 존재의 중심을 이루며, 그것으로부터 초월적 실재를 지향하게 된다고 했다.[2]

영이라는 실재는 보이거나 감각적으로 경험될 수 있는 객체는 아니다. 신

---

1) John Macquarrie, "Spirit and Spirituality," in *Exploring Christian Spirituality: An Ecumenical Reader*, ed. Kenneth Collins, 63.
2) E. Cousins, Preface to *Christian Spirituality: Origins to the Twelfth Century*, xiii.

약성경은 그 실재를 유비적으로 표현하기를 임의로 부는 바람과 같다고 한다(요 3장). 구약에서도 인간을 흙으로 빚으시고, 그 곳에 생기(רוח)를 불어넣음으로써 비로소 살아 있는 존재(생령)가 되었다고 기록하고 있다(창 2:7). 감각적 기능으로는 파악될 수 없는 신비적 실존인 영을 경험적인 세계 안에서 파악되도록 하기 위해서 바람을 유비적으로 사용하는 것은 적합하다고 할 수 있다. 즉 성경은 일차적으로 영을 감각적인 세계 안에서 호흡과 바람으로 파악될 수 있는 것으로 묘사하고 있다. 보이지는 않지만 한 인간이 살아 있느냐, 죽어 있느냐를 구분하는 명백한 특징은 호흡과 관련되어 있다. 바람은 보이지 않지만 사물과 사람들의 주변에서 지속적으로 자극과 영향을 주며, 그것들을 움직이게 하는 명백한 힘으로 작용한다. 월트 아히로트(W. Eichrodt)는 고대인은 바람이 불 때나 인간이 호흡을 할 때 신의 신비를 찾아 내곤 하였다 한다. 그리고 인간은 이런 자연적 현상에서 신과 아주 가까이 있음을 느꼈고, 이해할 수는 없지만 신비의 접근성이라는 상징과 신적인 활동을 보았다.[3]

그러나 영은 감각적으로나 물리적으로 파악할 수 있는 그 이상의 깊이와 복잡성과 풍요로움을 담고 있기 때문에 영을 곧바로 호흡이나 바람과 상호 교환적 의미로 사용할 수는 없다. 그 자체를 표현하고 드러내는 일에 있어서는 물리적 세계와 인간의 경험 안에서 일어나고 있다고 할지라도 영은 물리적이고 감각적 세계 너머의 더 깊은 신비적 의미를 담고 있다. 그러므로 영성은 보편적인 인간의 신비를 탐구하는 영역이므로 반드시 신학과 관련시켜야 하는 주제가 아니고 인간론 안에서도 충분히 논할 수 있는 주제이다. 이 말은 영성은 하나님을 완전히 배제하고도 그 논의가 가능하다고 말하는 것이 아니고, 전통적으로 영성의 문제를 신학적 주제에 의존하여 연구하는 연역적 방식에서, 인간적 경험에 의존하는 귀납적 차원 방식으로의 전환이 가능하다는 것을 말하는 것이다. 충분한 인간 이해를 전제하지 않고 영성을 말하거나 영성 운동을 하는 사람들은 영성의 의미를 자주 왜곡시켜 왔다. 그래서 인간

---

3) W. Eichrodt, *Theology of the Old Testament* (London: SCM; Philadelphia: Westminster, 1967), 2:46, quoted in Kenneth Collins, ed., *Exploring Christian Spirituality*, 64.

고유의 심리적이고 정신적인 활동을 하나님의 영과 동일시함으로써 자신이 마치 신적인 영역에 들어갔다거나 하나님의 신성과 동일시하는 체험을 하고 있다는 어리석음을 범한다. 이러한 왜곡이 한 개인에게 국한된 문제라면 그 희생은 최소화될 수 있으나, 소위 영성을 지도하는 입장에 있는 사람들에 의한 것이라면 그 부작용은 매우 심각하다 할 수 있다. 그러므로 보다 건강한 영성의 이해나 영성 운동을 위해서 인간의 영과 하나님과의 연속성을 배제하지는 않지만, 보다 독립적인 인간 이해를 통해서 영성을 탐구하는 것이 바람직하다.

하나님의 영과 인간의 영의 관계를 이렇게 설명할 수 있다. 하나님이 영이시기는 하나 모든 영이 하나님은 아니다. 단지 인간이 영이라 할지라도 그것은 인간이라는 피조물의 속성 그 자체이다. 그러므로 모든 영의 활동이 신성하다고 말할 수는 없다. 통념적으로 영성에 대해서 말하고자 할 때 그것은 신성한 어떤 것과 관련된 것으로 생각하려 한다. 그러나 영성은 보다 폭넓은 인간의 삶에 대한 보다 깊이 있고 의미 있는 어떤 것을 전해 주고자 한다. 따라서 인간의 영의 경험은 그러한 영성이 내재되어 있는 인간의 현상으로 보고, 신학적인 주제와 관련시키지 않는 인간 이해를 추구하고자 할 때 영성의 문제가 보다 선명해질 수 있다. 영성은 신성을 지닌 실재가 아니라 단순히 피조물에 불과한 인간의 실재를 다루는 영역이며, 그런 의미에서 영성은 곧 인간학이라고 할 수 있다. 이렇게 영성을 접근할 때, 영성은 단순히 '인간이 무엇이냐'라는 이론적 영역만이 아니고, '인간이 영적으로 어떻게 성숙될 수 있느냐'라는 실천적 영역으로 확대되어 갈 수 있다.

4. 자기 초월적인 존재로서의 영성

'인간이 영이다'라는 것은 경험적으로 무엇을 의미하는가? 인간은 육체적인 존재이다. 그러나 인간은 시간과 공간의 제한을 받는 육체적 한계 속에

갇혀 있는 폐쇄적 존재로 머물러 있기를 거부한다. 지속적으로 자신을 뛰어넘어 새로운 세계를 지향하는 초월적인 능력을 발휘하는데 이것이 영적인 실존이 무엇인지를 경험하는 예이다. 영은 개방적이고 창조적이며 자유로워서 주어진 환경과 상태를 넘어가는 능력을 지닌다. 그 능력은 또한 자기 의식과 자기 비판, 이해, 책임감, 진선미의 추구, 지적인 추구, 사랑의 확장을 통한 공동체의 형성 등을 통하여 생명의 풍요로움을 가능하게 해 준다.[1] 인간은 죄로 인하여 이 생명의 영을 충분히 감지하지도 못하고 또 누리지도 못하지만, 그럼에도 불구하고 그 죄가 인간이 인간 되기를 멈추게 하지 못함으로 인하여, 여전히 영의 활동의 지배를 받고 있다. 그래서 타락한 인간 실존 속에서 인간은 여전히 영적 존재이다.

　맥쿼리는 이러한 신학적 이해를 바탕으로 영성이 무엇인지를 어원적으로 설명을 시도하고 있다. 그가 채택한 용어는 exience라는 단어이다. 그는 이 단어를 통해서 영적인 실존은 그 자체에 머물지 않고 끊임없이 역동적으로 움직여 나아가는 형태를 설명한다. 즉 영성이란 '자기 자신을 초월하는 능력'이라는 것을 설명하기 위해서 맥쿼리가 제시한 신조어이다. 그러나 이 말은 맥쿼리 자신의 독창적 언어는 아니며, existence(실존)에 뿌리를 둔 신조어라고 할 수 있다. 그는 실존주의 철학자들이 existence라는 말을 개방성이나 자아 초월을 의미하는 것으로 사용하고 있다고 이해했다. 어원적으로 볼 때도 existence는 ex-sisting 혹은 standing out이라는 의미를 지니고 있으며, 그 말은 인간의 실존은 자신을 벗어나 존재할 수 있는 독특한 존재라는 것을 설명해 준다. 영은 이러한 활동과 매우 밀접하게 연관되어 있다. 그러나 영이란 어떤 존재를 구성하는 존재론적 용어라기보다는 그 존재를 존재되도록 하는 역동적인 특징을 지닌 용어이다. 그러므로 영적인 특징을 지닌 인간 존재를 설명하는 exience는 standing out의 의미로 해석된 existence보다는 going out의 의미를 부여한 existence에서 파생한 용어이다.[2]

1) 위의 책, 67.
2) 위의 책.

그러면 그 자아 초월적인 능력이 무엇을 지향하는가라는 물음이 제기될 수 있다. 오늘날 영성에 대한 폭넓은 이해를 제공하고 있는 크로스로드 (Crossroad)사의 시리즈인 『기독교 영성』(Christian Spirituality) 서문에서 밝힌 이워트 카즌스(Ewert Cousins)의 정의가 있다. 이 시리즈는 전통적으로 인간 내적 차원을 '영'이라고 불렀다는 것에 주목하고 있다. 이 심원한 중심 즉 영으로부터 인간은 초월적인 차원을 향하여 개방되어 있다. 그리고 거기서 우리는 궁극적인 실재를 경험한다.[3] 일반적으로 영성을 정의할 때 자기 초월적 속성을 언급하는데, 이워트 카즌스는 이 차원이 '궁극적 실재'를 지향하고 있다고 말함으로써 정체적인 의미보다는 동력적 차원의 의미를 덧붙이고 있다. 즉 영성이란 끊임없이 움직이고 활동하는 어떤 것임을 암시하고 있다. 그런데 이러한 정의가 '종교'의 정의와 구분될 수 있는 어떤 특이성이 있느냐라는 문제에 직면하여, 카즌스는 크로스로드사의 시리즈인 『세계 영성』(World Spirituality: An Encyclopedic History of the Religious Quest)의 서문 부제에서 영성을 정의하면서 그것은 종교와는 다른 의미를 지니고 있다는 것을 제시한다. 예를 들면 이 시리즈의 마지막 책의 이름인 『영성과 세속적 탐구』(Spirituality and the Secular Quest)에서 알 수 있듯이 영성은 결코 종교를 개입시키지 않을지라도 영성 그 자체로 충분한 의미를 지닌다는 것을 보여 주고 있다.[4]

샌드라 슈나이더스(Sandra M. Schneiders)에 따르면 오늘날 영성에 대해서 말하는 모든 사람들은 자기 초월의 문제에 깊은 관심을 가지며, 이 자기 초월은 궁극적인 지평을 향해 영적 여정을 가고 있는 사람들에게 방향을 제시해 줌으로써 그들이 전인적인 삶을 이루어 가도록 삶의 전 영역에 걸쳐 온전한 의미를 제공해 준다고 한다.[5] 그녀는 영성에 대해서 초자연적인 어떤

---

3) E. Cousins, Preface to *Christian Spirituality: Origins to the Twelfth Century*, xiii.
4) Peter H. Van Ness, ed., *Spirituality and the Secular Quest* (New York: Crossroad, 1996) 참고.
5) Sandra M. Schneiders, "Theology and Spirituality: Strangers, Rivals, or Partner?" *Horizon* 13/2 (1986), 266.

실재라는 것을 말하는 대신에 '궁극적 지평'이라는 말과 더불어 "전인적인
삶을 향하여 온전한 의미를 제공한다."는 설명을 붙임으로써 '자기 초월'의
의미를 구체화하고 있다. 즉 영성이란 "단절과 자기 몰입의 차원이 아니고,
우리가 파악하는 궁극적인 가치를 향하여 자기를 초월함으로써 자기의 삶을
의식적으로 통합하려고 노력하는 경험"6)이라고 정의함으로써 초월과 내재
라는 상반된 개념을 통합시키고자 하는 노력을 보여 주고 있다. 이러한 정의
로부터 우리는 영성의 세 가지 특징을 정리해 볼 수 있다. 첫째는 전통적으
로 일컫는 존재의 핵(영)이 부적합한 자기 몰입 혹은 자기 집착으로부터 분
리되어야 한다. 인간의 영의 속성이 끊임없이 자기 초월적인 지향성을 지니
고 있지만, 동시에 타락된 인간의 본성은 그 지향성을 가로막고 자기 집착에
사로잡히도록 하는 경향성이 있기도 하다. 그러므로 영성적인 실현을 위해서
인간에게 선물로 주어진 의지를 통하여 끊임없이 자기 몰입적 집착으로부터
벗어나고자 하는 시도가 있어야 한다.7) 두 번째는 자기 집착에서 해방된 사
람들은 대안적인 새로운 가치를 향하여 지향해야 한다. 이러한 상태를 건강
한 애착이라고 할 수 있다.8) 여기에서 우리는 궁극적인 가치를 추구하게 된
다. 세 번째는 이해되고 파악된 그 궁극적인 가치가 현재적인 삶 안에서 통
합되어야 한다.

이렇게 해서 성숙한 삶의 열매를 향하여 진보되어 가는 삶의 전 과정을 영
성으로 이해하자는 것이다. 슈나이더스는 만일 지향하고 있는 궁극적인 가치
나 관심이 예수 그리스도 안에서 계시된 하나님이며, 교회라는 공동체 안에
서 성령의 은사를 통해서 경험된 하나님이라면, 그것이 바로 기독교 영성이

---

6) Sandra M. Schneiders, "Spirituality in the Academy," in *Exploring Christian Spirituality: An Ecumenical Reader*, ed. Kenneth Collins, 254.
7) 샤르댕(Teilhard de Chardin)은 진정한 성장과 초월적 실존과의 통교를 위해서는 긍정적 분화가 필요하며, 그것은 근본적인 탈중심화라고 했다. Bernard J. Tyrrell, *Christotherapy: Healing through Enlightenment*, 유병일, 김중원 공역, 「깨달음을 통한 치유: 그리스도 테라피 I」(서울: 가톨릭대학교출판부, 2002), 167-168.
8) 빌립보서 3:13-14 참고. "뒤에 있는 것은 잊어버리고 푯대를 향하여 달려가노라"는 사도 바울의 경험이 바로 그것이다.

라고 한다.9) 그러나 슈나이더스가 정의하고자 하는 것은 영성을 객관적인
학문의 차원으로 이해한다면 영성이 반드시 종교적이어야 할 필요는 없다는
입장이다. 포괄적으로는 자기 몰입적이고 역기능적인 삶으로부터 벗어나서
궁극적인 가치를 향해 자기를 초월해 가는 삶을 누리는 형태라면 그것이 기
독교적이든 비기독교적이든, 종교적이든 비종교적이든 잠재적으로 영성적
삶을 살고 있다고 할 수 있다.10) 버나드 맥긴(Bernard McGinn)은 영성이란
'살아 있는 믿음의 경험'이라고 했는데,11) 이것도 역시 자신이 궁극적인 가
치라고 여기는 것에 대한 헌신적 삶으로의 형태로 이해할 수 있다. 어쨌든
앞에서 제시되는 영성은 자기 초월, 궁극적인 실재 혹은 가치, 믿음과 헌신,
살아 있는 경험, 그리고 현재적 삶으로의 통합 등과 밀접하게 연결되어 있는
용어이다.

5. 심리학적 특성으로서의 영성

신학에서는 하나님의 관점에서 인간 이해를 추구하는 방법론을 취하지만,
영성은 객관적인 논리를 지니기 위해서 경험 가능한 인간의 측면에서 인간의
영을 이해하려 한다. 그래서 우리는 영(spirit)을 신적인 영 혹은 창조되지 않
은 영과 인간의 영 혹은 창조된 영으로 나누어서 이해한다. 신적인 영의 영
역을 연구할 때는 신학으로, 창조된 인간의 영을 다루고자 할 때는 심리학을
통해서 접근한다. 그러므로 보다 학문적이고 보편적인 객관성을 유지하면서
영성을 연구하고자 한다면 심리학적인 접근이 필연적이다. 다니엘 헬미니엑
(Daniel A. Helminiak)은 심리학의 영역을 두 분류로 나누어 설명하고 있

9) S. M. Schneiders, "Spirituality in the Academy," in *Exploring Christian Spirituality: An Ecumenical Reader*, 254.
10) 위의 책.
11) Bernard McGinn, John Meyendorff, and Jean Leclercq, eds., *Christian Spirituality: Origins to the Twelfth Century* (New York: Crossroad, 1987), xv-xvi.

다. 하나는 중립적인 가치를 지향하면서 인간 자신의 내면의 상태를 실증론
적 관점에서 이해하려는 심리학이고, 다른 하나는 지혜, 진리, 선, 아름다움
등의 가치 지향적으로 인간 내면의 상태를 이해하고자 하는 철학적 관점의
심리학이다. 이 둘 중 철학적 관점으로서의 심리학을 헬미니엑은 영성과 연
결시키고자 한다.[1]

헬미니엑의 이러한 입장은 영성에 대해서 객관적으로 접근하면서도 가치
지향적인 영성의 의미를 간과하지 않는다는 점에서 매우 통찰력이 있는 주장
이다. 통념적으로 영성을 물질과 비물질이라는 대립 구도 안에서 이해하려
할 때, 영을 하나의 인간을 구성하고 있는 어떤 특정한 구성 요소로서 이해
하는 오류를 범할 수 있다. 예를 들어 기독교 전통에서 가장 오래 된 인간 이
해로 육체와 영혼이라는 이분법적인 구도가 있다. 플라톤과 같은 고대 철학
자들의 영향으로부터 비롯된 이러한 이분법적인 이해는 인간을 경험론적인
측면에서 이해하기보다는 형이상학적인 측면에서 이해하는 것이다. 그러나
인간에 대한 이러한 구도는 경험론적인 측면이 아니고 형이상학적이고 선험
론적인 이해이기에, 객관적이고 과학적인 차원의 영성을 논하고자 한다면 이
러한 접근은 적합하지 않다. 영혼과 육체라는 이분법적인 인간 이해는 죽은
후에 인간의 운명을 설명해 줄 수 있으나, 현실적으로 살아 있는 실존으로서
인간을 이해하는 데는 크게 도움이 되지 않는다.

히브리적 사고 안에서 성경을 조명해 본다면 인간은 영혼과 육체의 통합

---

1) Daniel A. Helminiak, *The Human Core of Spirituality: Mind as Psyche and Spirit* (New York:
State University of New York Press, 1996), 15-16, 21-23. 헬미니엑은 다음과 같은 구도를 가지고
영성과 신학을 분류하면서 신학과 별개의 학문으로서 영성을 논하고 있다.

체이다. 바울이 그의 서신 문서에서 빈번하게 사용하고 있는 '영적' 또는 '육적'이라는 용어를 플라톤적인 육체(body)와 영혼(soul)이라는 이분법적 인간 이해와 같은 맥락에서 보는 것은 매우 잘못된 이해이다. 바울의 인간관은 인간을 영혼과 육체가 함께 어우러진 철저히 통합적인 존재로 보는 것으로 이해해야 한다. 바울은 한 인간이 성령의 지배 아래 있느냐, 그렇지 않느냐에 따라서 '영적' 또는 '육적'이라는 말을 사용하였다. 바울이 인간의 상태를 언급하면서 육적이라고 말할 때는 그 상태가 죄성을 지니고 있는 전인적 인간을 의미하는 것이며, 영적이라고 할 때도 하나님의 은총 아래에 있는 전인적 존재를 통합적 용어로 표현한 것이다.[2] 그러므로 영적이다 또는 육적이다 하는 말은 인간의 어떤 구성 요소를 말하는 것이 아니고 전인적 인간으로서 각각 다른 특성 혹은 성격을 규정짓는 용어이다. 이런 의미에서 영성은 한 인간이 어떻게 그러한 상태에 놓이게 되는가를 경험적이고 실존적으로 연구하는 영역이 되어야 한다.[3]

센치니(A. Cencini)는 그의 저서 『심리학과 존재 형성』(*Psychology and Formation*)에서 형이하학적인 욕구로부터 비롯된 심리 역동이 보다 고상한 형이상학적인 욕구로부터 비롯된 심리 역동으로 옮아 가면서 세 심리 역동적 요소가 하나로 통합되어 한 인간을 형성하는 데 기여하고 있다고 한다. 이와 같이 인간에게 있는 세 종류의 심리 역동적 차원을 그는 이렇게 제시하고 있다. 심리-육체적인(psycho-physiological) 차원과 심리-사회적인(psycho-social) 차원과 이성적이고 영적인(rational- spiritual) 차원이다. 첫째, 심리-육체적인 차원에서는 가장 기본적인 생물학적 필요, 즉 배고픔, 갈증, 수면, 생존, 건강 등이 인간의 심리 활동에 중요한 영향을 미친다. 이 수준에서의 심리적 활동의 뿌리와 결과는 감각적이고 본능적인 만족에 있다. 그런데 그 기본적인 육체적 필요 뒤에는 생존과 자기 보존의 근본적인 동기가 자리를 잡고 있다. 그러므로 이러한 욕구를 결코 영성과 분리해서 생각할 수 없다.[4]

---

2) 유해룡, 위의 책, 19-21.
3) D. Helminiak, 위의 책, 7.

둘째, 심리-사회적 차원에서는 함께 더불어 살고자 하는 사회적 관계의 필요성에 의해서 심리적 활동이 일어난다. 이 차원의 심리 활동은 본능적 수준의 심리-육체적 차원의 결핍에서는 발견되지 않는다. 이 활동의 직접적인 동기는 한 인간이 타인에 대한 필요를 인식함으로써 따라오는 자기 자신의 한계와 부족함에 대한 인식으로부터 비롯된다.[5] 그러나 이 단계에서는 첫번째 차원처럼 어떤 외부적인 요소에 의해서 만족을 얻을 수는 없다. 타인과의 관계는 단순한 감각적인 만족과 같지 않다. 단순히 활발한 외적인 활동이나 다양한 관계적 형성으로 이러한 근본적인 심리적 역동을 잠재울 수는 없다. 왜냐하면 타인과의 관계를 추구하는 그 이면에는 바로 타인을 통한 자기 확장과 자기 실현이라는 심리 역동적인 갈망이 내재되어 있기 때문이다.[6]

셋째, 이성적-영적 차원은 진리를 알고자 하는 욕구로부터 비롯된다. 이 차원은 감각적인 자료로부터 사물의 본성을 끌어 내어 그 본성을 파악하고자 하는 인간의 능력과 관련된 그 무엇이다.[7] 인간은 감각적인 관찰로부터 일반적인 원리와 개념과 법칙을 끌어 낼 수 있다. 이러한 능력은 물질 세계와는 달리 시간과 공간을 뛰어넘는 측량할 수 없는 어떤 세계를 갈구한다. 이러한 의미에서 이성적-영적 차원은 '영'(spirit)과 관련된 인간의 어떤 핵심적인 실존이라고 할 수 있다. 여기서 정신 활동은 자기를 아는 일 즉 세계적 차원에서 자기 존재의 위치와 삶과 죽음의 문제를 풀어 보고자 하는 인간의 심원한 내적 욕구를 반영하는 심리적 활동이다.[8] 이 수준은 근원적 문제를 해결하고자 하는 욕구로부터 비롯되기 때문에 이전 수준에 비해 단순히 어떤 외적인 조건에 의해서 쉽게 만족함과 충만함을 얻을 수 없을 만큼 더 복잡하고 덜 자동적이다. 이 수준에서 인간은 스스로 본능적이고 사회적인 관계성

---

4) A. Cencini and A. Manenti, *Psychology and Formation: Structure and Dynamic*, trans. Anne Plathara and Anne Mattappallil (Bombay: the Daughters of St. Paul, 1992), 20.
5) 위의 책, 21.
6) 위의 책, 21-22.
7) 위의 책, 22.
8) 위의 책.

으로부터 일정한 거리를 둠으로써 앎의 문제, 사물의 본질과 일상 생활과의 상관성에 대해서 개방될 수 있다.

이 세 가지 삶의 차원에서 첫 번째와 두 번째 차원은 다른 동물에서도 발견될 수 있는 특성이다. 그러나 이성적-영적 차원은 인간에게만 부여된 철저히 고유하고 배타적인 특성이다. 이 차원의 삶을 추구할 때 그것으로 인간이라는 의미의 진정성(authenticity)을 확보할 수 있다. 그럼에도 불구하고 통합적인 인간을 형성하는 데 있어서 이 세 가지 차원 어느 하나도 무시되거나 비교 우위를 말할 수 없다. 각 차원은 단계적으로 일어나는 활동이라기보다는 동시에 순환적으로 일어나는 일련의 욕구이다. 그렇기에 세 번째 차원의 정신 활동으로 들어간다고 해서 이전의 차원을 배제하는 것은 아니다. 오히려 이성적-영적인 차원에서 이전 두 개의 차원이 폭넓고 깊게 통합된다.[9] 인간 실존을 세 가지 차원의 관점에서 보고 있는 센치니의 인간 이해는 매우 현실적이며 경험적이면서도 동시에 근원적이다. 그는 매우 감각적이고 심리적인 차원에서 인간을 조명하면서 동시에 자기 초월적인 차원으로 기본적인 인간의 욕구를 승화시켜 가는 전인적 인간관을 조명해 주고 있다. 여기서 전인적이고 통합적인 '영성'이 무엇인가를 조명해 주는 훌륭한 패러다임을 발견한다. 그러므로 다시 집중적으로 논의되어야 할 다음의 논제는 인간의 심리적이고 영적인 차원을 어떻게 통합적으로 이해할 수 있는가이다.

헬미니엑은 영성을 연구할 때 과학적이고 객관적이며 그리고 보다 인간 존재의 근원적인 탐구가 되기 위해서는, 영성을 신학적인 논제로 다루기보다는 심리학적인 논제로 풀어 가야 한다고 생각한다. 왜냐하면 영성은 우리 자신의 실존적 영역 밖의 신비적인 현상을 다루는 것이라기보다는, 우선적으로 현재 살아 있는 인간 실존에 대한 이해를 목표로 하기 때문이다. 그리고 현재의 삶과 초월적인 세계가 연속선상에 있기 때문이다. 그런데 육체와 영혼으로 구성되어 있다고 믿는 인간 이해는 인류 역사상 가장 오래 된 견해이기

---

9) 위의 책, 19.

는 해도 영성을 과학적으로 설명하기에는 적합하지 않다. 단순히 종교적 영역인 죽음의 문제를 어렴풋이 설명해 주는 형식에 불과할 뿐이다. 그럼에도 불구하고 이러한 명제를 완전히 배제할 수는 없다. 보다 경험적이고 역동적이고 통합적인 인간 이해를 위해서는 이분법적인 이 견해를 어느 정도 수용하면서 그 틀에 묶이지 않고 인간 이해를 넓혀 가야 한다.

그 동안 분석심리학이 활발하게 발전됨에 따라 모든 신앙 경험을 심리학적인 현상으로 돌리고자 하는 심리학적 환원주의가 머리를 들면서 심리학과 종교는 매우 불편한 관계가 되었다. 그래서 심리학과 종교는 별개라는 극단적인 배타주의가 나타나기도 했다. 그러나 현대에 이르러 양극단 즉 심리학적 환원주의나 극단적 배타주의는 인간을 이해하는 데 별로 도움이 되지 않는다는 인식을 함으로써 심리학과 신앙적 차원 간에 상호 도움의 분위기가 조성되기 시작했다.10) 그 결과 인간은 육체(body), 정신(mind), 영혼(soul) 그리고 영(spirit), 혹은 육체, 정신, 영혼, 영 그리고 의식, 혹은 육체, 심리(psyche), 영혼 그리고 영의 통합체라는 이해가 제시되고 있다. 이러한 다양한 인간 이해가 모두 공통적으로 공감하고 있는 것은 인간은 육체(body)와 정신(mind)의 통합체라는 이해이다. 이것은 고대로부터 내려온 '육체와 영혼'이라는 모델에서, 신학적이고 형이상학적인 인간 이해를 의미하는 '영혼'이라는 용어를 보다 실험적이고 역동적이고 경험적인 '정신'이라는 용어로 바꾸어 놓은 것이다.

아들러(Alfred Adler)는 그의 책 2장 '지성과 감성'(The Intellect and the Senses)에서 인간 정신의 이중적인 역할을 다루고 있다. 감성과 상상력은 구체적이고 개별적인 것에 적용되며, 지성은 추상적이고 보편적인 개념을 파악하는 데 기여하고 있다. 그래서 아들러는 인간 정신이 감성과 지성이라는 이중적인 역할을 하고 있다고 주장한다.11) 헬미니엑 역시 이러한 맥락에 동

10) Bruno Giordani, *Il Colloquio Psicologico Nella Direzione Spirituale*, 박영호 역, 『영성지도: 영성 생활을 위한 심리학적 도움』(대구: 미루나무, 1994), 50-56.
11) Adler, M. J., *Ten Philosophical Mistakes* (New York: Macmillan, 1985), 50, quoted in Daniel

의하면서 감성과 지성을 심리(psyche)와 영(spirit)으로 이해하고 있다.[12] 무
어(Moore)는 심리학적 접근 방식에서 영혼(soul)이 상상력과 감정, 그리고
감정을 동반하는 삶의 열정과 밀접한 관계를 맺고 있다고 하는데, 헬미니엑
은 이러한 부분을 심리(psyche)와 같은 맥락으로 이해한다. 다른 한편으로
무어는 영혼(soul)이 통찰력, 창조력, 혹은 경험과 삶의 의미와 목적을 지향
하는 개방성과도 관련되어 있다고 하는데, 이것 역시 헬미니엑 자신의 견해
로는 영(spirit)의 역할에 해당하는 것으로 이해한다.[13]

  종합해 볼 때 영성을 객관적으로 이해하기 위해서 가장 유용한 인간 이해
는 '육체와 심리와 영'이라는 모델이다. 여기서 육체란 단순히 물리적인 측
면만을 의미하는 것이 아니고 통합적인 전인을 지칭하는 것으로 볼 때 육체
(body)라기보다는 유기체(organism)라는 말이 더 적합하다.[14] 여기서 잠시
기독교적인 인간 이해와 연속성을 가지기 위해서 성경이 인간을 어떻게 묘
사하고 있는지를 생각해 볼 필요가 있다. 성경은 여러 가지의 모델로 인간을
묘사하고 있다. 데살로니가전서 5:23 "너희의 온 영(pneuma)과 혼(psyche)
과 몸(soma)이 우리 주 예수 그리스도께서 강림하실 때 흠 없게 보존되기를
바라노라"는 말씀에서는 인간을 영과 혼과 몸이라고 한다. 그러나 고린도후
서 7:1에서는 "육(sarx)과 영(pneuma)의 온갖 더러운 것에서 자신을 깨끗
이 하"고자 한다. 에베소서 4:23의 "오직 너희의 심령이 새롭게 되어"라는
말씀에서 "너희의 심령"이란 '너의 정신(nous)의 영(pneuma)'이라는 말의
축약이다.

  이 세 가지 말씀으로 볼 때 어느 하나도 인간 이해에 대한 공통점을 찾아
볼 수 없다. 만일 위에서 언급한 인간됨의 요소가 이론적이고 존재론적인 의
미로 쓰인 것이라면 우리는 바울에게서 일관성 있는 인간 이해를 찾아보기가

Helminiak, *The Human Core of Spirituality*, 10.
12) D. Helminiak, 위의 책, 10.
13) 위의 책, 27.
14) 위의 책.

어렵다. 그러면 일관성 없는 이런 바울의 견해 가운데 우리는 어느 것을 선택해야 하느냐라는 문제에 직면하게 된다. 그러나 헬미니엑은 바울의 인간에 대한 묘사는 특정한 상황에 처한 당시 사람들에게 보낸 실제적이고 기능적인 측면의 인간 이해를 표현한 것이라고 본다.15) 즉 바울은 유기체라는 통합적 인간 이해를 수용하면서 한 인간이 인간됨의 진정성(authenticity)을 가늠할 때 기능적인 차원에서 영적이니 육적이니 하는 각각 다른 표현을 사용한다는 말이다. 이러한 바울의 인간 이해로부터 헬미니엑은 인간을 유기체(organism)와 심리(psyche)와 영(spirit)의 통합체로 정리하고 있다.

6. 의식적 경험으로서의 영성

영성을 신학적인 주제보다는 심리적인 주제로 끌고 가는 데 기여한 신학자 중 대표적인 사람은 버나드 로너건(Bernard Lonergan)이다. 그는 영성과 의식이라는 용어를 상호 교환적인 의미로 사용하고 있다.1) 그는 두 종류의 의식을 제시하고 있는데, 하나는 대상을 인식하는 의식이 있고, 다른 하나는 대상을 인식하는 그 주체를 인식하는 의식이 있다는 것을 관찰했다. 예를 들면 소리를 듣는 것을 인식하지만, 동시에 소리를 듣고 있는 자기 자신을 인식하기도 한다. 색깔을 보기도 하지만, 색깔을 보는 자기 자신을 인식하기도 한다. 그래서 마침내 그 소리가 무슨 소리이며, 그 색깔이 무슨 색깔인지를 인식하게 된다. 전자를 객관적인 대상에 대한 의식이라고 한다면 후자는 주관적인 대상에 대한 의식이라고 할 수 있다.2) 전자는 대상에 대한 주

15) Daniel A. Helminiak, *The Same Jesus: A Contemporary Christology* (Chicago: Loyola University Press, 1986), 47-55, 87-90.
1) D. Helminiak, *The Human Core of Spirituality: Mind as Psyche and Spirit*, 44.
2) Bernard J. F. Lonergan, *Insight: A Study of Human Understanding* (San Francisco: Harper & Row, 1958), 320-321.

체의 관찰이고 후자는 결코 관찰의 대상일 수 없으며, 경험으로 알려질 뿐이
다. 만일에 후자를 관찰의 대상으로 삼으려 할 때 이미 그 대상은 없어진다.
헬미니엑은 이러한 현상에 대해서 전자를 반추적 의식(reflecting con-
sciousness)이라 하고 후자를 비반추적 의식(nonreflecting consciousness)
이라고 한다.[3] 논리적으로 볼 때는 후자가 전자를 선행한다. 대상을 인식하
는 주체를 먼저 의식할 때, 그 의식 안에서 객관적 대상에 대한 인식이 이미
포함되고 있다. 그래서 마침내 객체와 주체가 일치됨으로써 객관적 대상에
대한 지식을 습득하게 된다.

　그러나 실제적으로는 반추적 의식과 비반추적 의식은 동시적이며 상호 수반
적으로 일어나는 의식이다.[4] 예를 들면 우리가 책을 읽는다고 할 때 우리는
대상으로서 책을 인식하고 동시에 인식하는 주체로서의 우리 자신을 인식한
다. 이 두 가지가 동시에 이루어질 때 비로소 우리는 인식하는 그 대상과 일치
함으로써 그 책에 담긴 지식을 얻는다. 이러한 활동을 끝없이 꼬리를 물며 계
속하도록 우리 자신을 개방하며 인식의 주체로 만드는 그런 실존을 영이라고
한다. 그 영을 우리는 객관적인 대상으로 경험하지 않지만, 주체적인 실존으로
경험한다.[5]

　로너건에 의하면 이러한 의식의 활동을 통하여 여러 차원의 의식을 만들
어 가는데, 경험적 차원, 지성적 차원, 합리적 차원, 책임적 차원으로 발전해
간다. 우리가 느끼고, 감지하고, 상상하고, 움직이는 것들을 인식하는 활동
을 경험적 차원의 의식이라 하고, 그 경험한 것을 탐구하고 이해하고 표현하
게 되는 인식의 활동을 지성적 차원의 의식이라고 한다. 지성적으로 파악한
그것들이 진실인지 거짓인지를 판단하고 인식하는 활동을 합리적 차원의 의
식이라고 한다. 판단한 그것을 평가하고 결단하고 행동에 옮기려는 인식 활
동을 책임적 차원의 의식이라고 한다.[6] 이러한 로너건의 영성에 대한 심리

3) D. Helminiak, *The Human Core of Spirituality: Mind as Psyche and Spirit*, 45.
4) 위의 책, 53.
5) 위의 책, 57.

학적 접근은 영성이 과학적으로 접근할 수 있는 실증주의적인 학문일 수 있다는 헬미니엑의 주장을 매우 설득력 있게 해 준다.[7]

그런데 이러한 접근에 전적으로 의존할 경우 배제할 수 없는 위험이 있다. 즉 모든 영적인 경험이나 활동을 심리주의적 작용으로 돌리려는 심리 환원주의의 덫에 걸릴 수 있다. 융 전문가인 로버트 도란(Robert M. Doran)은 영적인 활동을 경험적인 차원에서 심리적 작용으로 이해함으로 로너건과 같은 입장을 취하고 있다. 그래서 그는 로너건의 의식의 차원을 영적 성장 발달 과정으로 그대로 받아들이는 것을 주저하지 않는다. 그러나 그는 심리 환원주의에 대한 위험을 의식한 듯 한 걸음 더 나아가 로너건이 제시한 의식의 네 차원으로부터 다섯 번째의 차원을 발전시키고 있다. 그는 앞에서 언급한 로너건의 의식의 네 차원은 하나님과의 사랑의 관계의 실재를 전해 주는 신비적 차원의 의식으로 발전되어 간다는 사실을 강조한다.[8] 이 차원의 의식에서 기도, 예배, 신비적 경험, 영혼의 어두운 밤, 살아 있는 사랑의 불꽃, 거룩을 추구하고 발견하기 등이 일어난다. 또한 하나님과의 관계 안에서 자신을 발견하기 위해서 갖가지 영적인 수단을 받아들인다. 예를 들면 영적 지도, 피정, 영적 일기 쓰기 등이다.

이 다섯 번째 의식은 앞의 네 차원의 의식과 매우 밀접하게 영향을 주고받는다. 즉 이 다섯 번째 차원의 의식이 거꾸로 네 번째, 세 번째, 두 번째, 첫 번째 의식의 차원으로 영향을 미치며 하나님의 사랑 안에서 완전한 조화와 평화를 만들어 간다.[9] 이러한 과정은 순환적으로 돌아가면서 연속해서 새로

---

6) Bernard J. F. Lonergan, *Method in Theology* (Toronto: University of Toronto Press, 1999), 9.
7) 헬미니엑은 그의 책 *The Human Core of Spirituality: Mind as Psyche and Spirit*, Part Two "Spirit"에서 영이 경험될 수 있는 실존이라는 것을 설명하기 위해서 로너건의 의식의 차원을 매우 잘 활용하고 있다.
8) Robert M. Doran, "Jungian Psychology and Christian Spirituality: I," in *Carl Jung and Christian Spirituality*, ed. Robert L. Moore (New York: Paulist Press, 1988), 78. 이러한 주장에 대해서 논란이 많다. 과연 로너건이 다섯 번째의 차원을 의식하면서 사랑 안에서 존재의 경험을 말하고 있었는가에 대해서는 논란의 여지가 많다. D. Helminiak, *The Human Core of Spirituality: Mind as Psyche and Spirit*, 94-99 참고.
9) 위의 책, 79.

운 차원을 지향한다. 어떤 결단을 통해서 얻어진 행동은 또 하나의 경험의
자료가 되고, 그 자료를 이해하고, 또 다른 지식을 습득함으로 나선형적인
상승을 통하여 새로운 차원으로 끊임없이 움직인다.10) 이런 의미에서 영은
어떤 내용이라기보다는 끝없이 열린 그릇이라 할 수 있다.

　　보다 분명하게 정리하자면 영이란 우리로 하여금 비반추적 경험을 하도록
허락하는 그 무엇이다. 그 경험 안에서 우리는 자신의 영적 본질을 경험하
고, 영은 비반추적 경험이 표현하는 그것이다.12) 영은 어떤 내용을 가지고
있다기보다는 모든 것을 이해하고 받아들이는 개방성과 수용성을 지닌 실존
이다.13) 비반추적 경험은 '의식으로서의 의식'(consciousness as con-
scious)으로부터 비롯되며, 반추적 경험은 '의도적 의식'(consciousness as
intentional)14)으로부터 비롯된다. 논리적으로 볼 때는 전자가 전제될 때 비
로소 후자가 가능하다. 우리가 무엇을 인식하려 할 때, 표면적으로는 대상에
대한 의도적 의식으로부터 출발하는 것처럼 보이나, 실제적으로는 '의도적

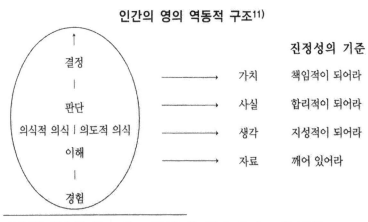

인간의 영의 역동적 구조11)

	진정성의 기준
결정 ⟶ 가치	책임적이 되어라
판단 ⟶ 사실	합리적이 되어라
의식적 의식 ∣ 의도적 의식 생각	지성적이 되어라
이해 ⟶ 자료	깨어 있어라
경험	

---

10) D. Helminiak, *The Human Core of Spirituality: Mind as Psyche and Spirit*, 84.
11) 위의 책, 91.
12) 위의 책, 57.
13) 위의 책, 65-66.
14) 위의 책, 45.

의식'이 일어날 때 이미 '의식으로서의 의식' 즉 주체에 대한 주체적 경험이 있었기 때문에 대상에 대한 인식이 가능하다. 그러므로 '의식으로서의 의식'을 하지 못하면 대상에 대한 의도적 의식도 불가능하며, 이에 대한 이해와 확신이 없으며 모든 지식에 대해 회의를 나타낼 수밖에 없다. 로너건은 이러한 의식의 작용을 영의 실존으로 이해하는데 그 의식의 역동적인 과정을 다음과 같이 설명할 수 있다.

이러한 의식의 속성을 정리해 볼 때, 의식 혹은 영은 의식적인 의도성(conscious intentionality), 역동성(dynamism), 개방성(openendedness), 자기 초월성(self-transcendence), 진정성(authenticity) 등의 특징을 지니고 있다. 영의 구조화된 개방성은 독특한 방향을 향하여 만족할 줄 모르는 역동성을 지니고 있다. 영은 그 영의 궁극적인 목적, 즉 모든 실재를 완전히 장악하고 도달하였다고 할 때까지 끊임없이 움직이고 재평가하고 재조정해 가는 본성을 지니고 있다. 의식 혹은 영은 인식, 이해, 판단, 결단을 향하여 움직이는 끝없는 인간의 실존이며 의식적인 의도성이다.[15)

이러한 인간의 영은 구조적일 뿐만 아니라 규범적(normative)이다.[16) 의식이 경험하고 이해하고 판단하고 결단한다는 것은 인간됨의 움직임을 의미한다. 구조화된 인간의 영이 인간이 되는 방향으로 움직일 때 그 움직임은 일관성과 완전성을 지닐 것을 기대한다. 즉 알려져야 하고 사랑받아야 할 만한 것들을 향해서 움직인다. 그러므로 '인간이 된다는 것'(what human beings are)에는 '그 인간이 어떻게 되어야 한다'(how they ought to be)는 규범성이 있으며, 그렇게 되도록 하는 것이 영의 일이다.[17)

첫번째 의식의 차원에서 '경험한다'는 말은 곧 경험하기 위해서 자신을 개방해야 한다는 것을 의미한다. 다시 말해 그것은 참된 경험을 위해서 '깨어 있으라'(Be attentive)는 명령을 포함하고 있다. 두 번째 의식의 차원에서는

15) 위의 책, 103.
16) 위의 책, 68.
17) 위의 책, 106.

이해하기 위해서 물음을 던지고 이해를 추구해야 한다는 것을 의미한다. 그
것은 곧 참된 이해를 위해서 '지성적이 되어라'(Be intelligent)는 명령을 포
함하고 있다. 세 번째 의식의 차원에서는 올바른 판단에 이르기 위해서 얻은
정보가 옳은지 그른지를 물어야 한다는 것을 의미한다. 그렇게 되기 위해서
건강한 이성을 가져야 한다는 것을 말한다. 즉 참된 판단에 이르기 위해서
'합리적이 되어라'(Be reasonable)는 명령을 포함하고 있다. 네 번째 의식의
차원은 인간이 무엇을 해야 하는지를 분별하여 결단하기 위해서 가치에 민감
해야 하고 자기가 옳다고 믿는 것을 선택해야 한다는 것을 의미한다. 그것은
곧 바른 결단에 이르기 위해서 '책임적이 되어라'(Be responsible)는 명령을
포함하고 있다. 이러한 것들은 영이 지니고 있는 초월적인 계율이라고 할 수 있
다.18) 우리의 의식이 이 계율에 대해서 어떻게 반응하느냐에 따라서 각 개인의
존재의 진정성(authenticity)이 판단된다. 여기에서부터 영적으로 성장한다
는 것이 무엇을 의미하는지에 대한 통찰을 얻게 된다. 다음의 구조는 참 인
간이 성숙되어 가는 과정이 무엇인지를 보여 주는 예이다.19)

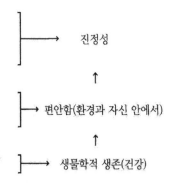

영: 책임적이 되어라
　　합리적이 되어라
　　지성적이 되어라
　　깨어 있어라

심리: 감성적으로 느끼고
　　　상상하고 기억하고
　　　그래서 편안함을 느낀다

육체(유기체): 먹고, 쉬고, 배설하고, 운동하고
　　　　　　　청소하고, 성적 교제를 하는 나

진정성

편안함(환경과 자신 안에서)

생물학적 생존(건강)

---

18) 위의 책, 106-107.
19) 위의 책, 204.

7. 칼 라너의 기독교 영성

지금까지 객관적인 과학으로서의 영성을 규명하기 위해서 직접적으로 하나님과의 관계를 고려하지 않고 피조된 인간 자체의 영에 초점을 맞추어 논의하였다. 그러나 기독교 영성이 무엇보다도 중요한 과제로서 관심을 갖는 것은 영성의 초월성과 역동성을 통하여 인간이 어떻게 성장할 수 있는가이다. 지금까지 논의된 인간의 영에 대한 이해가 영적 성장 발달에 어떤 기여를 할 수 있는가를 정리해 볼 필요가 있다.

버나드 로너건은 인간 의식의 네 가지 차원인 경험, 이해, 판단, 행동을 위한 결단을 의도적 의식(consciousness as intentional)이라고 한다. 이 네 가지 차원을 단계적으로 거치면서 우리는 보다 온전한 자기 자신을 인식하게 된다.[1] 그러나 로너건은 이 네 단계에서 그치지 않고 다섯 번째 의식의 차원을 언급한 적이 있다. 이 다섯 번째 의식의 차원이란 하나님과 관계 속에서 자기 발견을 의미한다. 그것은 자기 초월적인 관계성을 의미한다. 이 자기 초월적인 상태는 자신의 의식 안에서 자발적으로 일어나는 반응이라기보다는 초월적으로 주어지는 하나님의 자유로운 선물이다. 로너건은 로욜라의 이냐시오의 영성 식별 규범에서 말하고 있는 '원인 없는 위안'[2]을 설명하는 과정에서 이러한 다섯 번째 차원을 밝히고 있다. '원인 없는 위안'에서 이유가 없다는 말은 "무조건적으로 주어진 (하나님의) 사랑 안에 머물고 있는 역동적인 존재의 상태"를 의미하는 것이라고 한다.[3]

그러나 헬미니엑은 로너건의 다섯 번째 차원을 다른 네 차원과 별개로 둘 필요가 없다고 주장한다. 왜냐하면 이 네 차원은 이미 그 자체에 규범성을

1) B. Lonergan, *Method in Theology*, 9.
2) Ignacio de Loyola, *Ejercicios Espirituales*, 정제천 요한 역, 『영신수련』(서울: 이냐시오 영성 연구소, 2005), "선신과 악신을 분별하는 규범들 II" [330].
3) Bernard J. F. Lonergan, *Philosophy of God, and Theology* (Philadelphia: the Westminster Press, 1973) 38.

지니고 있고, 그것에 의해서 각 의식은 인간됨의 진정성을 향하여 움직이고 있기 때문이다. 즉 (하나님의) 사랑 안에 있는 역동적인 존재의 상태는 이미 모든 의식의 차원에 속하는 것이지 별개의 또 다른 차원으로 분류할 필요가 없다는 것이다. 그렇지 않으면 각 차원이 인간됨의 진정성을 향하여 움직일 수 없다는 주장이다.4) 이와 같이 인간 영의 초월적인 속성을 보편적인 인간 의식 안에서 이해하고자 하는 그의 과학적인 정신은 영성을 객관적인 학문으로 소개하는 데 상당한 통찰력을 전해 주고 있다. 그러나 기독교 영성적인 차원에서는 하나님의 무조건적인 사랑의 상태에 이르는 과정을 설명해 줄 필요가 있다. 그 사랑이 모든 인간에게 부여된 하나님의 은총이기는 하지만, 모든 사람이 그 사랑에 반응하고 수용하여 그의 영이 역동적인 사랑의 상태에 이르는 것은 아니기 때문이다. 여기에서 성령과 영성의 문제가 제기된다.

현대 영성신학의 기초를 놓아 준 칼 라너(Karl Rahner)는 초월적인 실존으로서의 인간 이해를 그의 신학의 근간으로 삼고 있다. 라너의 인간 이해를 보면서 인간의 내적 갈망에 대한 기원을 살펴볼 수 있다. 라너에게 영성이란 인간이 자기를 초월하여 무한을 향해 개방되어 있는 초월적 실존을 의미한다. 하나님은 처음부터 인간을 그 본성이 초월적 실존을 지향하도록 창조하셨다.5) 구체적으로 윤리적 선행을 할 수 있는 가능성을 지니고 있는 한 그런 인간은 초월적 생명의 근원이신 하나님에게로 개방되어 있다고 한다.6) 일반적으로 우리는 하나님의 자녀라는 믿음을 갖고 의롭다 함을 얻어 건강한 삶을 살 수 있는 것은 초자연적 은혜에 기인한다고 믿고 있다. 그 초자연적 은혜란 외부로부터 우리에게 임하는 성령의 은혜를 의미한다. 그런데 하나님의 자녀가 되었고, 의롭다 함을 얻었다 하는 개념은 인간의 의식적 영역에서 경험될 수 있는 실존은 아니다. 혹자는 건강한 삶 즉 정신적으로나 윤리적으로

---

4) D. Helminiak, *The Human Core of Spirituality: Mind as Psyche and Spirit*, 95.
5) Karl Rahner, *Foundations of Christian Faith: An Introduction to the Idea of Christianity* (New York: Crossroad, 1989), 126-133.
6) Karl Rahner, *Theological Investigations*, vol. IV, "Nature and Grace" (Baltimore, Md: Darton, Longman & Todd Ltd., 1966), 180.

성숙하게 살아가는 모습이 바로 하나님의 자녀요 의롭게 된 증거라고 말할 수도 있다. 그런데 여기서 보다 성숙되고 고양된 정신적(윤리적) 삶이 과연 오직 성령의 은혜로만 가능한 일인가라는 물음을 제기할 수 있다. 그러한 삶은 순전히 자연적인 삶으로는 얻을 수 없는 일인가?

그런데 인간의 본성적 차원을 훨씬 뛰어넘는 것으로 믿고 있는 성령의 은혜는 경험 이전의 신학적 가르침이요 신앙의 대상으로서의 고백적 차원이다. 그렇기 때문에 경험적인 입장에서 고상한 윤리적 삶이나 자기 완성의 길이 오직 본성적 자아의 소산이라고 주장하는 것이나 초월적인 성령의 은혜의 결과라고 주장하는 것 모두가 이론적 논쟁거리일 뿐, 경험적으로는 명확성을 제시할 수는 없다. 중세 이래로 자연적 윤리적 행동과 초자연적 윤리적 행동 간의 차이점을 구분할 수 있는 명백한 기준이 있는가 하는 것이 중요한 신학적 논쟁 중 하나였다.[7] 그것은 하나의 신학적 표현일 뿐이지 인간 의식적 차원에서는 본성적 행위에서 나온 행동이든지, 성령의 은혜의 영향을 받은 행위이든지 외향적인 모습은 비교할 수 없을 만큼 동일하다. 중세 스콜라주의 신학은 이론적으로 이 둘을 명확하게 구분하려는 경향이 있었다. 자연과 은혜 즉 본성적인 일과 초자연적인 은혜의 일로 나눈다. 그러나 라너는 이 둘의 관계의 조화점을 제시하고 있다. 그는 인간의 본성적 차원과 성령의 은혜 아래 있는 차원 사이의 연속성과 조화점을 제시한다. 이러한 주장이 설득력을 지닌다면 영성과 성령은 분명 동반자적이고 보완적인 관계로 받아들일 수 있다.

신학은 그 근본적인 전제로서 철학을 깔고 있는데, 두 종류의 선지식 즉 이성과 계시를 통한 선지식에 그 근거를 둔다.[8] 인간의 자기 이해로서의 철학적인 지식은 은혜의 가능성을 제시하는 선조건으로서의 본성에 해당한다.

---

7) K. Rahner, *Theological Investigations*, vol. IV, "Nature and Grace," 171.
8) James A. Carpenter, *Nature and Grace: Toward an Integral Perspective* (New York: Crossroad, 1988), 59 from "Nature and Grace," *Sacramentum Mundi: An Encyclopedia of Theology,* vol. 2 (New York: Herder and Herder), 412, 417.

은혜의 인지적인 요소인 계시는 그것을 받아들이는 사람에게 전적으로 의존
하는 것은 아니지만, 이러한 계시를 경험하고 있다는 것은 그것을 받아들이
는 사람들의 선지식이나 자기 이해를 포함하고 있다.[9] 물론 은혜 이전의 선
지식으로서의 자아 인식은 타락으로 말미암아 순수한 본성(창조 시에 부여된
본성)과는 다르지만 본성 안에 하나님을 향한 선지식이 전혀 주어지지 않은
상태와는 완전히 다르다는 입장이다. 즉 "옷 벗김을 당한 사람은 본래부터
옷을 입지 않고 있던 나체의 사람과 다른 점이 있다."[10] 이것은 은혜의 결핍
의 상태에 있어서 순수한 본성적 결핍과 타락한 본성의 결핍과는 차이가 있
다는 의미이다. 타락한 본성에 있어서 은혜의 결핍이란 아담의 타락으로서
하나님에 의해서 박탈당한 상태이지만 또다시 은총의 회복을 요청하고 있는
상태이다.[11]

　여기서부터 라너는 성령에 의한 성화 은혜 이전 은혜의 상태로서 인간의
실존을 말하고자 한다. 여기서 성령 이전의 인간 영성의 가능성을 찾을 수
있다. 중세 신학적 전통에 의하면 인간이 부여받고 있는 은혜는 '창조되지
않은 은혜'(uncreated grace)와 '창조적 은혜'(created grace)로 구분된다.
성령의 내재를 통하여 인간의 본성 위에 부어 주시는 하나님의 창조되지 않
은 은혜와 하나님의 창조로 인하여 인간의 본성 속에 이미 내포되어 있는 하
나님의 창조적 은혜는 서로 다른 두 층으로 이해하려 한다. 라너는 이러한
은총의 개념이 루터를 중심으로 한 프로테스탄트적 주장인 은혜가 없이는 인

9) J. Carpenter, *Nature and Grace: Toward an Integral Perspective*, 62.
10) K. Rahner, *Theological Investigations*, vol. IV, "Nature and Grace," 168.
11) 위의 책. 이 부분은 개혁신학 입장에서 보면 논란의 여지가 충분히 있다. 이미 Emil Brunner
(*Natural Theology*) 와 Karl Barth (*Nein Antwort an Emil Brunner*) 사이에서 칼뱅을 해석함에 있
어서 그의 신학에서 과연 자연신학의 가능성이 있느냐 하는 문제를 가지고 뜨거운 논쟁을 벌인 바 있
다. 그러나 이 두 사람은 결코 조화할 수 없는 평행선을 달리고 있는 사람이라고 할 수 없다. 브루너는
창조론(신론) 중심의 신학적 입장에서 칼뱅을 바라보았기에 그에게서 자연신학의 가능성을 보았고,
바르트는 구원론(기독론) 중심의 신학적 입장에서 칼뱅을 바라보았기에 인간의 구원 사건은 전적으
로 재창조일 수밖에 없었다. 이 두 사람이 취한 서로 다른 관점을 이해한다면 두 사람은 충분히 조화
될 수 있는 인물이다. Mary Potter Engel, *John Calvin's Perspectival Anthropology* (Atlanta,
Georgia: Scholars Press, 1988) 참고.

간에서 절대로 구원이 도움이 되는 선은 있을 수 없다는 주장과 대화를 할
수 있는 부분이라고 한다.[12] 즉 인간이 창조적 은혜를 전제한다고 해도 그
것은 성령의 내재와는 현저히 구분됨으로 구원에 유용한 은총은 될 수 없다
는 의미에서 그렇다.

그러나 라너는 이러한 중세적 신학 전통과 루터의 프로테스탄트적 은혜의
개념을 동의하면서도 동시에 두 은혜 사이의 완전한 단절에 대해서는 부정
적인 입장을 취하고 있다. 우리는 온 세계의 중심이며 구원의 섭리적 경륜으
로서 그리스도를 이해하는 것은 대단히 중요하다. 그러나 은혜의 초자연적
속성을 지나치게 강조함으로써 창조적 은혜를 입고 있는 인간의 본성적 속
성을 완전히 봉쇄해서는 안 된다고 믿고 있다.[13] 라너에게 창조되지 않은 은
혜인 초자연적 은혜는 인간이 하나님에 의해 창조될 때 이미 부여받은 창조
적 은혜를 포함하는 것을 의미한다.[14] "인간은 하나님의 절대적 자기 양여
(God's absolute self-communication)[15]의 사건이다." 이 말은 하나님이
인간을 창조하실 때 인간 존재에 당신 자신을 내주심으로써 인간 정신으로
하여금 자신을 초월하도록 지으셨다는 것을 의미한다. 이 말은 인간이 하나
님의 초월적인 속성을 부여받았다는 의미는 아니다. 그것은 인간이 자기를
초월하여 부재하시는 듯한 하나님을 향하여 근접할 수 있도록 당신 자신을
내주시는 분으로 현존하시는 것을 의미한다.[16]

인간의 자아 초월적 경험은 미래에 있어야 할 하나님의 자기 양여를 자기
의 것으로 하려고 지향함으로부터 비롯된다. 동시에 하나님의 자기 양여는
그 수락이 가능하기 위한 선행 조건이며, 그것은 인격적으로 수락할 수 있도
록 하는 조건이다.[17] 이러한 인간을 향한 하나님의 자기양여는 자아 초월

12) 위의 책, 172-173.
13) 위의 책, p. 173.
14) Karl Rahner and Herbert Vorgrimler, *Dictionary of Theology*, "Grace," (8), 198.
15) K. Rahner, *Foundations of Christian Faith: An Introduction to the Idea of Christianity*, 116. 자기
    양여(self-communication)란 하나님께서 당신 스스로 인간 존재구성의 가장 심오한 핵심이 되
    도록 하셨다는 것을 의미한다.
16) 위의 책, 119.

적 경험 속에서 자기 자신을 묻는 존재로서 그리고 존재를 얻어 입는 존재로
서 자각한다.[18] 이 경함 속에서 "인간은 자기를 유한하고 범주적 차원에서
사는 존재로 경험하며 또한 자기를 절대적 존재에 의해서 그와는 다르게 만
들어진 존재자로 그리고 그 절대적 존재로부터 비롯된 신비에 뿌리를 둔 존
재자로 경험한다."[19] 이런 의미에서 라너는 인간을 '초월적 실존'(super-
natural existential)이라고 부른다. 이것은 인간이 죄성 이전에 인간을 향
한 하나님의 사랑에의 초대이며, 인간으로 하여금 응답할 수 있는 가능성을
제시한 것이다.

　라너의 이러한 인간 이해는 갖가지 종교성이나 내적인 갈망의 근원을 설
명해 주고 있다. 존재론적 측면에서 볼 때 영성은 인간이 자기 초월을 통하
여 자기 한계성을 인식하고 또 다른 절대 타자를 향한 인간의 개방성을 의미
한다. 인간에게 부여된 이러한 영성이 갖가지 종교적 행위를 가능하게 하며,
현실적 자아를 뛰어넘어 새로운 세계로의 갈망을 추구하는 뉴에이지 운동의
근원이 되기도 한다. 라너는 인간의 초월적 실존이란 인간의 본성이 곧 피할
수 없는 하나님의 은혜인가라는 물음에 대해서 중세 스콜라주의적인 개념인
순명의 가능태(potentia obedientialis)라는 말을 빌려 대답하고 있다.[20] 하
나님은 인간 안에 당신이 인간과 인격적으로 그리고 지성적으로 교제할 수
있도록 초월적 실존을 제공함으로써 그 가능성을 열어 놓았다. 그러한 창조
적 은혜는 결코 개인적으로 경험하는 성화 은혜(sanctifying grace)와 일치
하는 것은 아니다. 그것은 단순히 우리의 본성을 향한 하나님의 자유로운 사
랑의 초대일 뿐이다. 라너에게 있어서 이러한 순명적 가능성이란 하나님의
자유로운 사랑의 초청에 대한 단순한 수동적 반응을 의미하는 것이 아니다.
그것은 인간의 자유로운 책임적 결단에 의해서 '객관적인 구원'의 사건을

17) 위의 책, 179.
18) 위의 책, 34.
19) 위의 책, 119.
20) Leo J. O'Donovan, ed., *A World of Grace: An Introduction to the Themes and Foundation of Karl
　　Rahner's Theology* (New York: Crossroad, 1989), 72.

'주관적인 구원'의 사건으로 받아들이고 내면화하여야 한다.21)

　라너는 철학과 신학을 논하면서 초월적 계시를 수용하기 위해서는 그것을 받아들일 수 있는 인간의 선험적인 지식을 전제한다는 의미에서 철학을 언급한 바 있다.22) 이것은 바로 창조적 은혜로 주어진 인간의 초월적 실존이 개인적으로 경험되는 성화적 은혜 차원으로 넘어가기 위해서는 초자연적 개입이 요청된다는 것을 암시하고 있다. 인간의 초월적 실존은 성령의 개입 없이는 충만할 수도 절대 완성에 이를 수도 없다. 라너는 분명히 가능성과 현실적으로 영향을 미치는 은혜를 혼합하지 않는다. 그는 그러한 죄성 이전에 부여된 하나님의 창조적 은혜가 현실적으로 충만하고 완성되게 하기 위해서는 특별한 은혜가 필요하다는 것을 말한다.23) 전통적인 교회의 가르침인 성령의 은혜로 말미암아 인간을 향한 하나님의 자기 양여가 완성된다는 것을 받아들이고 있다. 그 결과로 인간은 하나님의 속성에 참여하고 하나님의 영을 받아 이제는 자신이 하나님의 자녀라는 사실을 자각하게 된다.24) 그래서 라너는 하나님이 자기 자신을 내주시는 세 가지 양식을 말하면서 하나님 앞에서 인간 실존의 완성 과정을 말하고 있다. 즉 동일하신 하나님이 "아버지로서 그리고 아들 또는 로고스로서 그리고 성령으로 주어진다."25) 아버지는 절대적 자기 양여 속에서 아들을 통하여 성령 안에서 우리에게 당신 자신을 내어주신다. 이렇게 하나님이 자유로운 은총으로부터 초자연적 은총으로의 자기 양여를 통해서 구원의 경륜을 이루어 가신다.26) 하나님이 우리를 구원하시기 위해서 인간 한 사람 한 사람의 실존의 가장 깊은 중심으로 오실 때 우리는 이 하나님을 참으로 '거룩한 숨결', '성령'이라고 부르게 된다.27)

21) Regina Bechtle, "Karl Rahner's Supernatural Existential: A Personalist Approach," *Thought*, 48 (1973), 64.
22) K. Rahner, *Theological Investigations*, vol. VI, "Philosophy and Theology," 70-74.
23) K. Rahner, *Theological Investigations*, vol. IV, "Nature and Grace," 186.
24) K. Rahner, *Foundations of Christian Faith: An Introduction to the Idea of Christianity*, 120.
25) 위의 책, 137.
26) 위의 책.
27) 위의 책, 136.

라너에게 있어서 창조적 은혜로서의 인간의 초월적인 실존은 주제화된 경험(unthematic experience)은 아닐지라도 초월을 향한 자기 개방이라는 명목으로 경험될 수 있는 영역이다. 그러나 특별한 은혜로 여기는 성령의 은혜는 신학적으로 알려진 사실에 대한 인지요 확신이다. 인간의 초월론적 경험이 신학적이고 교리적으로 해석을 해 줌으로써 그 해석 속에서 자기 자신의 경험을 신뢰하고 받아들이게 된다. 인간 실존의 선험적인 경험과 기독교 신학적인 경험적 가르침이 통합됨으로써 비로소 실존적 결단에 이르면서 기독교적 영성에 이르게 된다.28) 라너 신학의 핵심인 인간에게 부여되는 '초월적인 실존'(supernatural existential)은 오늘의 모든 종교를 포함하여 보다 깊은 내면의 삶에 초점을 두고 있는 영성 운동의 이론적 근거가 될 수 있다. 그러나 라너는 결국 그러한 영성이 수동적이고 자발적으로 완성에 이르는 것이 아니고 초자연적인 성령의 은혜의 개입과 더불어 자유로운 자기 결단29)으로 말미암아 충만하게 되고 완성케 된다고 주장함으로 영성과 성령이 보완적이고 동반자적이라는 입장을 취한다.

8. 통합적인 기독교 영성

1) 바울 신학적인 의미

신약신학적인 입장에서 인간관을 말할 때, 사람들은 자주 인간 존재의 구성 요소를 기능적으로 설명하면서 특정한 영역만을 영성이라는 범주에 넣으

---

28) 위의 책, 131.
29) K. Rahner, *Foundations of Christian Faith: An Introduction to the Idea of Christianity*, 57, 138-143 참고: 인간은 초월적인 실존을 통하여 개방된 존재임으로 자기 자신을 스스로 책임져야 할 자유로운 존재로서 자신을 경험한다. 그러나 이 자유로운 결단은 반드시 옳은 것을 선택할 수 있는 능력이 있다는 것을 의미하지 않는다. 오히려 라너는 인간은 자유로운 존재로서 자기 자신을 부정하고, 그 결과 하나님 자신에 대해서 부정할 수 있다. 여기서 부정이란 궁극적인 부정을 의미하기보다는 순간순간 결단을 하는 선택적 자유를 말한다.

려는 경향이 있다. 그러나 바울이 말하고 있는 인간을 향한 다양한 표현은 인간의 구성 요소를 설명하려는 것보다는 통합적인 인간을 전제로 하면서 전인이 되어 가는 과정 속에서 보여 주는 각각의 특징을 영적이다 육적이다 라고 표현할 뿐이다. 바울 신학에서 인간을 정의할 때 사용하고 있는 일반적인 큰 틀의 용어로서 '영적이라는 말과 육적이라는 말'을 생각해 보자. 바울은 육체를 지닌 개인이라는 존재는 다음과 같은 두 방향을 지향하고 있다고 믿었다. 육적인 것 혹은 세상적인 것(σαρκινός)을 향하거나, 영적인 것 혹은 하나님의 것(πνευματικός)을 향하는 것이다. 육적이라는 말이 영적이라는 말과 대조해서 사용될 때는 전자는 죄악된 경향을 말하고, 후자는 순결하고, 거룩하고, 성스러운 경향을 말한다.[1]

바울은 고린도전서 15:42-50에서 육적인(σαρκινός), 혼적인(ψυχικός), 영적인(πνευματικός), 육의(σωματικώς) 등의 네 용어를 동시에 모두 사용하고 있다. 여기서 인간을 두 가지 유형으로 대조시키고 있다. 하나는 피조물성을 나타내는 자연적인(ψυχικός) 성격으로서 소멸되며, 유약하고, 세속적이며, 육적(σαρκινός)인 성향을 의미한다. 다른 하나는 영적인(πνευματικός) 성격으로서 불멸하고, 강력하며, 천상적인 성향을 의미한다. 이것은 우리 인간의 존재 구성 요소로서 어떤 것은 한시적이고 소멸될 것이며, 어떤 것은 영원하고 불멸한 것이라는 의미는 아니다. 오히려 이 두 가지 유형 모두에 공통적인 요소가 있는데, 인간은 육체적(σωματικώς)으로 존재한다는 것이다. 육체 안에서 모든 것이 통합될 때 그것을 비로소 인간이라고 한다.[2]

---

1) Francis K. Nemeck and Marie T. Coombs, *The Way of Spiritual Direction* (Collegeville, Minnesota: The Liturgical Press, 1993), 25-26.
2) 이것은 아리스토텔레스 형이상학에서 보여 주고 있는 실체의 의미와 일치한다. 그는 이데아만이 실체라는 플라톤의 주장을 반박하면서 온갖 실체는 질료와 형상의 결합이라고 했다. 형상은 여러 실체 속에 반복적으로 깃들일 수 있으며, 그것이 수적으로 셀 수 있는 뚜렷한 존재가 되기 위해서는 질료를 가져야 한다. 그러므로 어떠한 것도 실체이면서 형상과 질료를 갖지 않을 수 없다. 아리스토텔레스의 이러한 주장은 인간의 실체 인식에 중요한 영향을 주었다. S. P. Lamprecht, *Our Philosophical Traditions: A Brief History of Philosophical in Western Civilization*, 김태길, 윤명로, 최명관 공

바울은 많은 경우 '영'(πνεύμα)이라는 말과 '영혼'(ψυχή)이라는 말을 독립적으로 사용하지 않고 '몸'(σῶμα)이라는 말을 수식함으로 그 독특한 의미를 전해주고 있다. 바울은 인격이 진정으로 실현된 모습을 '영혼의 몸'이라기 보다는 '영의 몸'으로 표현하고 있다. 즉 고린도전서 15:44에서 바울은 육의 몸(영혼의 몸, σῶμα ψυχικόν)에서부터 영의 몸(σῶμα πνευματικόν)에로의 전환을 말하고 있다. 그것은 육체라는 동물성이 비육체적인 신성에로의 변화를 의미하는 것이 아니라, 진정한 자기로 형성되어가는 과정 속에서 변형되고 있는 육체로의 인간을 의미한다. 참다운 존재로서의 인간은 결코 자연적인 존재 즉 하나의 생물적인 혹은 동물적인 성장에 그치지 않는다. 왜냐하면 인간은 항상 하나님의 형상을 지닌 피조물이며, 하나님과 더불어 살도록 지음받았기 때문이다. 여기서 바울은 영과 육의 완전한 통합의 가능성을 씨의 비유로 설명하고 있다. 즉 영적인 여행이란 영혼의 몸이라는 가능태로부터 영의 몸이라는 현실태로의 이행을 의미한다.3) 이러한 모든 과정을 함축적으로 영성이라고 말할 수 있다.

구약성경과 바울 신학이 동시에 보여 주고 있는 인간이란 완성되어 가는 존재이다. 아무리 제한적인 육을 지닌 자연적인 인간이라 할지라도 인간은 결코 한시적이고 찰나적인 상태로 머물러 있지 않고, 무한하며 영원한 개체로서의 존재성을 향하여 끊임없이 지향하고 있다. 그럼에도 불구하고 바울은 종종 영혼(ψυχή) 또는 혼적(ψυχικός)이라는 헬라어를 사용하면서 본래적인 가능성을 성취하지 못한 상태 혹은 영적인 존재로서 변환되지 못한 지상적인 속성, 제한적인 존재, 찰나적인 속성을 여전히 지니고 있는 인간의 모습을 그려 내고 있다(고전 15:44). 그것은 인간 스스로의 내적인 능력으로 자아의 완숙을 이루어 갈 수 없으며, 성령에 의해서 고양되고 정화되고 조명을 받아야 할 필요성을 말하고자 함이다.4) 하나님으로부터 지음을 받은 자

역,「서양철학사」(서울: 을유문화사, 1992), 104-114 참고.
3) Arnold B. Come, *Human Spirit and Holy Spirit*, 김성민 역,「인간의 영과 성령」(서울: 대한기독교출판사, 1984), 57-58.

연인으로서의 인간은 그가 비록 동물적인 속성 외에 그 속성을 초월할 수 있
는 특징을 지니고 있으나 그 초월성을 제한적인 육체 안에서 실현시키기 위
해서는 성령의 개입이 필연적이다(롬 8:16). 바울은 성령에 의해서 자기 완
성을 이루어 가는 육체를 영적인 사람이라고 한다. 즉 바울에게 있어서 영이
란 한 인간 실존이 하나님을 향하여 개방되어 있는 전인적인 인간을 지칭할
때 사용하는 말이다.[5]

2세기경의 로마의 시인 쥬비널(Juvenal)이 "건강한 육체에 건강한 정
신"[6]이라는 경구를 말한 바 있다. 인간이 통합적인 존재임을 시사하는 말이
다. 인간은 단순히 영적인 존재도, 심리적인 존재도 아니다. 인간은 '무엇보
다도' 생물학적인 유기체(biological organism)이다. '무엇보다도'라고 표현
하는 것은 이론적인 우선 순위를 말하는 것은 아니다. 왜냐하면 영이야말로
조직적인 인간 이해를 위한 열쇠이기 때문이다. 인간을 인간 되게 하는 것이
영이라는 것은 다시 말할 여지가 없다. 영은 인간이라고 일컬어진 실존 형태
안에서 유기체와 심리를 통합시키는 역할에 있어서 핵심적인 주체이다.[7] 그
러므로 유기체에 대해서 '무엇보다도'라고 표현한 것은 실제적인 우선 순위
요, 실존적이고 시간적인 우선 순위를 말한다. 그것은 또한 유기체는 생명을
지닌 존재에 있어서 필연적인 요소임을 의미한다.[8] 그러므로 영, 혼, 육을
말할 때, 그것들은 어떤 한 부분을 담당하는 구성 요소라기보다는 서로 상호
작용하면서 전인적인 인간으로 통합되어 가는 속성을 말한다. 인간의 영이라
고 할 때도 역시 그것은 육체 안에서 가능하며, 동시에 인간을 육체라고 할

4) Johannes Weiss, *Der erste Korintherbrief*, (Göttingen: Vandenhoeck and Ruprecht, 1910), 70,
   A. Come, 『인간의 영과 성령』, 90 에서 재인용.
5) D. Helminiak, *The Human Core of Spirituality: Mind as Psyche and Spirit*, 7.
6) 위의 책, 195.
7) 위의 책, 136. 헬미니엑은 영혼을 기능적이고 경험적인 차원에서 심리적인 요소로 이해하고 있다. 심리
   는 유기체(organism)와 영(spirit)을 매개하는 역할을 하는 것처럼 보인다. 심리 그 자체만을 유리시켜
   토의한다는 것은 불가능한 일이다. 인간이 영을 가지고 있고, 영이 결정적으로 인간의 유기체를 이루는
   원칙이라고 한다면 영은 역시 인간의 심리에 영향을 미치고 그리고 의미와 가치를 표현하는 매개체로
   서 심리를 사용할 수 있다.
8) 위의 책, 196.

때도 그것은 영과 혼이 더불어 작용하는 유기체를 말한다.

2) 성령과 영성

인간의 영성이 성령과의 관계 속에서 논의될 때 보다 구체적인 기독교 영성이 된다. 이미 위에서 언급한 대로 창세기에서 보여 준 존재론적인 인간의 영성은 자기를 성찰할 수 있는 자아 초월적인 능력을 의미하며, 동시에 하나님을 향한 본능적인 갈망과 그 갈망을 실현하기 위한 하나님과의 교제 능력을 의미한다. 그러나 신학적인 인간론에 비추어 볼 때 인간의 본성적 타락으로 말미암아 주어진 자연적 영성의 능력은 매우 제한적이며, 활동태라기보다는 가능태로 존재할 뿐이다. 인간 스스로의 힘으로는 가능태적인 영성의 잠재성을 역동성이 있는 현실태의 모습으로 바꾸어 나갈 수 없다.[9] 여기서부터 비로소 기독교 영성의 핵심에 이른다.

타락된 본성적 능력이 그리스도 안에서 성령의 능력으로 말미암아 개혁되고 활성화될 때, 부여받은 자연적인 인간의 영성은 활동태로의 변화를 겪으며 자유롭게 하나님의 형상을 회복할 수 있는 역동성을 얻게 된다. 그래서 바울은 "너희의 심령이 새롭게 되어 하나님의 형상을 따라 새 사람이 되어라"(엡 4:23-24)고 말한다. 우리의 영이 개혁되어 하나님의 자녀로 눈이 뜨이기 위해서는 인간 자신에 의해서 취해지는 어떠한 조치도 유용할 수 없다. 성경은 오직 성령만이 파괴된 영성을 치유하며 자유롭게 활동케 하신다(고전 1:18-25)고 말한다. 성령으로 치유된 인간의 영성은 자신이 하나님의 자녀임을 인식하게 되며, 성령의 요구를 인지하고 자유롭게 응답할 수 있게 된다.

인간 안에서 활동하고 계시는 성령의 본성을 탐지할 수 있는 근거는 하나님의 형상에 대한 심리적 현상에 기인한다. 즉 자기 성찰 능력과 자기 객관화 능력에 있어서 뚜렷한 변화를 겪는다.[10] 이것이야말로 주관적인 자기 의

---

9) A. Come, 『인간의 영과 성령』, 150.
10) 위의 책, 148.

식과 자기 초월의 기반이 되며, 인간은 자신의 감성을 통하여 자아의 내면과 그 속에 들어 있는 내용을 들여다볼 수 있는 능력이 신장된다(고전 2:10-11).[11] 동시에 절대 타자로의 하나님 인식이 분명해진다. 자기 인식과 자기 초월의 능력을 갖춘 인간은 현저한 선택의 자유를 누리게 된다(고후 3:17). 바울은 "너희는 다시 무서워하는 종의 영을 받지 아니하고 양자의 영을 받았으므로 우리가 아빠 아버지라고 부르짖느니라 성령이 친히 우리의 영과 더불어 하나님의 자녀인 것을 증언하시나니"(롬 8:15-16)고 한다. 여기서 하나님의 성령에 의해서 인간이 최고의 자의식에 도달하며 책임적인 자아가 되라는 요구를 받는다. 바울은 갈라디아에서 "성령을 따라 행하라"(갈 5:16)고 말하면서, 동시에 성령의 열매는 사랑과 희락과 화평과 오래 참음과 자비와 양선과 충성과 온유와 절제라고 한다(갈 5:22). 이 말씀에서 성령의 열매란 이와 같은 은사를 우리에게 선물로 주신다는 것을 의미한다. 그렇다면 바울은 왜 굳이 인간이 습득해서 지켜야 할 것처럼 '성령을 따라 행하라'고 명령하는가? 이 둘 사이를 어떻게 조화시킬 수 있는가?

성령이 우리 가운데 개입한다는 것은 결코 강압적이거나 불가항력적이거나 비인격적인 힘으로의 흡수를 말하는 것이 아니다. 성령은 하나님의 주권으로 인간에게 개입하시지만 인간에게 주어진 책임적 수행 능력을 약화시키거나 인간의 윤리적 결단 능력을 배제하지 않는다.[12] 오히려 성령의 개입으로 인하여 영적인 존재가 된 인간은 보다 자유로운 존재가 되어 스스로의 분별력으로 자유롭게 응답하면서 하나님과 교제를 할 수 있게 된다. 그러므로 성령으로 인하여 영적인 존재가 되었다는 것은 성령으로 인한 은사를 분별하는 능력을 말하며, 그 결과 성령을 따라 행할 능력도 있음은 말할 것도 없거니와 동시에 거부할 수 있는 능력도 있다는 것을 시사한다. 적어도 인간을 향한 성령의 개입이 하나님과의 인격적인 교제의 기반이 된다는 것을 받아들인다면 그것은 자명한 사실이다. 그러므로 하나님의 영에 의하여 온전성

---

11) 위의 책, 149.
12) 위의 책, 194-195.

을 회복하기 시작한 영의 사람은, 성령의 요구와 그리고 여전히 존재하고 있
는 타락된 인간 본성 사이에서 강력하고 심각한 투쟁과 갈등을 자발적으로
감내할 수밖에 없다.13)

그리스도를 통한 하나님의 주권적인 은총으로 말미암아 비로소 하나님과
인간 사이에서 자유인이 된 그리스도인이 성령의 요구를 향하여 지속적으로
반응할 때 성화의 과정에 들어간다. 그러므로 구원받은 사람들이 계속적으로
성화되기 위해서는 책임적인 존재로서 성령의 요구에 지속적으로 응답해야
한다. 성령은 인격적으로 다가오시는 분이기에 그분은 인내하시고 오래 참으
시고 기다리신다. 결코 강압하시지 않으신다. 성령이 우리 안에 내재하신다
할지라도 인격적으로 응답하기를 거절한다면 성령은 아무 일도 하지 않으실
수 있다. 그래서 바울은 "하나님의 성령을 근심하게 하지 말라"(엡 4:30)고
권한다. 바울은 고린도 교인들이 성령의 사람들이지만 성령을 따라 살지 못
하고 오히려 육신에 속한 자로 살아가는 이유를 설명하면서 격앙된 어조로
"너희는 너희가 하나님의 성전인 것과 하나님의 성령이 너희 안에 계시는 것
을 알지 못하느냐"(고전 3:16)라고 말한다.14) 고린도 교회의 그리스도인들이
성령의 요청에 응답하지 못하는 것은 그들의 옛 습성과 성령의 요청 사이에
서의 투쟁 결과 자유롭게 옛 습성을 선택하였다고 말할 수 있다. 우리가 그리
스도로 말미암아 구원받은 백성일지라도 우리 안에 거하시는 성령의 요청에
귀 기울이지 않고 인격적으로 응답하지 않는다면 영적으로 진보할 수 없다.

---

13) 위의 책, 97.
14) William F. Orr and James A. Walther, *I Corinthians, Anchor Bible*, vol. 32 (New York: Double-
day & Company, Inc, 1982), ch. 3:1-23. 여기서 바울이 '너희'라는 인칭대명사는 분명히 개인보다
는 고린도 교회 공동체를 지칭하며, 그 공동체 가운데 하나님의 성령이 거하신다는 것을 의미한다
(174). 그러나 고린도전서 3장 앞부분을 자세히 관찰하면 바울은 공동체의 문제뿐만 아니라 각 개
인의 미성숙함도 염두에 두고 있음에 틀림없다. 그리스도 안에 있는 아이들처럼 대하게 된 것에 대
해서 바울은 유감을 표명하고 있다. 그들의 미성숙은 공동체의 지혜의 결핍이라기보다는 각 개인
이 자발적으로 성령님께 복종하지 못한 결과에서 비롯된 것으로 이해해야 한다. 이것은 그들이 그
리스도 안에 있는 영적인 사람들이지만, 그들은 여전히 내면에서 성령의 소욕과 육체의 소욕과의
경쟁적인 투쟁에서 실패하고 있음을 보여 주고 있다(170-171). 그러므로 여기에서 '너희'라는 인칭
대명사는 교회라는 공동체와 더불어 개인을 지칭하는 것으로 이해해도 해석상의 문제가 없다.

이것이 자유로운 영성적인 존재의 실체이다.

영적인 성장이란 결코 성령의 기계적인 작용에 의존하지 않는다. 인간이 영성적이라 함은 우리 안에 임하신 성령을 향하여 자발적이고 인격적으로 응답할 수 있는 자유로운 존재임을 의미한다. 그는 성령님으로 말미암아 이전의 육신의 욕구를 통제하고 성령의 뜻을 인격적으로 수용해 감으로써 구원받은 백성으로의 자기 실현을 이루어 간다. 그러한 과정 속에서 인격적인 성숙과 삶의 목적인 행복을 성취해 간다는 의미에서 인간을 영성적인 존재라고 한다. 많은 그리스도인이 구원받은 사람으로서의 성숙과 성취감을 맛보지 못하는 것은 체험의 문제라기보다는 인격적인 결단의 문제이다. 바울은 성령의 탄식을 말하고 있다(롬 8:26). 그 탄식은 인간과의 인격적인 교류를 갈망하는 하나님의 기다림이요 인내이다. 동시에 그것은 자기 초월과 자기 의식이 열린 영적인 사람에게 내면의 갈등과 투쟁으로 전달된다. 따라서 성령의 탄식은 곧 우리의 탄식과 고통이며, 성령의 만족과 기쁨은 또한 우리 영혼의 기쁨과 행복이다. 그러므로 기독교 영성에서 성숙한 인간이 된다는 것은 인간의 실존적인 삶과 성령의 요구를 일치시켜 가는 삶을 의미한다.

3) 조화로운 삶의 모형으로서의 영성

혹자는 영성이 일반적으로 인간의 영과 신성과의 일치를 모색하는 용어라는 의혹을 가진다. 여기서 그 진의를 토론해 볼 필요가 있다. 그러한 의혹은 종교 다원주의적인 측면에서 인간관을 정의하고자 할 때 두드러지게 드러나는 문제이다. 인간을 종교적 동물이라고 할 때 인간의 동물적인 차원뿐만 아니라 다분히 신성을 부여받은 존재라는 것을 암시한다. 그렇기에 인간을 영성적인 존재라고 할 때 인간과 하나님과의 연속성을 전제하는 것이라고 주장할 수도 있다. 이러한 연속성의 성격이 무엇이냐에 따라서 기독교적인 영성과 기타 동양 종교적인 영성이 뚜렷이 구분된다.

인간이 하나님과 본질적인 속성을 공유하고 있기 때문에 인간과 신성의 일치를 당연하게 받아들이는 종교가 힌두교이다. 여기서 인간이라고 하는 것은 인간 자신이 우주의 궁극적인 실존이라는 것을 의미한다. 인간의 심원한 내적 자아(Atman)는 곧 궁극적인 우주의 실존(Brahman)과 일치한다. 이 주장에 따르면 인간의 깊은 내면의 의식은 절대적이고 궁극적인 우주의 실존이며, 그것을 각각 그 종교의 전통에 따라서 Brahman(범아), Tao(도), the Godhead(신성)라고 한다.15) 그러나 유대 기독교적인 전통은 자아와 하나님과의 관계를 창세기에서 하나님의 형상이라는 말로 표현하고 있는데, 그것은 힌두교나 기타 동양 동교의 전통과는 현저히 다르다. 하나님의 형상이라는 말은 하나님과의 동일성을 의미하는 것이 아니다. 그것은 인간은 하나님으로부터 비롯된 피조물이라는 것을 의미하며, 결코 인간이 신일 수 없다는 것을 분명히 하고 있다. 피조물과 창조자는 뚜렷하게 구별된다. 인간이 영원한 존재가 아니라고 한다면 인간은 신일 수 없다. 그러므로 인간의 가장 심원한 부분을 '영'이라 할지라도 그것은 결코 신적인 속성을 포함하는 것은 아니다.

이러한 차이점을 유념한 바르트(Karl Barth)는 하나님과 인간의 관계를 설명할 때 '존재 유비'16) 방식을 거부하고 '신앙의 유비'17) 또는 '관계 유비'를 선택했다.18) 인간 스스로 내면에 하나님과 일치되는 속성이 있기에 인간이 독립적인 존재로서 하나님과 '나-당신'의 관계를 맺을 수 있는 것이 아니다. 인간은 오직 그리스도에 대한 믿음 안에서 하나님과 '나-당신'의 관계를 맺을 수 있다. 그래서 인간은 존재적인 측면에서 하나님과의 유사성을 말해서는 안 되며, 단지 신앙 안에서 하나님의 형상을 이루어 가는 하나님을 향한 절대 의존적인 존재라는 사실을 분명히 하고 있다.19)

---

15) D. Helminiak, 위의 책, 17 참고.
16) A. Come, 위의 책, 98 참고. 존재 유비란 하나님과 인간이 모두 하나라는 전제 아래, 그 둘의 존재적 특성이나 존재 양태 등에서 비슷한 점을 끌어 내어 그 둘 사이의 관계성을 규명하려는 방식.
17) 위의 책 참고. 관계 유비란 하나님의 절대 초월성을 인정하면서 하나님을 향한 인간의 신앙을 전제로 그 둘 사이의 관계성을 규명하려는 방식.
18) Karl Barth, *Die Kirchlich Dogmatik*, I:1. 239-261, II: 1. 252-275, III: 1. 204-221, Arnold Come, 위의 책, 98 에서 재인용 참고.

기독교 영성이 궁극적인 목적으로 삼는 것은 인간의 신화(deification)이다. 그것은 인간이 본래 신적인 존재이기에 신적으로 돌아간다는 의미가 아니고, 신적인 존재가 아니기에 하나님의 영에 참여함으로써 신화를 이룬다는 것을 의미한다. 반면에 힌두교는 본질적으로 인간이 신의 속성을 공유하고 있다는 전제로부터 신성에의 참여를 말하고 있다. 그러나 유대 기독교 전통에서의 하나님의 영에 참여한다는 것은 존재론적인 의미가 아니라 관계론적인 의미를 말한다. 그래서 기독교에서의 신화는 유일신이신 하나님 그 자신의 신성에 참여한다기보다는 삼위일체 하나님을 향한 믿음 안에서의 관계 형성을 의미한다.[20] 삼위일체 되신 그리스도는 육신을 취하시고 우리 가운데 함께 사셨다. 성부 하나님의 뜻을 따라 사시다가 죽으심으로 하나님의 영광에 참여하게 되셨고, 그 인간성이 완전히 변화되어 인간성 안에서 신화되셨다. 이런 모델은 모든 인간에게 적용된다. 삼위일체 중의 한 분이신 성령님에 의해서 예수 그리스도가 그랬던 것처럼 신성을 얻을 수 있다. 기독교의 믿음에서 부활하신 예수 그리스도는 신화를 이룬 완전한 인간의 모델이다. 성령에 의해서 인간은 그리스도 예수와 한 지체가 되고, 하나님의 영광에 참여하게 된다. 그러므로 기독교 전통에서 영성적인 존재가 된다는 것은 신적인 어떤 속성에 참여한다기보다는 삼위일체 하나님과 믿음의 관계 속에서 그리스도의 삶에 참여하는 것을 의미한다. 그 삶에 참여하게 될 때 육체를 지닌 인간은 영적인 존재가 되며, 그 전 과정이 하나의 기독교 영성이 된다.

그러므로 영성적인 사람이 된다는 것은 인간이 되어 가는 것(becoming person)을 의미하며, 인간이 되어 간다는 것은 전인(the whole person)이 되는 것을 의미한다. 전인이 된다는 말은 개인이 다른 사람들과의 관계 속에서 이루어지는 것이며, 그 다른 사람과의 관계는 결국 하나님과의 관계 속에서만 완성된다.[21] 게리 하보그(Gary L. Harbaugh)는 인간이 관계 속에서

19) 위의 책, 98-99.
20) D. Helminiak, 위의 책, 17-18.
21) Gary L. Harbaugh, *Pastor as Person* (Minneapolis: Augsburg Publishing House, 1984),

전인이 된다고 할 때 인간은 육체적인 존재로서, 사고하는 존재로서, 감성적인 존재로서, 사회적인 존재로서 자기를 실현해 가는 것을 의미한다고 주장한다. 그리고 그리스도인으로 전인이 된다고 할 때 그것은 그리스도를 중심으로 하여 위에서 제기된 네 가지 영역이 조화롭게 통합되어 가는 것을 의미한다.[22]

인간은 육체적 존재이다. 육체는 정신을 담는 그릇이며 동시에 사회적 환경 속에서 관계를 맺어 가는 실체이다. 여기서 건강한 육체에 건강한 정신이, 건강한 육체에 건강한 사회의 일원이 되는 것을 예측할 수 있다. 물론 역으로의 동일한 설명도 가능하다. 육체를 중심으로 언급한다면 육체적인 운동이나 오락, 심지어는 균형 잡힌 영양 상태까지도 영성과 관련되어 있다. 건강한 육체가 사회적 존재로서의 자기 실현을 가능하게 하며, 건강한 정신에 이르게 된다. 그러므로 건강한 육체적인 활동은 영성과 무관하지 않다.

인간은 감성적인 존재이다. 이 감성적인 영역은 정신적인 부분과 사회적 부분과 서로 연관시켜 생각할 수 있다. 정신적인 영역에서는 주로 지성적인 활동이나 배움이 이루어지는데, 그것이 실천되고 자기 실현을 통한 정서적인 기쁨과 만족을 누리기 위해서는 감성적인 영역이 건강하게 작용해야 한다. 감성적인 느낌이 수반되지 않는 지성적인 활동은 어떤 가치를 부여할 능력이 없기에 그 지성은 전인이 되어 가는 데 아무 기여도 할 수 없다.[23] 지성과 감성의 조화는 우리로 하여금 미래를 예측하며 적합한 선택과 행동을 하도록 하기 때문에 두 영역의 조화는 성숙한 인간을 위한 과정적 조치일 수밖에 없다. 그리고 인간은 감성적인 존재이며 동시에 사회적 존재이다. 사회적인 존재로서의 자기 실현을 위해서 감성적으로 안정된 지지 기반이 필요하다. 예를 들면 결혼과 가정, 동료 그룹 등이 그것이다. 정서적으로 안정을 유지하

18-19.

22) 위의 책, 21.

23) Robert Plutchik, *Emotion: A Psychoevolutionary Synthesis* (New York: Harper & Row, 1980), G. Harbaugh, *Pastor as Person*, 94 에서 참고 정리함.

지 못하고 있는 지지 기반이라면 그러한 것이 고통을 주고 상처를 안겨 준
다. 그러므로 정서적으로 균형 잡힌 사회적 활동은 성숙한 인간이 되는 디딤
돌이 된다.

인간에게 주어진 육체적, 정신적, 감성적, 사회적인 영역이 성령의 개입으
로 인하여 하나님을 중심으로 움직일 때 조화로운 전 인격을 이루게 되며,
그것을 총체적으로 영적인 인간이라고 별칭할 수 있다.24) 인간 존재의 어느
한 부분을 영성적이라고 말하기보다는 그리스도 안에서 전인적이고 통합적
인 삶을 이루어 가는 그 실체를 영성이라고 말함이 합당하다. 그래서 우리가
영성적으로 바르게 되어 가고 있는가(becoming)에 대한 물음은 이 네 영역
이 조화롭게 작용하고 있는가를 물어야 한다. 그것들이 조화되어 가는 것은
하나의 과정이며, 과거와 현재와 미래를 향하여 다음과 같은 물음은 전인이
되어 가는 데 있어서 중요한 역할을 한다. 첫째, 과거적인 물음으로서 나의
역사는 건강한가라는 물음이다. 나는 나의 역사를 가지고 있다기보다는 '나
는 나의 역사'이다. 자기 자신의 역사가 오늘 자신의 생각과 느낌과 행동 속
에 살아서 반영되고 있다. 그러므로 과거를 끊임없이 성찰해야 한다. 둘째,
현재적인 물음으로 내가 처하고 있는 상황이 건강한가라는 물음이다. 나는
나의 상황을 가지고 있는 존재라기보다는 '나는 나의 상황'이다. 사회적인
환경 속에서 사람과 하나님과 환경과의 관계성의 건전함을 성찰하려는 물음
이다. 셋째, 미래적인 물음으로 나는 나의 선택을 가지고 있다기보다는 '나
는 나의 선택'이다. 그 선택은 자신의 미래를 결정하기 때문에, 그 선택에 대
한 조화로움을 물으면서 동시에 그 선택에 직면할 용기가 있는가를 물어야
한다.25)

---

24) G. Harbaugh, 위의 책, 35.
25) 위의 책, 32-37.

영성과 신학 제2장

영성은 신학의 원천을 제공하고,
신학은 영성적인 경험에 의미를 부여하며
그 경험을 신학적인 틀 안에서 검증할 수 있어야 한다.
신학과 영성을 연합시킴으로써
신학자는 신학이 단순히 지적인 훈련 이상의
영적인 수련이라는 사실을 인식하게 된다.
영성은 이론적인 차원에서 신학의 원자료가 되며
동시에 생동력 있는 신학을 가능케 하고
또 여타 신학 분야는 건전한 영성적인 경험을 가능케 해 준다.
영성을 무시한 신학적인 작업은 신학적인 환상에 불과하다.

제 2 장 영성과 신학

1. 영성과 신학의 변증법적 발전 과정

5세기까지 영성이라는 라틴어 'spiritualitas'는 보편적으로 사용되지 않았다. 한때 제롬(St. Jerome)의 것으로 보이는 서신에서 '영성적'으로 진보하기 위하여(ut in spiritualitate proficias) 행동할 것을 권고한 문장에서 그 흔적을 찾을 수 있다. 여기서 영성이란 "성령의 능력 안에서 산다."는 의미와 별 차이가 없다. 그것은 근본적으로 바울 신학의 반영이며 연속선상에 있다는 의미이다.[1] 바울 서신에서 '영'(πνεύμα)이나 '영적인'(πνευματικός)이라는 말의 의미를 이해하기 위해서는 바울이 이 용어의 상대적인 개념으로 사용한 '육적이다'(σάρξ 혹은 ψυχικός)라는 말의 의미를 추적해 볼 필요가 있다. 이 용어는 분명히 물리적(physical)이고 물질적(material)이라는 의미는 아니다. 즉 비물질적인 것과 물질적인 것, 이성적인 것과 비이성적인 것 등의 비교적인 의미에서의 '영'을 말하는 것은 아니다. 만일 이런 의미를 받아들인다면 그것은 플라톤주의의 이분법적인 사고에서 비롯된 것이다.[2]

---

1) Philip Sheldrake, *Spirituality and History: Questions of Interpretation and Method* (New York: Crossroad, 1992), 35.
2) 플라톤에게 있어서 영혼과 육체란 비물질적인 것과 물질적인 것과의 비교적인 의미로 사용되고 있다. 플라톤에게 물질은 한시적인 것이고 불완전한 것이다. 불완전하다는 것은 일자(一者, 하나님)로부터 멀리 떨어져 있는 것을 의미한다. 일자(一者)라는 신성으로부터 가장 멀리 떨어진 신 중의 하나인 창조신(Demiurge)으로부터 모든 피조물이 나왔다. 따라서 피조물인 물질은 신성이 가장 결핍된 것이며, 그것은 바로 비물질적인 세계 즉 영원한 이데아와는 엄청난 질적인 차이가 있다.

바울이 사용하고 있는 '육적인 삶'이란 단순한 물질적인 차원을 뛰어넘어 죄악된 속성 그 자체를 의미한다. 반면에 죄악된 속성을 지닌 육체가 성령의 능력을 덧입어서 죄악된 속성을 극복할 때 나타나는 삶의 양상은 영적인 삶이다. 이 의미를 성서신학적인 입장에서 단순화시킨다면 하나님의 영의 지배를 받을 때 '영적인 사람'이라고 말하며, 하나님의 지배를 벗어난 자연적인 인간을 일컬어서 '육적인 사람'이라고 할 수 있다. 바울은 때때로 영적인 것의 상대적인 개념으로 헬라어의 푸쉬키코스(ψυχικός)를 사용하고 있다(고전 15:44). 일반적으로 푸쉬케(ψυχή)는 영혼이라고 번역할 수 있는데, 이것은 영혼의 활동을 육적인 영역에 포함시키기도 한다는 것을 의미한다. 바울의 이러한 입장은 아우구스티누스를 통하여 중세 신학에 영향을 미치고 있다. 즉 중세 신학에서는 영혼(ψυχή)의 세 기능을 삼위일체의 형상의 반영으로서 기억, 이해, 의지라고 했다. 이 구체적인 영혼의 기능은 타락으로 인해서 왜곡되어 나타나기 때문에 각각 믿음, 소망, 사랑이라는 세 가지 덕에 의해서 정화되지 않는 한 자연적인 인간으로서의 영혼은 '육적'일 수밖에 없다. 이러한 자연적인 영혼이 하나님의 영으로 변화를 겪을 때 비로소 영적인 모습으로 회복된다. 이런 용법으로 '영적이다'라는 말이 12세기까지 일정하게 사용되었다.

이렇게 교부 시대부터 12세기까지 '영성'(spiritualitas)이라는 말의 의미는 거의 변화가 없었다. 그것은 성령에 따라 사는 삶 혹은 그러한 삶에 관계된 모든 활동, 즉 수도원적인 삶을 의미하는 말이었다. 이 시대의 '영성적이다'라는 말에 대한 이해는 오늘처럼 결코 복잡하고 혼돈된 의미가 아니었다. 영적으로 두드러지게 살아가고 있던 사막의 교부나 수도자의 삶의 모양을 총칭한 최상급의 용어로서 영성이라는 말을 사용하였다. 13세기에 이르러 대학이 형성되면서 발전된 주로 이성을 기초로 한 스콜라 신학이라는 신학적 방법론이 나오기까지의 신학은 모두 영성(혹은 신비신학)이라는 말에 포함되었다. 이런 의미에서 스콜라 신학 이전의 신학을 레크레르크(Jean Leclercq)

라는 영성신학자는 '수도원적 신학'3)이라고 했다.

수도원적 신학이란 수도원적인 삶을 유지하고 그 삶의 양식을 형성하기 위한 경험적인 신학이다. 그들의 신학 활동은 지적 욕구를 충족하기 위한 사변적 노력이 아니고 수도원적인 삶을 유지하고 발전시키는 실용적 탐구였다. 유일한 신학의 대상은 성경이었고 그 해석법 역시 영성적인 삶에 유익이 되는 한도 안에서만 가능했다. 예를 들면 렉시오 디비나(lectio divina)라는 기독교 명상법을 통하여 객관적인 계시의 말씀을 주관적인 영의 양식으로 바꾸는 해석법을 사용하였다. 명상을 통한 성경해석은 영혼을 자극하고 그 영혼의 양식이 될 수 있는 문자적 내지 상징적인 해석이었다. 그러므로 그들에게 성서신학이 있다면 명상을 통한 영적 경험의 기록을 말할 뿐이다.

12세기에 들어서 신학이 상아탑의 영역에서 학문적 논의의 주제가 되면서 영성과 신학이 대립을 하기 시작했다. 아우구스티누스 이래로 전해 오던 플라톤 철학과 십자군 전쟁 이후에 동서방의 교류의 산물인 아리스토텔레스 철학이 서방에서 활발하게 논의됨으로써 사변적인 신학 방법론이 출현하였다. 이것이 12세기 후반부터 13세기를 지배했던 스콜라 신학이다. 이 때부터 수도원적 신학이 영성을 포함하고 있었던 것과는 달리 경험적인 차원을 다룬 '영성'과 이론적인 차원을 다루는 '신학'이 구분될 만큼 뚜렷한 차이점을 드러내기 시작했다. 스콜라 신학은 경험의 차원에 대해 의심의 눈길을 보내기 시작했고, 이성적인 동의에 무게를 두면서 그 이성적인 추론만으로도 신학의 자양분을 충분히 얻을 수 있다고 믿었다. 신학은 하나의 경험의 반추임에도 불구하고 스콜라 신학은 신학적인 반성을 경험의 뿌리에만 둘 필요가 없다고 생각했다. 칼뱅 역시 『기독교강요』 곳곳에서 스콜라 신학은 영적인 자양분을 줄 수 없는 사변에 불과하다고 비판하기도 했다.4)

3) Jean Leclercq, *The Love of Learning and the Desire for God,* trans. Catherine Misrahi (New York: Fordham University Press, 1962), 191-192.
4) John Calvin, *Institutes of the Christian Religion,* I. v. 12, trans. Ford Lewis Battles (Philadelphia: The Westminster Press, 1960). 이후로는 *Inst.*, I. v. 12. 표기하기로 한다.

이러한 격변기에 놓여 있던 흐름을 보다 자세히 들여다볼 때 신학과 영성의 변증법적 관계가 어떠했는지를 추론해 볼 수 있다. 이 때 신학에서는 비이성적인 피조물에 대해서는 '물질적'이라 했고, 반면에 이성적인(지성적인) 피조물에 대해서는 '영적'이라는 말을 적용시켰다.5) 이러한 개념은 바울 신학적인 의미를 상당히 퇴색하게 하면서 영과 물질 혹은 육체(corporeality)라는 이원론적인 의미로 돌아가는 시도처럼 보인다. 그러나 그러한 흐름이 바울 신학적인 의미를 완전히 대체하지는 못했다. 13세기에 들어서 두 가지 의미가 나란히 공존하였다. 특히 토마스 아퀴나스는 바울적인 의미의 비물질적인 의미를 동시에 사용했으며 제3의 의미로는 성직 계열을 지칭하는 교회법적인 용어로서 영성이라는 말을 사용하였다.

영적 경험이 이성적 신학 체계를 갖춘 형태로 옮아 가는 경계선상의 인물이 있다면 그가 곧 안셀름이다. 우리는 그의 신 존재 증명에 익숙하다. 조직신학자들은 안셀름의 신 존재 증명은 조직적인 체계를 갖춘 이성적이고 지성적인 작업의 산물이라고 이해하는 듯하다. 그러나 그의 책 『제일 원리』(*Proslogium*)를 보면 그의 일차적인 관심이 조직적인 신학 체계에 있는 것이 아니라는 것을 발견하게 된다. 그것은 하나의 영적 경험에 대한 고백 혹은 기도의 산물이다. 소위 조직신학자의 이성적인 신 존재 증명에 대한 본론에 들어가기 앞서 『제일 원리』 제1장에는 다음과 같은 안셀름의 기원문이 나온다.

나에게 당신을 찾는 법을 가르쳐 주소서. 그리고 내가 당신을 찾을 때 당신을 나에게 드러내 주소서. 왜냐하면 당신이 나를 가르치지 않으면 당신을 찾을 수도 없고, 당신 자신이 나에게 드러내 주시지 않으면 당신을 만날 수도 없기 때문입니다. … 나로 하여금 사랑 속에서 당신을 찾게 하시고, 당신을 찾을 때 당신을 사랑하도록 하소서. … 나는 믿기 위해서 이해를 추구하지 않고 알기 위해서 믿습니다.6)

5) 위의 책.
6) St. Anselm, *Basic Writings, Proslogium* (La Salle, IL: Open Court Publishing Co., 1988),

이러한 기도의 산물로 나온 것이 제2-7장까지 다루고 있는 '신의 존재 증명'이다. 그러므로 이것은 이성적인 증명이라기보다는 하나님과 영성적인 교제에 대한 안셀름의 고백적인 표현이다. 우리는 중세 교회사가 코메스터(Peter Comester, 1179/80년 사망)로부터 수도원적 신학의 특징을 보다 선명하게 들을 수 있다. "독서보다 기도를 더 많이 하는 사람들이 있다. 그 사람들을 수도자라고 한다. 반면에 모든 시간을 독서하는 데 보내면서 기도를 거의 하지 않는 사람이 있다. 그 사람들을 스콜라 신학자라고 한다."[7) 수도원적 신학의 영성의 일차적인 자료는 마음과 성경이다. 성경을 읽되 지적인 탐구를 위해서가 아니고 명상과 기도의 일차적인 작업으로서 성경을 읽는다. 그러므로 수도자의 영성 수련은 성경 읽기로부터 출발해서 명상 기도(meditative prayer)와 관상 기도(contemplation)로 이어진다. 레크레르크가 지적한 대로 '사랑이 깃든 배움과 하나님을 향한 열망'[8)이 동기가 되어 성경을 읽는 것이고, 그것은 다시 기도를 통해서 내면화된다.

수도자들에게 있어서 교부들의 가르침은 기도를 위한 성경 연구에 중요한 자리를 차지하고 있었다. 특히 동방의 사막의 교부들이 기도를 위해서 즐겨 사용한 성경 해석 방법이 카시안(John Cassian, 360-435)이라는 수도자에 의해서 서방 수도원으로 전해졌다. 그것은 렉시오 디비나라는 기독교 명상법에서 성경의 사중적인 해석법을 따르고 있다.[9) 이것은 오리겐의 성경 해석법[10)과 같은 맥락을 유지하면서 발전된 것으로서 후기 중세기까지 중요한

52-53.

7) J. Leclercq, 위의 책, 198.

8) 위의 책.

9) John Cassian, *Conferences* (New York: Paulist Press, 1985). 서방의 수도원들은 그들의 공동체적인 삶의 규칙을 세우는 데 있어서 카시안(Cassian)에게 많은 빚을 지고 있다. 대표적인 예로서 『베네딕트의 수도원 규칙서』(*Rule of St. Benedict*)가 그것이다. 동방의 이집트 사막에서는 이미 3세기부터 '압바'(Abba) 혹은 '암마'(Amma)를 중심으로 공동 생활을 하고 있었다. 카시안은 이집트의 여러 공동체를 순회하면서 그들이 지니고 있던 지혜와 공동 생활의 규칙을 모아서 서방 세계에 건네 주는 역할을 하였다.

10) Sandra M. Schneiders, "Scripture and Spirituality," in *Christian Spirituality I*, eds. Bernard McGinn, John Meyendorff, and Jean Leclercq, 1-20. 오리겐은 *De Principiis*, 제4권에서 성경의 삼중적인 의미를 발전시키고 있다. 영, 혼, 육이라는 인간 존재의 구성 요소에 따라서, 문자적인 의미

영향을 끼쳤다. 사중적인 해석이란 문자적인 해석, 영적인 해석(allegori-cal), 도덕적인 해석, 유비적인 해석(anagogical) 등을 말한다. 문자적인 해석이란 그 본문이 보여 주고 있는 사건 자체를 하나의 의미로서 그대로 수용하는 것이고, 영적인 해석이란 그 본문이 주는 신학적인 의미를 추구하는 것이다. 도덕적인 해석이란 그 본문이 주는 도덕적인 교훈을 개인적인 믿음의 삶에 적용시키는 것이다. 유비적인 해석이란 종말론적인 의미에서 우리가 성취해야 할 것이 무엇인가를 추구하는 것이다. 중세 수도원에서 통용된 성경 해석법에서는 사변적인 논란이 개입될 여지가 없었다. 영적인 진보를 위해서 필요한 만큼 성경을 읽고 해석할 뿐이다. 따라서 전기 중세 수도원에서의 신학은 곧 성서신학이라고 할 수 있으며, 그 신학이란 오히려 영성에 포함되는 것이었다.

스콜라주의에 진입한 시기에도 전통적으로 이어 왔던 수도원적 신학 기조를 유지했던 인물이 있다면 끌레르보의 베르나르드(Bernard of Clairvaux)가 있다. 그는 아가서를 자신의 신비적인 영적 경험을 바탕으로 해석하고 있다. 그는 인간의 영혼을 신부로, 그리스도를 신랑으로 비유하여 그 둘 사이를 이어 주고 경험케 하는 것을 사랑이라 했다. 베르나르드에게 있어서 그리스도의 체험은 신적인 사랑의 체험이고 동시에 인간에게 주어진 에로스적인 사랑이 신적인 사랑으로 승화될 때 이 두 사랑의 만남이 곧 신과의 만남의 경험이다. 그는 "내게 입 맞추기를 원하노라"(아 1:2)는 말씀을 설교하면서 영혼과 하나님과의 최상의 사랑의 관계를 입맞춤의 정도로 비유하며 영적 성장을 유비적으로 설명해 주고 있다. 그리스도의 입술과의 영적인 입맞춤 이전에 '발의 입맞춤'의 단계가 필요하다. 그것은 막달라 마리아가 회개의 눈물로 그리스도의 발을 적시는 단계의 영혼을 두고 하는 말이다. 두 번째의 사랑의 단계로서 회개의 열매요 헌신의 역사를 의미하는 '손에의 입맞춤'을 제시하고 있다. 그리고 마침내 영광과 위엄으로 충만한 그리스도와의 합일의

(육적인 차원), 유형론적인 의미(혼적인 차원), 영적인 의미(영의 차원)를 찾았다. 문자적인 의미란 역사적인 의미를, 유형론적인 의미란 도덕적인 적용을, 영적인 의미란 종말론적인 의미를 추구했다.

경험으로서 거룩한 '입과의 입맞춤'에 이르게 된다.11)

스콜라 시대 때 파리 대학의 총장이면서 영성가였던 게르송(Gerson, 1363-1429)은 그의 저서『신비신학에 대하여』(On Mystical Theology)라는 책에서 스콜라 신학과 신비신학(영성신학)에서 하나님을 추구하는 방법의 차이점을 다음과 같이 비교하고 있다.12) 그는 우선 영성적인 방법이 스콜라적인 방법에 우선해야 한다는 것을 전제하면서 스콜라적인 신학자와 영성신학자는 그 자료가 근본적으로 다르다고 했다. 첫째, 스콜라주의는 외적인 효과를 통해서 하나님과 신앙에 대한 정보를 얻는다. 신비신학은 내적인 효과 즉 내적인 신의 임재 경험이 그 근본 자료가 된다. 둘째, 스콜라주의는 이성을 의지하고 감정을 불신하는 경향이 있다. 반면에 신비신학자들은 정의적(情意的)인 면(affective side)13)을 소중히 여긴다. 즉 지성적인 이성보다 마음의 이성이 하나님에게 더 가까이 있다고 믿었다. 셋째, 스콜라주의자들에게는 이성이 하나님에게 이르는 길이라고 한다면, 신비신학자는 사랑이 하나님에게 이르는 보다 훌륭한 길이라고 믿는다. 게르송은 사랑으로 데워진 지성만이 새로운 진리를 향하여 활짝 열리게 된다고 한다. 넷째, 스콜라주의자들과 달리 신비주의자들이란 공식적인 대학 교육을 요구하지 않는다. 사랑과 개인적인 경험만이 신비신학의 대가가 될 수 있는 필수적인 요소이다. 마지막으로 신비신학은 보다 근본적인 영적 성취를 가능하게 한다. 왜냐하면 사랑은 스콜라 신학자들이 줄 수 있는 기술적인 지식뿐만 아니라 감성에게도 만족을 줄 수 있기 때문이다.

영성과 신학이 이렇게 날카롭게 대립되어 있었을 때 양쪽을 조화시킴으로써 영성의 전통을 유지시키면서 스콜라주의적인 방법론을 유지했던 사람이 프란체스코 수도자인 보나벤투라(Bonaventura, 1217- 1274)이다. 그의 저

11) Bernard of Clairvaux, "Sermon 3," Bernard of Clairvaux (New York: Paulist Press, 1987), 221-224; Bernard of Clairvaux, The Love of God (Portland, Oregon: Multnomah Press, 1983), 169-173.
12) Steven Ozment, The Age of Reform 1250-1550: An Intellectual and Religious History of Late Medieval and Reformation Europe (New Haven: Yale University Press, 1980), 73-74.
13) 情意的(affective)이란 의지가 동반된 감성 내지 감동을 의미한다.

서 『하나님을 향한 영혼의 여행』(*Itineraium Mentis in Deum*)[14]에서 영성신학의 한 방법론이 잘 드러나고 있다. 그는 이 책을 통하여 당시 이성과 의지를 소중히 여기는 스콜라주의적인 분위기를 무시하지 않으면서도 신비적인 관상을 보다 우위에 두고 있다. 말하자면 사변적인 신학보다는 경건에 유익이 되는 경험적인 신학을 중시하고 있다. 보나벤투라의 영성적인 전통은 아우구스티누스와 안셀름과 성 빅토리아 학파의 영향을 받고 있다. 보나벤투라는 아우구스티누스로부터 시작된 전통인 하나님에 대한 사랑과 관상에 의해서만 하나님의 경험이 가능하다는 입장을 취하고 있다. 보나벤투라의 영성생활의 패턴은 자연 세계에 대한 관조로부터 하나님에의 관상으로 연결되는데 그것은 빅토리아 영성학파의 영향이다. 이 학파 중에서 보나벤투라에게 가장 크게 영향을 준 리처드(Richard of St. Victor)에 의하면 우주의 외적인 실체를 관상함으로써 영혼 그 자체의 관상으로 나아가고 마침내 하나님 그 자신의 관상에로 옮겨진다.[15]

보나벤투라에게 또 다른 주요 영향을 준 사람은 위 디오니시우스(Pseudo-Dionysius)[16]이다. 그는 보나벤투라의 영성신학 방법론에 중요한 영향력을 미쳤다. 위 디오니시우스는 우주를 하나의 계층적인 질서로 보고 각 단계를 하나씩 하나씩 관상함으로써 수직적으로 상승하는 영성적인 성장 패턴을 보여 주고 있다. 뿐만 아니라 보나벤투라는 『하나님께 나아가는 영혼의 여행』의 마지막 단계에서는 위 디오니우스의 부정신학적인 방법을 따르고 있다. 영혼이 하나님과의 합일 경험은 모든 감각과 지성을 뛰어넘는 표현할 수 없는 개별적인 경험의 차원이다. 이렇게 다양한 전통을 하나의 체계 안에서 소화시키고 있다는 점에서 보나벤투라의 『하나님께 나아가는 영혼의 여행』을

---

14) Bonaventure, "The Soul's Journey into God," *Bonaventure*, trans. Ewert Cousins (New York: Paulist Press, 1978).

15) Richard of St. Victor, "The Twelve Patriarchs (Benjamin minor)," and "The Mystical Ark(Benjamin major)," *Richard of St. Victor* (New York: Paulist Press, 1979).

16) Pseudo-Dionysius, "Mystical Theology," *Pseudo-Dionysius* (New York: Paulist Press, 1987). 위 디오니시우스의 이런 작품은 중세를 걸쳐 영성신학의 한 패턴을 제공했다. 예를 들면 영성생활의 상승 모델로서 정화의 단계, 조명의 단계, 일치의 단계 등이 있다.

영성신학의 대전(大典, Summa)이라고 한다. 이 영성신학 대전은 사변적인 산물만은 아니다. 프란체스코 수도회의 원장으로서 자신의 영적 경험과 그의 영적인 아버지 아씨시의 프란체스코(Francesco of Assisi)의 영성 생활이 영성신학의 원자료가 되었다.

프란체스코 수도자들이 추구하는 세 가지 요소는 가난과 순회 설교 그리고 노동이었다. 이 중에서 가장 높은 가치를 부여한 것이 가난이다. 프란체스코 수도회의 규율에 의하면 병든 형제 자매를 돌보는 것 외에는 돈에 전혀 손을 댈 수 없도록 규정하고 있다. 다음과 같은 규율이 가난에 대한 그 엄격성을 보여 주고 있다.

> 형제들이여! 돈은 세상에서 버려진 자들 즉 병든 자, 연약한 자, 가난한 문둥병자, 그리고 노상의 걸인 등과 함께 살아가도록 주어진 특권으로 여겨야 한다. 형제들이 돈을 필요로 하는 일이 생길 때는 부끄럼 없이 구걸하도록 하라. … 마리아나 제자들처럼 예수님도 가난한 사람이었으며 나그네였다. 예수님은 베푸는 자비를 결코 거절하시지 않았다. … 구제는 가난한 사람들에게 전통적으로 주어진 권리이며, 우리 주 예수 그리스도에 의해서 그들에게 보장하신 것이다.17)

이런 극단적인 가난을 추구한 것은 역사적인 예수를 문자 그대로 본받기 위한 프란체스코의 영성적인 동기로부터 발원된 것이다. 프란체스코의 영성은 1224년 9월 14일 라베르나 산(La Verna)에서 오랫동안 기도 중에 기적적으로 체험한 그리스도의 십자가의 성흔(聖痕, stigmata)에서 절정을 이룬다. 그의 손과 발에 그리스도가 십자가에서 받은 상처와 같은 상처를 경험한다. 그의 남은 생애 동안 그의 손과 발은 그 상처로 인해서 고통을 받았다. 이 성흔은 물리적인 가난뿐만 아니라 그 물리적인 가난을 신학화하는 데 중

---

17) Lawrence Cunningham, ed., *Brother Francis: An Anthology of Writings by and about St. Francis of Assisi* (New York: Harper & Row, 1972), 102-104.

요한 역할을 했다. 그의 영적인 제자인 보나벤투라 역시 그의 발자취를 따라 라베르나 산에서 기도하는 동안 영적인 상흔을 경험한다. 그것은 개인적인 신비 경험에 강조를 두려는 데 목적이 있는 것이 아니라 프란체스코 수도회 가 지향할 영성을 결정짓는 중요한 상징적인 경험이었다. 보나벤투라의 영성 적인 저서는 그의 스승 프란체스코의 영성적 전통과 그 전통에 대한 실제적 인 영성적 체험을 그의 스콜라주의적인 지적 수련을 통해서 신학화 작업을 한 것이다. 그래서 가히 그를 후기 중세의 탁월한 영성신학자라고 해도 과언 이 아니다.

프란체스코 이후 후기 중세 시대의 영성신학 자료 역시 개인적인 영적 경 험이 그 주류를 이루고 있다. 특히 14세기에 들어서 많은 신비가가 곳곳에서 일어났다. 영국에서는 여성 신비가 노르비치의 줄리안(Julian of Norwich) 과 『무지의 구름』(*Cloud of Unknowing*)의 저자가 있고, 독일 지역에서는 에크하르트(Meister Eckhart), 타울러(John Tauler), 수소(Henry Suso), 루이스브르크(Ruysbroeck) 등이 있다. 이러한 영향은 네덜란드 지역으로 뻗쳐 소위 신경건주의(Devotio Moderna)라는 새로운 영성 운동이 일어났다.[18] 이 운동은 지나치게 사변적인 스콜라 신학에 대한 반동 운동으로 나타났기 때문에 어떤 의미에서 반지성주의적인 경향을 띠기도 했다. 운동의 창시자는 그루테(Gerard Groote, 1340-1384)라는 평신도 설교가였다. 그는 파리와 콜로냐 등의 대학에서 교육을 받은 부유한 지성인이었지만 경건에 직접적으 로 유익하지 않은 지적인 추구에 대해서 부정적 태도를 취하면서 새로운 실 천적 경건 운동을 주창하고 나섰다. 그의 후계자 라데빈스(Florence Radewijns, 1350-1400)는 이 운동의 정신을 확장하면서 공동체를 조직했 는데 그것이 곧 '공동 생활 형제단'(The Brethren of the Common Life)이 다. 이들은 자유로운 선택으로 그 공동체에 참여할 수 있도록 했으며 전통적 으로 있었던 수도원 공동체의 서약 같은 것은 없었다. 그들의 영성은 결코

---

18) John Fariana, ed. et al., *Devotio Moderna: Basic Writings*, trans and introd. John Van Engen (New York: Paulist Press, 1988) 참고.

그들 자신으로부터 비롯된 독창적인 것은 아니다. 단지 탁발 수도회(프란시스칸과 도미니칸) 같은 이상을 다시 엄격하게 재건하려는 영성 운동이었다.

신경건 운동의 결정이라 할 수 있는 영적인 저서는 토마스 아 켐피스의 『그리스도를 본받아』(Imitation of Christ)이다. 아 켐피스는 이 책을 통하여 사제나 평신도 모두 단순한 삶을 살 것이며, 자기 자신을 부인하고 세상을 경멸하며, 장상들에게 겸손히 복종할 것을 권고하고 있다. 그에게 있어서 영적인 진정한 이해는 스콜라주의적인 연구가 아니라 자신의 삶을 역사적인 그리스도의 삶에 적응시키고 복음 말씀에 직접 참여하는 것이다. 하나님의 뜻에 자신의 뜻을 맞추는 것이 그리스도를 본받기 위한 최고의 겸손이다. 여기서 끊임없는 내적인 평화와 자유를 맛볼 것이며 그것이 곧 관상의 길이요 하나님과의 연합의 원천이 된다. 그들은 개인적인 경건과 신앙 경험을 소중히 여겼고 경건 생활의 외적인 형식을 배격했다. 이 경건 운동은 결과적으로 16세기의 개혁 운동을 돕는 결과를 낳았으며, 종교개혁 전야에 전통적인 수도원 정신을 복구하려는 운동이었다.[19]

루터나 칼뱅은 후기 중세 시대의 신비주의와 신경건 운동 영성에 많은 빚을 지고 있다.[20] 후기 중세 신비가나 신경건 운동은 중세 교권의 권위가 곧 영적 권위의 표준이 되는 세계에서, 개인적인 경건과 영적 경험이 곧 교권의 권위를 뛰어넘어서 그 자체 내의 의미와 권위를 부여해 주는 전통을 세워 주었다. 이것이 개혁가들에게 영적인 용기와 자유로운 사고를 열어 주는 계기가 되었다. 그러나 후기 중세 영성과 개혁가들과의 다른 점은 중세 영성은 세상을 경멸하고 자연과 영혼의 면밀하고도 단계적인 관찰을 통하여 하나님과의 만남을 추구했다. 반면 개혁가들은 세상을 하나님이 섭리하시고 간섭하시는 현장으로 보았고 물질에 대하여 보다 적극적인 관심을 보였다. 그러므로 중세 수도원의 금욕적인 이상이 개혁가들에게 있어서는 세상에서의 근면

---

19) S. Ozment, *The Age of Reform 1250-1550*, 98.
20) Alexander Ganoczy, *The Young Calvin*, trans. David Foxgrover and Wade Provo (Philadelphia: The Westminster Press, 1987), 57-58.

과 절제로 대체되었다. 중세가 인간측에서의 하나님 사랑을 강조했다면 개혁
가들은 하나님의 은혜와 사랑에 대한 인간의 경험을 강조했다. 그들은 중세
때 사용하던 영성이나 신비라는 말 대신에 '경건이나 헌신'(piety or devo-
tion)이라는 말을 사용하였다. 그것은 중세 교회의 질서와 성경적인 계시적
진리를 무시한 극단적인 신비주의자들을 의식했기 때문이다.

　초기 개혁가들의 영성과는 달리 루터주의자나 칼뱅주의자의 신학은 또다
시 교리적이고 사변적인 신학으로 기울어지기 시작했다. 그들은 각기 자신들
의 신학을 옹호하기 위하여 개신교 정통주의 혹은 개신교 스콜라주의의 특징
을 이루는 정교한 신학 방법론이나 어휘를 개발해 냈다. 정통주의자에 대한
반대 세력은 그들의 주장이 메마르고 논쟁적이고 편협적이며 실질적인 경건
생활에 대한 관심이 결여되었다고 주장하고 나섰다.[21] 그들이 바로 17세기
독일 루터파 서클에서 일어난 경건주의자들이다. 그들은 처음부터 루터파 정
통주의자들을 공격하면서 개인적인 중생과 개인적인 성화, 종교 경험을 강조
했다. 독일 경건주의의 대표자라고 할 수 있는 필립 슈페너(Philipp Jacob
Spener, 1635-1705)는 『경건의 소원』(Pia Desideria)이라는 글을 통하여
개신교의 경건 실천에 관한 구체적인 관심을 표하였다. 그는 이 책에서 성직
자나 평신도들의 도덕적인 쇠퇴를 염려하며 신앙의 개선을 지적하고 있다.
그 대안으로 성경 공부의 쇄신, 영적 성장을 위한 신자들의 그룹 모임의 장
려, 모든 신자들의 제사장적인 직분과 제물로서의 역할을 촉구하고 있다.

　17세기 프랑스에서는 마담 귀용(Madame Guyon), 페넬롱(Fenelon)의 개
별적이고 정의적인(affective) 하나님과의 관계적 삶을 묘사하는 용어로 영
성이라는 말을 빌려 사용하기도 했다. 그것은 반드시 긍정적인 측면으로만
사용되지는 않았다. 부정적인 측면에서 영성은 열광주의자나 정적주의자를
조롱하는 의미로 사용되었다. 예를 들면 볼테르(Voltaire)는 마담 귀용이나
페넬롱 등의 '신비주의'를 맹렬히 공격하면서 '영성'이라는 말을 사용하였

---

21) Peter C. Erb, ed. et al., *Pietists* (New York: Paulist Press, 1983), 3.

다.22) 왜냐하면 그들의 믿음이나 삶의 방식이 보통의 기독교적인 삶과는 유리된 것처럼 보였기 때문이다. 이런 부정적인 오해를 피하면서 동일한 의미를 전해 주는 다양한 용어가 나타났다. 살레의 프란체스코(Francesco de Sales)나 성공회 신비가 윌리엄 로우(William Law)는 헌신(devotion)을, 웨슬리(John Wesley)와 초대 감리교주의자들은 완덕(perfection)을, 복음주의자들은 경건(piety)이라는 용어를 사용하였다.

18세기에 들어와서 슈페너와 프랑케(August Hermann Francke)의 영향을 받은 진젠도르프(Nicholas Ludwig von Zinzendorf)가 경건주의를 주도해 갔다. 그도 역시 다른 경건주의자들처럼 회심과 거듭남을 강조했다. 그의 폭넓은 초교파주의는 웨슬리와 감리교도를 통해서 북아메리카와 영국에 영적인 감화를 미쳤다. 북아메리카의 경건주의자들 역시 교리적이고 사변적인 학문적 논쟁으로부터 비롯된 지식을 과소평가하고, 회심할 때나 헌신할 때 경험한 '감정적인 체험'을 진정한 하나님의 지식으로 받아들이는 경향으로 기울고 있었다. 그래서 그들은 머리와 가슴을 구분하는 반지성주의적인 색조를 지지하는 결과를 낳았다. 이러한 극단적인 반지성주의가 18세기의 계몽주의 물결에 심대한 영향을 끼친 것이 사실이다.23) 그러나 한편으로 경건주의자들은 사랑에 찬 윤리성을 중요시했기 때문에 이로 말미암아 유럽과 북아메리카에 사회적 봉사와 사회적 복음 이해의 발달을 가져오게 했다. 경건주의 영성의 의미는 결국 수덕적(修德的)인 삶과 신비적(神秘的)인 삶을 조화롭게 연결시키려는 완덕의 총칭이라고 할 수 있다. 즉 윤리적인 차원과 초월적인 차원을 조화시키고자 한 것이 경건주의 영성이다.

그리고 18세기 초기에 로마 가톨릭에서는 '영성'이라는 말이 신앙적이고 신학적인 영역에서는 사라졌다. 왜냐하면 그 용어가 종교적인 열광주의나 정적주의와 상당한 관계를 맺고 있다는 의심을 받고 있었기 때문이다. 19세기

22) 위의 책.
23) 위의 책, 24-25.

에 들어서 '영성'이라는 말은 주로 제도권에 속한 교회보다 자유로운 신앙 그룹에 국한되어 사용되었다. 그러나 20세기에 들어서 프랑스의 로마 가톨릭 교회에서 '영성'이라는 말이 다시 등장했다. 그리고 프랑스 저서의 번역물을 통하여 영성의 물결이 영어권으로 전해졌다. 금세기에 들어서 영성이란 말은 일상적인 생활(ordinary)과 비상하고 신비한 신앙 생활(extraordinary) 사이에 연속성이 있다고 믿는 사람들에 의해서 즐겨 사용되고 있다. 1912-1915년 사이에 출판된 『가톨릭 백과사전』(*The Catholic Encyclopedia*)과 그 개정판인 1970년판 『새 가톨릭 백과사전』(*New Catholic Encyclopedia*)을 비교해 보면 19세기의 영성에 관한 관심과 20세기의 영성에 관한 관심 정도를 추정할 수 있다. 전자의 판에는 '영성'이라는 항목이 언급되어 있지 않는 반면에 후자의 판에서는 8개의 항목에 걸쳐서 '영성'을 다루고 있다.

이렇게 넓은 의미로 '영성'이라는 말이 사용되자 교리적인 측면의 신학과 경험적이고 종교적인 의식을 강조하는 영성적인 삶을 구분하려는 시도가 일어났다. 그 결과로 나타난 것이 1920년의 『수덕과 신비신학에 대한 잡지』 (*Revue d'Ascetique et de Mystique*)와 1932년부터 계속해서 발간되어 온 『영성사전』(*Dictionnaire de Spiritualite*)이라는 대작이 '영성'이라는 말의 독특한 지위를 세워 주었다. 이러한 노력이 가속화되어 가면서 제2차 바티칸 공의회 이후 발간되어 가장 널리 사용되고 있는 『*Sacramentum Mundi*』라는 신학적인 사전에도 영성이라는 주제와 관련된 종합적인 논문이 실리게 되었다. 그 외에 루이 부이에(Louis Bouyer)의 『기독교 영성사 I, II, III』(*A History of Christian Spirituality* I, II, III)와 크로스로드사(Crossroad)의 대기획물인 『기독교 영성 I, II, III』 (*Christian Spirituality* I, II, III), 그리고 단행본으로 기획된 『새 가톨릭 영성사전』(*The New Dictionary of Catholic Spirituality*)과 웨스트민스트(Westminster)의 기획물인 『웨스트민스트 영성사전』(*The Westminster Dictionary of Spirituality*) 등이 '영성'의 고유한 영역과 위치를 찾으려는 노력의 산물이다.

이상과 같이 교회의 역사는 사변적인 신학 작업과 기독교적 경험 사이에 끊임없는 긴장 관계를 유지해 왔다. 그러나 이 둘이 배타적이거나 갈등적인 관계로 지속되는 한 건전한 영성도 건전한 신학도 존재할 수 없다. 신학이 신학 자체를 위해서 존재하지 않고 하나님 나라와 그리스도의 교회를 위해서 존재한다면 영성과 신학은 상호 의존적이거나 보완적인 관계일 수밖에 없다. 영성은 신학의 원천을 제공하고, 신학은 영성적인 경험에 의미를 부여하며 그 경험을 신학적인 틀 안에서 검증할 수 있어야 한다. 신학과 영성을 연합시킴으로써 신학자는 신학이 단순히 지적인 훈련 이상의 영적인 수련이라는 사실을 인식하게 된다. 영성과 관련된 신학자들의 지적인 훈련이란 삼위일체적이고, 기독론 중심적이고, 교회론적인 것에 기초할 뿐만 아니라, 그러한 지적 훈련의 토대는 기도와 헌신적인 삶을 통하여 형성된다. 기독교 영성을 기독교적 실체에 대한 경험이라고 강조할 때, 이러한 경험은 대단히 위험스러운 요소를 안고 있다. 그러므로 경험은 언제나 믿을 만한 통제와 식별적인 도움을 받아야 한다. 그러한 것들의 첫째는 성경이요, 둘째는 교회 전통이다. 즉 삼위일체적이고 성육신적이고 기독론적 이론 등의 토대를 세운 니케아 회의나 칼케돈 회의와 같은 교회적 전통 등의 이해를 의미한다. 그것으로부터 사람들은 믿을 만한 것(the authentic)과 믿을 수 없는 것(the in-authentic)을 증명해 낸다. 세 번째는 이미 교회사에서 검증된 과거의 영적인 사람들이나 신비가들의 경험이다. 그들은 경험이라는 시련을 통해서 교회 안에서 검증된 사람들이다. 그들 자신의 정화와 어두운 밤을 통과하여 예수의 영에 자신을 투명하게 드러낸 사람들이다.

결국 기독교 영성을 가능케 하는 세 영역은 경험의 주체로서 인간의 핵심 요소인 '영'과 경험을 가능케 하는 성령의 역사와 경험의 대상인 그리스도이다. 우리는 여기에 식별적인 도구의 도움을 받아야 하는데 이것은 여타 다른 분야의 신학과 밀접한 관계를 유지해야 한다는 것이다. 그래서 영성은 이론적인 차원에서 신학의 원자료가 되며 동시에 생동력 있는 신학을 가능케 하고 또 여타 신학 분야는 건전한 영성적인 경험을 가능케 해 준다. 영성을 무시한 신학적인 작업은 신학적인 환상에 불과하다. 역사적으로 볼 때 아우구스티누스나 안셀름과 같은 위대한 신학자들이 하나님에 '관해서' 말한다는 것으로부터 자연스럽게 하나님'에게' 말한다는 의미로 그들의 신학을 전개해 갔다는 것은 결코 놀라운 일이 아니다. 그것만이 참 경건에 이르는 신학이 될 수 있기 때문이다.

2. 영성과 신학의 상관성

영성은 하나의 삶의 과정으로 이제까지 논의를 했지만, 동시에 학문적 영역으로서 영성을 다룰 수 있다. 이미 앞에서 전제한 대로 영성은 건강한 인간을 낳게 하려는 인간학과 연결되어 있다. 영성을 학문적인 영역 안에서 다루고자 하는 것도 바로 그러한 관점에서 비롯된다. 헬미니엑은 그 특성을 이렇게 말한다. "우리는 살아갈 뿐만 아니라, 삶에 대해서 생각할 수도 있다. 그렇다면 영성은 살아 있는 실존에 대하여 생각하고 반추하고 연구하는 것과 관련될 수 있다."[1] 이러한 차원의 영성을 보다 명료하게 표현하기 위해서 우리말로 영성학이라고 표현하는 것이 좋겠다. 영성학에서 다루어야 하는 것은 경험적인 차원의 내용을 표현하고 해석하고 그 내적인 의미를 찾아 내는 작업을 한다. 그렇기 위해서 영성학은 간학문적인 접근을 하지 않을 수 없다. 즉 성경적이고, 신학적이고, 역사적이고, 사회적이며, 심리학적인 비교 방식을 사용하게 된다.

영성과 신학의 상관성을 논의하는 것도 이런 의미에서 유효하다. 신학이 이론적인 영역을 탐구하는 것이라 한다면 영성은 경험적이고 실천적인 영역

---

1) D. Helminiak, *The Human Core of Spirituality: Mind as Psyche and Spirit*, 36-37.

을 탐구하는 것으로 이해할 수 있다. 이러한 의미로 영성과 신학을 구분한다면 엄격히 말해서 영성학은 조직신학이나 기독교 윤리와 같은 의미에서 신학의 한 분야로 이해할 수 없다. 본래적인 의미에서 영성이 살아 있는 신학을 전개하도록 동기를 제공할 수는 있지만, 신학이 영성을 통제할 수는 없다. 예를 들면 예수 그리스도의 삶이 있었고, 십자가의 죽음과 부활이라는 경험이 전제된 후에야 기독론에 대한 논의가 가능하다. 그러나 기독론이 그리스도의 생애를 가능케 하거나 십자가의 경험을 가능케 할 수는 없다.[2] 반면에 영성학이 신학의 한 분야라고 주장한 사람들도 있다. 그들은 영성학이 계시적 사건이나 경험을 신학적으로 체계화시켜 놓은 조직신학이나 기독교 윤리, 그리고 성서신학 등으로부터 그 원리를 끌어내고 있다고 생각하기 때문이다. 이렇게 영성학을 신학의 한 분야로 보려는 사람들의 입장은 좋은 신학은 신앙적 경험에 뿌리를 두어야 하며, 그러한 경험을 반영할 때 신학자와 교회 공동체에 풍성한 영적 경험을 전해 줄 수 있다는 것이다.[3] 그들은 보편적인 그리스도인의 영적 생활을 해석해 주는 데 있어서 신학이 필수적이며, 동시에 영성학은 신학이 고려할 만한 질문과 신학적 반추를 위한 자료를 제공한다.[4]

그래서 이워트 카즌스는 '영성은 신학을 위한 원천'이라는 입장을 취하면서 그 원천적인 자료의 예를 아우구스티누스의 『고백록』(*Confessions*), 베르나르드의 『아가서의 설교』(*Sermons on the Song of Songs*), 보나벤투라의 『하나님에게로의 영적 여정』(*The Soul's Journey into God*), 『생명의 나무』(*The Tree of Life*), 『프란체스코의 대전기』(*The Life of St. Francis*) 등의 저서를 소개한다. 이러한 생동력 있는 영적 경험의 자료를 생각하고, 반추하고, 연구함으로써 갖가지 사상과 신학적 아이디어를 얻게 된다.[5] 이렇게 신

2) S. Schneiders, "Spirituality in the Academy," 257.
3) 위의 책.
4) 위의 책, 258.
5) Ewert Cousins, "Spirituality: A Resource for Theology," *Catholic Theological Society of Proceedings, America* 35 (1980), 124-137 참고.

학을 영성과 구분하고자 하는 사람들은 영성학(spirituality)이라는 말을 선호하고, 이 둘이 서로 견제하고 영향을 주고받는 매우 밀접한 관계를 맺고 있다고 생각하는 사람들은 영성신학(spiritual theology)이라는 용어를 선호한다. 그런데 우리가 어떤 신앙적인 경험을 연구할 때 중립적인 위치에서 그 연구가 가능한가라는 의문을 가지게 된다. 특별히 개인의 경험이 아닌 어떤 문서에 나타난 자료를 가지고 그 경험에 관련된 연구를 끌어내려고 할 때, 그것은 신학적 고려가 없이는 불가능하다. 그러므로 그것이 경험적이고 실천적인 자료에 기초를 둔 문서라면 영성신학적인 입장에서 접근할 수밖에 없다.

신학과 영성과의 관계에서 영성신학의 사명은 이미 표현된 신학적 문서 안에 내포되어 있는 신앙적 경험의 세계를 맛보도록 인도해 주는 역할이다. 이워트 카즌스는 신학으로부터 영적 경험을 이끌어 낼 수 있는 방법으로 '모델 방법'을 제시한다. 이 모델 방법은 "과학적 모델이 물리적 자연 세계에 나타나는 어떤 현상을 설명해 줄 수 있는 것처럼"6) 신학적 언어와 상징이 하나님에 대한 어떤 것을 드러내 줄 수 있다는 것을 보여 준다.7) 신앙적 경험이란 감추어진 인간 영혼 깊이에서 일어나는 현상이다. 그런데 우리는 일반적으로 그러한 경험을 계시나 은혜, 신적 조명 등의 용어로 설명하고자 한다. 그러나 그 표현적 차원의 용어가 얼마나 경험적 세계를 대표할 수 있는 모델이 될 수 있는지에 따라서 그 신학은 생동력 있는 신학이 될 것이고, 그 안에서 영적 경험을 이끌어 내는 데 기여할 수 있다.

그러므로 영성신학은 잘 드러내기가 쉽지 않은 경험적 차원의 세계를 다른 사람들에게 전해 줄 수 있는 살아 있는 표현적 모델을 찾아 내는 일에 헌신되어야 하며, 동시에 표현적 차원으로부터 그 경험적 세계를 드러내어 그러한 삶으로 인도해 주는 역할을 해내야 한다. 예를 들면 기독교 전통에서 인간의 특징을 설명해 주는 대표적인 표현적 모델로서 '하나님의 형상'을 말

---

6) 예를 들면 '양자'와 '파동'이라는 표현적 모델을 통해서 빛의 다양한 현상을 이해하고 경험하도록 한다.
7) Ewert H. Cousins, *Christ of the 21st Century* (Rockport, MA: Element, 1992), 45.

할 수 있다. 이 표현적 모델은 객관적이고 주관적인 의미를 포함하고 있다. 객관적인 관점으로 보자면 인간은 지성을 가지고 있으며, 그것은 하나님의 지고한 지성적 속성을 닮았다는 흔적이다. 주관적인 관점으로 보자면, 인간은 자기 내면 깊이에서 하나님의 현존을 발견할 수 있다는 사실이다.8) 그러므로 영적 여정이란 존재의 심연에서 하나님을 발견할 때까지 내면으로 여정을 지속하는 것이다. 이러한 경험을 드러낼 수 있는 가장 적합한 문서 중의하나를 들면 아우구스티누스의 『고백록』이다. 그러므로 영성신학은 조직신학이나 기독교 윤리 등과 같은 하나의 분류라기보다는 신학과 역동적인 관계를지닌 독립적인 학문이라고 할 수 있다.

3. 영성과 영성신학

그 동안 조롱조로 사용되어 오던 영성이라는 말은 사라졌지만, 소위 '영적이라는 것'에 상응하는 '기독교적 완덕의 삶'에 대한 주제를 담은 저술이 나타났다. 이제까지는 어떤 삶의 방식이나 그 실재를 설명하거나 수식하는 용어로 영성이라는 말을 사용했을 뿐, 그것이 구체적으로 무엇을 의미하거나무슨 주제를 다루는 것인지에 대한 독립적인 연구나 저술이 거의 없었다. 물론 5-6세기에 위 디오니시우스(Pseudo-Dionysius)가 쓴 『신비신학』(*Mystical Theology*)이라는 글이 오늘날 영성 생활에 상응하는 연구 주제에적지 않은 영향을 미친 것이 사실이나, 18세기까지 주로 사용되어 왔던 그런의미와는 사뭇 다른 것이었다. 위 디오니시우스의 신비신학은 영적 진보를위한 여러 수단이나 신비적인 일치에 대한 관심보다는 보다 온전한 신적 지식에 이르기 위한 길을 제시하고 있다. 즉 그의 신비신학은 지성과 이성의산물을 통해서 획득한 상징이나 개념을 뛰어넘어서, 하나님에 대한 진정한

---

8) Ewert H. Cousins, "Models and the Future of Theology," *Continuum* VII (1969), 91.

지식에 이르는 그 길이 무엇인지를 탐구하고 있다.[1)

17세기에 들어서 영성 생활의 원칙을 다루는 교리 분야를 정의하기 위하여 수덕신학이라는 용어가 처음으로 사용된다. 17세기에 기독교적 완덕과 특히 신비적 삶에 대한 강렬한 관심에 이어서 18세기와 19세기에는 영적인 삶이 연구와 가르침의 대상이 되었다. 이러한 연구의 영역을 영성신학이라고 불렸고, 그 대상은 완덕의 학문(the science of perfection)으로 정의하였다. 그것은 두 분야 혹은 하부 분야로 되어 있다. 완덕의 삶을 연구하는 수덕신학[2)과 수동적이고 신비적인 경험의 결과로서 따라오는 완덕의 삶을 연구하는 신비신학으로 나누어진다.[3)

이렇게 전통적인 의미와 근대적인 의미를 전해 주는 데 중요한 역할을 했던 저서가 18세기 때 예수회의 수도자로부터 나왔다. 스카라멜리(Giovanni Battista Scaramelli, 1687-1752)가 쓴 『수덕의 길』(Direttorio Ascetico, 1752)과 『신비의 길』(Direttorio Mistico, 1754)이 대표적인 작품이다. 여기서 처음으로 영성이 구체적으로 무엇을 다루는 영역인지를 설명해 주는 수덕적(ascetical)이라는 말과 신비적(mystical)이라는 용어가 등장하였고, 동시에 영성이 수덕신학과 신비신학이라는 영역으로 구분되면서 보다 구체적으로 탐구되기 시작했다.

수덕신학은 기독교적 삶의 능동적인 출발부터 수동적인 완덕에 이르기까지의 과정과 그 형태를 다루었고, 신비신학은 신비적 일치에 이르기까지의 단계를 보다 세부적으로 다루었다. 이후 150여 년 동안 지속되어 오던 수덕신학과 신비신학이 '영성신학'(spiritual theology)으로 자리를 잡게 되었다. 그리고 수덕주의와 신비주의라는 말은 보다 완전한 기독교적 삶에 접근하는 중요한 방식으로 사용되어 왔다. 이러한 방식으로 저술된 영성신학적인 작

---

1) Pseudo-Dionysius, *Pseudo-Dionysius* (New York: Paulist Press, 1987)에 실린 "The Divine Names," "The Mystical Theology," "The Celestial Hierarchy," "The Ecclesiastical Hierarchy"의 작품들을 참고할 수 있다.
2) 계명을 지키는 수준을 넘어서 기독교 삶의 일상적 의무를 온전히 성취하기까지 발전해 온 영성 생활.
3) K. Collins ed., *Exploring Christian Spirituality: An Ecumenical Reader*, 255.

품은 '원칙'과 '적용'이라는 부분으로 나누어지는 경향이 있었다.4) '원칙'이라
는 측면에서 영성신학을 말하자면 교리신학의 한 분과라고 말할 수도 있다.
그 원천은 교리신학적인 배경을 안고 있기 때문이다. 그러나 다른 한편으로
그 원칙은 영성 생활에 실제적인 적용을 전제로 하기 때문에 단순히 영성신
학을 교리신학 혹은 조직신학의 한 부류라고 말하기에는 무리가 있는 것도
사실이다. 적용이 없는 원칙은 더 이상 영성신학의 영역이라고 말할 수 없기
때문이다. 그래서 자주 영성신학을 교리신학의 한 분류라고 보기보다 윤리
신학의 한 분류로 보는 것을 더 선호하기도 했다.

예를 들면 후기 중세 시대의 토마스 아퀴나스의『신학대전』(Summa
Theologiae)으로 거슬러 올라갈 수 있다.『신학대전』은 창조와 구원이라는
두 궤도로 토마스 아퀴나스의 구상을 실현해 낸 책이다. 모든 것이 하나님
으로부터 비롯되었고, 또 하나님에게로 회귀한다는 순환의 두 궤도 즉 발원
(exitus)과 귀환(reditus)이라는 구조로『신학대전』을 전개해 가고 있다.5) 첫
궤도로서 신학대전의 첫 부분은 창조의 원칙으로서의 하나님을 다루고 있으
며, 두 번째 궤도로서 두 번째 부분은 창조의 목적으로서 하나님을 다루고
있다. 이것을 오늘날의 신학적 분류로 이해하자면 전자는 교리신학 혹은 조
직신학적인 내용을 다루고 있고, 후자는 윤리 신학적 내용을 다루고 있는데,
후자 부분에 이미 위에서 언급한 수덕적이고 신비적인 신학의 내용이나 완
덕을 향한 실천적 삶을 포함시키고 있다.6) 이런 의미에서 영성신학과 윤리
신학은 매우 밀접한 관계처럼 이해되어 왔다. 그럼에도 불구하고 두 신학 사
이에는 연속성과 불연속성의 논란이 끊이지 않았다.

20세기에 들어서서 나타난 대표적인 영성신학에 대한 소책자를 소개하면 땅
끄레(A. A. Tanquerey)의『영성 생활』(Spiritual Life, 1930년 출간)로서 이

---

4) Philip Sheldrake, *Spirituality & History* (Maryknoll, New York: Orbis, 1998), 45.
5) G. Dal Sasso, and R. Coggi, ed., *Compendio della Somma Teologica*, 이재룡, 이동익, 조규만 공역,
   『성 토마스 아퀴나스의 신학대전 요약』(서울: 가톨릭대학교 출판부, 1995), 591-612 참고:『신학대전』
   의 발원(exitus)와 귀환(reditus)이라는 구조는 신플라톤주의자들의 영향을 받는 것으로 이해한다.
6) 위의 책 참고.

책은 바티칸 공의회 이전에 로마 가톨릭 신학교에서 가장 보편적인 교과서로 사용되었다. 그리고 귀베르(J. de Guibert)의 『영성신학』(The Theology of the Spiritual Life, 1954년 출간)과 가리구 라그랑제(R. Garrigou-Lagrange)의 『기독교 완덕과 관상』(Christian Perfection and Contemplation, 1937년 출간)의 책들이 있다. 이들의 영성에 대한 이해가 근본적으로 일치하는 것은 아니다. 즉 일상적인 그리스도인의 생활 방식(수덕적인 삶)과 비상한 삶(신비적인 삶) 사이에 비연속성과 연속성에 대한 논란이 일어났다. 땅끄레는 수덕적인 차원의 일상적인 삶과 관상 경험을 통해서 얻은 비상한 신비적인 삶과는 근본적으로 차이가 있다고 주장한다. 후자의 삶은 누구에게나 열린 것이 아니기에, 신비신학은 특별한 경험과 비상한 현상을 연구하는 것에 초점을 두어야 한다고 주장한다. 반면에 라그랑제는 그리스도인의 삶은 모든 면에서 일치성과 연속성이 있다는 것을 강조했다. 왜냐하면 모든 사람들은 관상적인 삶으로 부름을 받았고, 하나님의 은혜를 수여받았기 때문이다. 그는 신비적인 삶의 방식이 수덕적 삶의 방식에 비해서 탁월한 것이기는 하나, 그러한 삶이 본질적으로 매우 제한적인 사람들에게만 허락된 삶의 방식이라는 주장에 대해서는 동의할 수 없었다.[7] 그리고 귀베르는 영성신학이란 수덕신학과 신비신학 이상의 포괄적인 의미를 가지고 있다고 주장한다. 이런 논란으로부터 영성신학에 대한 오해가 생겨났다. 즉 영성신학이란 영적인 삶을 다양하게 분류하고 등급을 매기는 것과 관련된 신학이다. 그리고 그 단계를 어떻게 극복할 수 있는지에 대한 일반적인 법칙을 제시해 주며, 사회적 차원을 무시하는 매우 개인주의적인 경향을 띤 신학이라는 오해를 불러일으키기도 했다.[8]

그래서 수덕신학과 신비신학을 포함하는 의미로서 영성신학이라는 말 대신에 '영성'이라는 말을 더욱 선호하게 되면서, 영적 생활 그 자체의 본질과 포괄성과 다양성에 대한 논란이 활발하게 일어나기 시작했다.[9] '영성'이라

---

7) P. Sheldrake, 위의 책, 45-46.
8) 위의 책, 46.

는 말은 이전의 '영성신학'이라는 말보다 훨씬 더 포괄적이고 보편성을 지닌
표현이다. 필립 셸드레이크(Philip Sheldrake)는 서방교회에서 지난 20여
년 안에 나타난 '영성'이라는 말이 기존의 '영성신학'과 어떤 차이점이 있는
지를 이렇게 서술하고 있다. 첫째, 영성이란 말은 특정한 기독교적 전통과
연관을 맺을 필요가 없이 유연성을 지니고 있다. 심지어는 영성은 더 이상
기독교적인 전통 안에서만 사용되는 용어가 아니다. 둘째, 영성이란 어떤 절
대적인 교리적 원칙을 삶에 적용하는 방식을 말하지 않는다. 셋째, 영성은
기독교 완덕의 삶을 정의하는 데 관심을 두기보다는 살아 있는 절대자와의
관계 아래에서 복합적인 인간 성숙의 신비를 살펴보는 것이다. 마지막으로
영성은 단순히 내적 삶에만 그 관심을 국한시키지 않고, 인간의 삶과 그 경
험의 전 면모를 통합하는 데 관심을 둔다.10) 전통적으로 이해해 왔던 영성
신학은 한 개인의 내면적인 삶이나 그 삶에 대한 단계적 등급을 구분하는 등
의 역할을 한다는 인상을 주었지만, 현대적 의미의 영성은 그러한 전통적인
이미지를 완전히 배제하지 않으면서, 그 경험이나 폭이나 깊이에 있어서 인
간 삶의 전 면모를 다루는 경향이 있다.

제2차 바티칸 공의회 이전까지 이 분야의 학자들은 대부분 영성신학이 무
엇을 다루는 것인지에 대한 기본적인 내용이나 방법에 있어서 기본적으로 일
치를 보이고 있었다.11) 그러나 유일한 논쟁점은 이미 언급한 대로 오늘날에
도 여전히 논의되고 있는 것으로서, 모든 부름받은 그리스도인들에게 있어서
수덕적 삶과 신비적 삶은 서로 연속성이 있느냐 아니면 불연속적이냐의 문제
에 집중되어 있었다. 다른 말로 하자면, 그 물음은 신비주의가 믿음 생활에서
정상적으로 발전되어 가는 것인지, 아니면 전적으로 은혜로 부름을 받은 소
수만이 초대되는 비범한 상태인지의 문제이다. 특히 거룩한 삶으로의 보편

9) 필자가 받은 영성신학 석사 영어 공식명칭은 M.A. in Spiritual Theology가 아니고 M.A. inSpiritu-
ality 이다.
10) P. Sheldrake, 위의 책, 50.
11) K. Collins ed., *Exploring Christian Spirituality: An Ecumenical Reader*, 256.

적인 부르심을 강조하는 제2차 바티칸 공의회 이래로 현대의 논의는 더욱더 연속성이 있는 것으로 입장을 정리해 가고 있다. 그래서 오늘날에는 점점 더 수덕신학과 신비신학을 통합적으로 이해하는 영성신학이라는 말과 기독교적인 신앙 체험을 연구하는 그 분야를 모두 포괄하는 용어로 영성학 (Spirituality)을 더 선호하고 있다.12)

영성신학이라는 용어를 좋아하는 몇 학자들은 영성신학과 신비신학을 상호 교환적으로 사용하는 경향이 있다. 그러나 그 둘을 상호 교환적인 의미로 사용할 수 없는 두 가지 이유가 있다. 첫째는 그들이 이해하고 있는 신비신학은 오늘날 기독교 신학에서 이해하고 있는 신비신학이라는 의미와 일치하지 않는다는 것이다. 이에 대해서 슈나이더스(Sandra M. Schneiders)는 "중세 이전에 사용되었던 것처럼 신비신학(mystical theology)은 신비적 경험에 대한 조직신학적 반추 즉 칼 라너가 신비에 관한 신학(theology of mysticism)이라고 부르는 것을 언급하는 것은 아니다."라고 한다.13) 중세의 신학자 게르송(Jean Gerson)이 말한 바와 같이 "신비신학은 일치적인 사랑에 안기면서 경험에 바탕을 둔 하나님의 지식이다."14) 두 번째는 그들이 이해하고 있는 영성신학은 수덕신학과 신비신학의 범위를 뛰어넘는 진정성 있는 인간이 되어 가는 인간학을 다루는 현대적 영성에 대한 이해와는 차이가 있다는 것이다. 여전히 신학과의 관계에서 언급되는 영성신학을 교리신학적인 보호 아래에서 해방시키고, 자아 초월적 통합과 진정성을 향한 인간의 전인성을 포함하도록 그 범위를 넓히려는 노력을 지속하고 있는 중이다.

아직도 완전히 불식된 것은 아니지만 불과 20여 년 전에는 개신교 영역 안에서 영성을 말한다는 것은 로마 가톨릭적이거나 열광주의적인 그 무엇이라고 의심을 받아 왔다. 그러나 이제는 더 이상 영성이 가톨릭교회의 전통에 속한 것이거나 적어도 그 역사의 마당에서나 일어나는 운동으로 이해하지 않

12) 위의 책, 255.
13) 위의 책, 257.
14) 위의 책.

는다. 각 종류의 기독교 전통은 물론이거니와 동양의 종교, 토속 종교, 기타 대체 종교 혹은 삶의 통합을 도와 주는 세속적인 운동 등 폭넓은 영역에서 이 용어는 자연스럽게 받아들여지고 있다. 크로스로드사(Crossroad)의 시리즈인 영성에 대한 방대한 책이 바로 이 모든 운동을 제시하고 있다. 심지어는 세속적인 영성에 관해서도 한 권의 책으로 할애하고 있다. 이렇게 영성이라는 용어가 학문적 분야에서 폭넓게 다루어짐으로써 영성과 영성신학에 대한 토의는 앞으로도 더욱 왕성하게 일어날 것으로 기대된다.

영성 수련의 역사적 의미와 신학적 고찰 제3장

기독교에서의 영성 생활이란
한 인간이 그리스도 안에서 수여된 성령에 의해서
예수 그리스도의 성육신적인 삶을
각 개인과 공동체 안에서 구체적으로 실현해 가면서
하나님에게로 상승해 가는 영혼의 여정이다.
이 여행을 수행해 가는 데 있어서
필요한 갖가지 인간적 활동이나 조치를
영성 수련이라고 할 수 있다.
여기서 유의할 것은 영성 수련이란
그리스도의 명령을 어떻게 외적으로
수행해 가고 모방해 가느냐보다는,
그리스도와 어떻게 내적 교제를 이루어 가느냐가
일차적 관심거리이다.

제 3 장
영성 수련의 역사적 의미와 신학적 고찰

1. 영성 수련의 역사적 발자취

'훈련'이란 사전적 의미는 "익숙하도록 가르치거나 되풀이하여 연습하는 일"이라고 정의한다.[1] 그런데 이 책에서 영성 훈련이란 용어 대신에 영성 수련이라는 용어를 채택한 것은 그 뜻에 대한 본래적 차이 때문이 아니라, 육체적 훈련과 영성 훈련에 있어서 근본적으로 그 목표점이 다르다는 의미에서 그렇게 했다. 일반적으로 훈련이라고 할 때는 위의 정의대로 무엇인가를 되풀이하여 연습하는 동안 익숙하고 능통하게 되는 것을 말한다. 그런데 영성 훈련은 그것을 보장하는 것은 아니다. 즉 영성 훈련이란 육체적 훈련처럼 무엇인가 반복하는 동안 영적 성장에 필요한 능숙한 기술을 습득하거나 완전한 인간이 되어 가는 것을 의미하지 않는다. 영성 훈련이란 반복된 기도나 말씀 묵상 등을 통해 습관적으로 우리의 중심을 하나님에게 향하게 하고, 그러는 동안 우리의 영혼 안에서 하나님이 활동하실 수 있는 공간을 만들어 주는 일을 하는 것이다. 반면에 육체적 훈련에 관한 것이라면, 예를 들어서 운동 선수나 악기 연주자나 언어를 습득하는 사람이라면, 그것에 맞는 훈련을 반복하는 동안 보다 능숙한 행위와 태도를 보장받는다. 만일 그러한 목표점

---

[1] '훈련,' 『우리말 큰 사전』 (서울: 어문각, 1992).

에 도달하지 않는다면, 그것을 바른 훈련 방법이라고 말하지 않을 것이다. 그러나 영성 훈련이란 그것을 보장하기보다는 하나님이 나 자신을 변화시키고 온전하게 하시도록 자기의 의지와 활동 공간을 하나님께 넘겨 드리는 데 그 목적이 있다. 이런 차별적인 의미를 부각시키기 위해서 영성 훈련(靈性訓練)이라는 말보다 영성 수련(靈性修練)이라는 말을 선택하게 되었다.

영성 수련에 대한 보편적인 이해를 구하기 위해서 우리는 영성사 안에서 구사해 왔던 방법을 살펴보는 것이 좋겠다. 중세 분위기에서 영향을 받은 한 영성가가 다음과 같이 영성 수련을 정의한 바 있다. "영성 수련이란 양심을 살피는 방법이나 묵상, 관상, 구송 기도, 정신적 기도(mental prayer) 등의 방식 및 기타 여러 영성적 행사를 의미한다. 마치 육신의 건강을 위해서 산책이나 길 걷기나, 뛰기 따위로 육체적 운동을 하는 것처럼, 영성면에 있어서도 모든 부적합한 애착을 제거하고, 그 후에 자신의 영혼 구원을 위하여 자기의 삶을 개선하는 데 있어서 하나님의 뜻을 찾고 발견하기 위하여 영혼을 준비시키고, 대비하는 모든 방법을 영성 수련이라 한다."2) 이 정의에 의하면 내면적인 성찰과 묵상, 기도 등이 영성 수련에서 가장 중요한 자리를 차지하고 있다. 그 중간 목적은 마음의 성향을 개선하는 데 있다. 마음의 성향 개선의 결과로 부적합한 애착에서 자유함을 얻고 초연함과 양심에 대한 민감성을 회복하는 것이다. 그 영성 수련의 궁극적인 목표는 하나님의 뜻을 사심 없이 분별하고 행하기 위함이다.

영성 수련(exercitium spirituale), 영성 수련들(exercitia spiritualia)이란 표현은 중세기 이래로 '경건 수련'(pietatis exercitia)이란 의미로 사용되어 왔다. 수련(exercitium)이란 말은 수도자들의 언어에서 다양하게 사용되어 왔는데, 즉 영성 수련들(exercitia spiritualia), 영성 생활의 수련들(spiritualis vitae exercitia), 경건 수련들(pietatis exercitia)과 같은 것들이다. 3)

2) St. Ignatius of Loyola, *The Spiritual Exercises of St. Ignatius*, trans. Louis J. Puhl (Chicago: Loyola University Press, 1951), (1).
3) Historia monachorum 29, *PL(Patrologiae cursus completus)*, vol. 7, 410d(영신수련); 29, 435d

여기서 수련(exercitium)이란 말은 육체적 고행에 관한 것이라기보다는 오히려 정신 활동을 지칭하기 위해 사용했으며, 특히 반복, 기억, 묵상과 같은 사색의 노력을 일컬을 때 사용되었다.[4]

보나벤투라는 영성 수련이라는 표현을 사용하지는 않지만 영성 수련에 대한 방법을 제시하고 있다.[5] 예를 들면 『신비스러운 포도나무』(La Vitis Mystica)와 『생명의 나무』(Lignum Virae) 등을 통해서 그리스도의 수난에 대해서 묵상할 것을 방법적으로 제시하고 있다. 뿐만 아니라 『하나님을 향한 영혼의 여정』(Itinerarium Mentis in Deum)은 하나님이 남겨 놓은 그분의 발자취와 이미지를 통해서, 그리고 삼위일체 하나님을 통해서 하나님에게로 이르는 방법을 제시한다. 『세 가지 길』(De Triplici Via)은 어떻게 묵상과 기도, 관상을 수행할 것인지를 가르친다. 14세기에 우리의 관심을 끄는 책은 보나벤투라의 정신을 반영하고 있는 프란체스코 수도회 회원인 장 드 콜리(Jean de Cauli)의 저서 『그리스도의 생애 묵상』(Meditationes Vitae Christie)이다. 이 책은 보나벤투라의 정신을 잘 반영하고 있는데, 특히 보나벤투라의 『생명의 나무』(Lignum Virae)에서 직접적인 영향을 받았다고 할 만큼 유사한 점이 많다. 그리스도의 생애가 중심 주제이며 '내적인 영성 수련의 연구'에 관심을 기울이고 있다. 이런 주제를 한 주일 동안 매일매일 '묵상하기 위한 조용한 한 시간을 선택'하도록 한다. 그리고 될 수 있으면 밤중에 마음 안에서 묵상한 장면을 되새겨보라고 한다. 장 드 콜리는 양심 성찰, 묵상과 관상, 혹은 경건 생활에 대한 다양한 규칙의 준수를 포함한 활동적인 삶과 관상적 삶의 수련을 포함하여 '수련'이라고 한다. 확실히 보나벤투라는 그리스도의 생애의 장면을 체계적이고 효과적으로 고찰하는 데 익숙하도록

(영성 생활), Ibid., prol., 387 et 390(경건).

4) Jean Leclercq, The Love of Learning and the Desire for God, trans. Catherine Misrahi (New York: Fordham University Press, 1962), 15-17, 72-76.

5) 보나벤투라의 저서의 영문 번역인 The Works of Bonaventure I (Mystical Opuscula), trans. Jose de Vinck (Paterson, N. J.: St. Anthony Guild Press, 1960) 안에는 영성 수련에 관련된 작품이 소개되어 있다. The Journey of the Mind to God; The Triple Way; The Mystical Vine; The Tree of Life; On the Perfection of Life: Addressed to Sisters.

길을 열어 놓은 중요한 사람이다.

샤르트르회 수사인 루돌프(1370년 사망)의 『예수 그리스도의 생애』는 장 드 콜리의 『그리스도의 생애 묵상』(*Meditationes Vitae Christie*)을 상기하게 한다. 루돌프는 그의 책 서문에서 그리스도의 생애를 매일 어떻게 읽어야 하고 묵상해야 하는지를 보여 준다. 그리스도와 더욱 잘 일치하기 위해서는 "복음의 장면 속에 자신이 들어가야 한다." 중세기의 사람들은 그리스도의 생애와 자신의 삶을 일치하기 위한 수련으로서 본문(text)에 대한 반복 읽기와 명상을 방법으로 사용하였다. 티에리의 윌리엄(William of St. Thierry)은 이런 수련 양식을 '명상적인 기도'라고 부르고 있는데, 이것은 읽기와 명상과 기도가 하나로 연결되어 있는 형태이다[6].

성경을 읽는 동안 자아를 그 말씀에 고정시키고, 보다 깊은 의미를 추적하기 위하여 그 말씀을 명상하는 동안 지성과 감성이 하나로 연결되면서 하나님과의 교제 형태로 연결됨으로써 기도가 형성된다. 독서를 통한 명상적 기도는 말씀으로 전 존재를 사로잡고 그 말씀 안에 참여케 한다. 중세 사람들에게 가장 효과적인 명상 방법으로 익숙하게 활용되어 온 것은 상상력이다. 그들은 상상력을 통해 주어진 텍스트를 재구성하여 그 이미지와 느낌을 현재화한다. 당시 영적인 사람이 되기 위해서는 육적인 이미지를 성화시켜야 한다고 충고했다.[7] 거룩한 텍스트를 상상력을 통해 생생하게 현재화시켜 참여하는 동안 육적인 이미지가 대체되고 성경적인 이미지에 깊이 참여케 된다. 그러므로 그 당시의 영성 수련이란 어떤 외적인 행위가 아니라 마음의 정화요, 그리스도의 이미지와의 인격적인 일치의 과정이다. 이런 의미에서 영성 수련은 반복하여 읽기, 명상하기, 기도하기와 밀접한 관계가 있다.

---

6) J. Leclercq, 위의 책, 73.

7) 위의 책, 75.

2. 영성 형성으로서의 영성 수련

역사적인 맥락에서 볼 때 영성 수련은 어떻게 행동하느냐의 문제보다는 어떤 방식으로 존재하느냐와 밀접한 관계를 맺고 있다. "나무가 좋으면 그 열매도 좋고 나무가 나쁘면 그 열매도 나쁘다."는 복음서의 말씀을 숙고한다면 행위보다 존재적인 영성 수련이 우선된다. 현대의 뛰어난 영성가 중의 하나인 토마스 머튼도 "행위보다 존재가 우선한다."는 입장을 취하고 있다. 왜냐하면 내적인 정화가 이루어지지 않은 상태에서의 행위는 다른 사람들에게 부정적인 영향을 미칠 것이기 때문이다.[1) 내적인 정화를 통해 부적합한 애착으로부터 자유함을 얻고, 사욕편정(邪慾偏情)에 치우치지 않는다면 하나님의 뜻은 삶 속에서 쉽게 드러날 것이고, 그 열매로 하나님의 뜻에 합당한 행위가 수행되리라 믿는다.

그러나 현대적인 의미에서 영성 수련은 또 다른 측면이 강조되고 있다. 영성 수련(spiritual exercises)이라는 말보다는 영성 형성(spiritual formation)이라는 말을 더 선호하는 경향이 있다. 중세의 분위기에서 영성 수련이 자기 자신을 비우는 일에 초점을 두었다면 현대의 분위기는 채움을 통한 존재적 변화를 강조한다. 중세 시대와 현대 사이에서 인간을 보는 관점이 달라지고 있기 때문이다. 현대의 인간관은 인간의 타락이 하나님이 부여하신 은총을 완전히 소멸시킬 수는 없다는 측면에 주목하고 있다. 그래서 인간에게 여전히 남아 있는 하나님의 형상에 무게를 두고 인간 변화를 추구한다. 그 동안 형이상학적이고 심리학적인 인간 이해를 통해서 보다 긍정적인 인간의 모습을 많이 발견하였기 때문이다. 전통적이고 교리적인 결정론에 바탕을 둔 인간 이해로부터, 철학적이고 심리학적이고 경험적인 측면에서 인간을 이해하고자 한다. 어두움은 그 자체가 실체라기보다는 빛의 결핍으로 비롯된

---

1) Harvey D. Egan, *Christian Mysticism: the future of a tradition* (New York: Pueblo Publishing Co., 1984), 234-236.

현상에 불과하다는 관점으로부터 인간을 이해한다. 그러므로 영성 수련이란 인간 안에 드리워진 어두움을 몰아내려는 것이라기보다는 여전히 진리의 빛을 수용할 수 있는 능력을 지닌 인간을 신뢰하면서 인간 존재 형성에 초점을 맞추고 있다. 만일 이렇게 기독교 영성 수련을 정의한다면, 각 개인은 문화적 존재요, 사회적 존재요, 환경적 존재요, 초월적 존재라는 사실을 하나님의 말씀에 의해서 심도 있게 조명을 받고 보다 전인적인 인간으로서 변화를 지향한다. 이 과정에서 하나님의 말씀이 왜곡된 부분을 정화하고 부족한 부분을 치유하고 형성시키는 중요한 역할을 한다.[2] 이러한 영성 형성의 과정을 학문적으로 규명하려고 노력한 반 캄(Adrian van Kaam)[3]의 이론에 주목해 보자. 그는 형성과학 이론에서 하나님이 인간에게 부여하신 형성의 신비를 밝혀내고 있다.

한 인간이 성숙해 간다는 것은 무엇을 의미하는가? 그리스도인에게 있어서 성숙이란 본래로의 회복을 의미한다. 하나님이 본래 지으신 그 목적을 달성하는 것이다. 하나님은 일회적으로 우리를 창조하신 분으로만 머물러 있지 않으시고, 그 창조를 완성시켜 가는 과정에서 우리를 영적 여정으로 초대하시는 분이다. 이 여정에 참여할 수 있도록 하나님은 우리를 하나님의 모습 즉 그 분의 닮은꼴로 미리 형성(preformed)시켜 놓으셨다. 그러므로 우리가 성숙해 간다는 말은 언제나 하나님이 우리를 그렇게 존재하도록 창조하신 유일회적이고 독창적인 '나'가 되어 가는 것을 의미한다. 이런 의미에서 영적 성장이란 단순히 어떤 추상적인 표현이 아니고, 구체적이고 분명한 인간 삶의 여정을 의미한다. 우리가 구체적으로 살아가고 있는 삶의 자리는 우리

---

2) Formative Spirituality(형성하는 영성)에 기초를 두고 기독교 영성을 접근하고 있는 반 캄(Adrian van Kaam)의 *Formative Spirituality I: Fundamental Formation* (1989); *Formative Spirituality II: Human Formation* (1989); *Formative Spirituality III: Formation of the Human Heart* (New York: Crossroad, 1991).

3) 미국 듀케인(Duquesne) 대학의 교수로서 '형성영성 연구소'(The Institute of Formative Spirituality)를 창설하고 형성과학을 꾸준히 발전시켜 온 학자이다. 인간형성에 관련된 반 캄의 번역된 저서들은 다음과 같다. Adrian Van Kaam, 형성과학 연구회 역, 『영성적 정체성을 찾아서』, 『영성적 삶으로의 초대』(서울: 도서출판 국태원, 1995); 『근본적 형성』, 『인간 형성』, 『인간 마음의 형성』, 『과학적 형성』, 『전통적 형성』, 『초월적 형성』, 『초월 치료요법』(서울: 도서출판 국태원, 1996).

를 성숙하게 하는 영성 형성의 장이 된다. 물론 우리의 삶의 자리가 영성 형성에 반드시 기여하는 장으로만 작용하지는 않는다. 우리 삶의 자리는 영성형성을 향하여 긍정적으로 작용하기도 하지만 반면에 부정적으로 작용하기도 한다. 삶의 모든 영역에는 형성적인 성향과 반형성적인 성향을 지니고 있다고 할 수 있다.

형성적인 성향이란 주어진 삶의 차원을 향하여 자신을 개방하고 유연하게 대처함으로 삶의 장으로부터 오는 모든 형성적 에너지를 수용함으로써 새로운 차원의 삶을 향하여 자기 자신을 그 장에 투신하는 성향을 의미한다. 반대로 반형성적인 성향이란 현재와 미래의 삶을 걱정하고 두려워하면서 주어진 삶의 에너지를 거부하는 방향으로 나아가는 성향을 의미한다. 예를 들자면 신학교 생활이라는 형성의 장에서 순방향으로 자신을 투신하면 형성적 성향이 강화되거니와, 그 삶의 장에 적응하지 못하고 역방향을 지향해 간다면 주어진 형성의 장에서 오는 많은 에너지를 수용할 수 없게 되고 인간의 육과 정신과 영은 반형성적 성향으로 강화된다. 반 캄은 영성 형성을 위한 구체적인 상황과 환경을 사회역사적(socio-historical), 생체적(혹은 신체적 vital), 역할적(functional), 초월적(transcendent) 차원으로 분류하여 설명하고 있다.[4]

1) 사회-역사적 차원(socio-historical dimension)

사회-역사적 상황은 인간 삶의 형성 과정에서 발생하는 가장 기본적인 배경이다. 우리는 각자 어떤 특정한 때 특별한 전통과 문화라는 상황 속에서 어떤 구체적인 한 가족에 속하는 존재로 태어난다. 이런 사회-역사적 차원은 각 사람이 성숙해 가는 과정에 영향을 미친다. 물론 일방적으로 영향을 받는 것만은 아니다. 이런 상황으로부터 영향을 받기도 하지만, 자기 스스로 그 세계에 어떤 형태나 이름을 부여하기도 한다. 그리고 그것으로부터 다시

---

4) Adrian van Kaam, *Fundamental Formation*, 황종렬 역, 「근본적 형성」 (서울: 도서출판 국태원, 1996) 참고.

삶의 형태를 부여받기도 한다. 이런 상호 작용을 통해 지속적으로 성숙해 가는 것이 역사 문화 속에 존재하는 인간이다. 이런 의미에서 한 인간이 성숙해 간다는 것은 단순히 한 개인의 선택의 문제가 아니고, 공동체의 운명과도 밀접한 관계가 있다.

만일 역기능적인 사회-역사적 환경에서 태어났다면 그 환경을 극복하고 그 환경이 전해 주는 에너지를 순기능으로 바꾸어 가면서 자신을 성숙시켜 가야 하지만 어려운 한계 상황에 직면할 수 있다. 반면에 건강하고 순기능적인 사회-역사적 유산을 전해 받은 환경에서 자라나는 사람은 그 주어진 환경으로부터 비롯되는 에너지가 자기 자신을 형성하는 데 보다 역동적으로 작용할 수 있기 때문에 건강하게 자기 자신을 자라게 하는 데 효과적으로 작용할 수 있다. 이 사회-역사적인 유산은 크게는 한 사람이 태어난 그 시대와 가치를 지배하는 세계 역사적인 차원으로부터 한 국가, 한 사회, 그리고 그 특정한 사람에게 지속적으로 영향력을 미칠 수 있는 소속 집단 즉 교회나 사교 집단, 학교, 가정 공동체에 이르기까지 매우 다양하다. 그리고 한 인간이 성숙하기 위해서는 무엇보다도 자기가 태어난 시대와 사회와 역사를 이해하는 작업이 무엇보다도 중요한 일이다.

2) 생체적 차원(vital dimension)

한 개인은 각자 어떤 특정한 육체적 혹은 정신적 특질을 띠고 태어난다. 우리는 이런 주어진 특질에 따라서 우리의 주변 환경에 반응하게 되고, 그것으로부터 어떤 형태를 부여받으면서 매일의 변화를 겪게 된다. 어떤 사람은 건강하게 또 어떤 사람은 보다 연약하게 태어났다. 이런 육체적 특질은 또한 정신적 특질과도 밀접한 관계가 있다. 그래서 인류 역사는 끊임없이 인간에게 주어진 갖가지 정신적 유형을 연구하는 데 많은 노력을 기울여 왔다. 그 결과 모든 사람들은 태어나면서부터 어느 정도 어떤 성향을 가지고 태어난다는 것을 발견했다.

의학의 아버지라고 할 수 있는 히포크라테스(Hippocarates)는 이 세상에
는 사람마다 다혈질, 우울질, 담즙질, 점액질 등 생리적으로 서로 다른 기질
로 태어난다는 것을 발견했다. 다혈질의 사람은 외부 자극에 급하고 강력하
게 반응한다. 우울질의 사람은 다혈질과는 정반대로 외부 자극에 대하여 반
응이 느리고 약하다. 담즙질의 사람은 외부 자극에 강하게 반응하며 한 번
받은 인상도 오래 지속된다. 이들의 또 다른 특성은 실천적이며 끈기가 있
다. 점액질의 사람들은 담즙질의 사람들과 정반대의 사람들이다. 외부의 자
극을 잘 받지 않으며, 자극을 받는다 할지라도 곧 사라져 버리고 만다. 그들
에게는 열렬한 정렬이 없고, 오히려 침착하고 신중하며 차분하다는 특성이
있다.

윌리엄 제임스(William James)도 성격 유형을 건강한 마음과 병든 영혼으
로 분류하고 있다. 건강한 마음의 사람들은 사물의 밝은 측면을 보고 곧잘
행복감을 느낀다. 반면에 존재하는 악을 보지 않으려고 하며, 본다고 할지라
도 축소해 버리는 경향이 있다. 그러므로 하나님을 심판하고 징벌하시는 분
으로 보지 않고, 세상을 조화롭게 만들어 가시는 분이며, 은혜롭고 용서하시
며 자비로우신 분으로 이해한다. 그러나 병든 영혼의 사람들은 사물의 어두
운 측면을 먼저 보고 비관주의에 빠지곤 한다. 그들은 인간 삶에서 악이 본
질적이며, 인간이 악을 직시할 때만이 이 세계의 의미를 제대로 파악할 수
있다고 주장한다.

우리에게 가장 보편적으로 받아들이는 정신 유형은 융의 분석심리학에서
찾아볼 수 있다. 융은 사람들이 타고나는 정신적 유형을 사고형(thinking),
감정형(feeling), 감각형(sensation), 직관형(intuition)으로 나누어 설명한
다. 사고형의 사람들은 어떤 사실을 접할 때 그것이 무엇이며, 왜 그렇게 생
겼는지를 중심으로 생각한다. 감정형의 사람들은 그 사실이 자기에게 좋은
지, 나쁜지를 판단하려고 한다. 감각형의 사람들은 그 사실에 대해서 모양이
나 색깔이나 소리 등이 어떠하다는 것을 먼저 지각한다. 직관형의 사람들은

그 사실이 어디에서 유래했으며 어떻게 될 것인지를 다른 사람들보다 먼저 짐작해서 안다. 그리고 이런 정신적 유형을 내향성 혹은 외향성으로 각각 분류한다. 그 관심의 에너지가 외적으로 향하고 있으면 외향적인 사람이라 하고, 그 에너지가 내적으로 향하고 있으면 내향적인 사람이라 한다. 최근 들어서 융의 분석적인 정신 유형을 서로 조합하여 보다 세밀하고 다양한 성격 유형을 분석해 내면서 정신 치료와 상담에 적용하고 있다.

이렇게 다양한 성격의 사람들은 자신의 삶 속에서 마주하는 이 세상과 사건에 대해서 다르게 경험하고 평가하고 반응한다. 이런 성격 유형과 기질을 스스로 파악하고 있다면 적합한 자기 행동과 반응, 그리고 결단을 할 수 있고 이것은 나아가 자아 형성에 도움을 줄 수 있다. 그러나 성격 유형을 이해한다고 하면서 이미 주어진 기질에 고착되어 있는 삶을 유지한다면 성숙한 인간 형성을 기대하기가 어려울 것이다. 자기 자신에게 있는 강한 면과 약한 면을 직시하면서 이 둘을 조화로운 성격으로 발전시키고, 사물을 보는 자기 시야의 한계성을 받아들이면서 동시에 자기에게 주어진 독특한 특질을 발전시킬 때 보다 성숙한 자기 형성을 이룰 수 있다.

3) 역할적 차원(functional dimension)

역할적인 형성은 각 인간 삶의 초기부터 시작된다. 놀이를 좋아하는 충동적인 유년기의 아이들은 처음에 자신의 감정이나 일체의 자극에 대해서 자연적으로 반응을 하게 된다. 이것이 바로 생체적인 반응이다. 그러나 머지않아 이들은 주위 환경과 자기 주변에서 더불어 살아가는 구성원 사이에서 나름대로의 역할적인 응답이 필요하다는 것을 감지한다. 남자로서 여자로서 혹은 아들로서 딸로서, 형으로서 동생으로서, 학생으로서 혹은 친구로서 등의 역할적인 인식을 하면서 생체적으로 반응하는 감정이나 자극에 대한 억제가 중요하다는 것을 파악하기 시작한다. 어린이들이 자신의 충동적인 감정과 욕망을 역할적인 차원에서 통제하기 시작할 때, 이들의 반응은 보다 더 책임 있는 것이 되어 간다. 이들의 삶에 형태를 부여해 주는 것은 이제 더 이상 단순한 충동이나 기질에서 솟아난 생체적인 지시에만 의존되지 않는다. 생체적인 차원(충동적인 삶)에서 분출된 지시가 다른 차원에서 비롯되는 다른 지시(사회 역사적 차원에서 비롯되는 지시)에 의해서 덧붙여지고 세련되어 간다. 이런 과정을 통해 '역할적인 정신'이 깨어난다.

처음부터 거의 선형성(先形成)된 생체적인 힘(기초적인 생명의 움직임의 힘)으로부터 비롯된 충동적인 삶의 형태는 살아가면서 지속적으로 노출되어 있는 사회-역사적인 추동(推動)과 같은 환경적인 요인과 만나 조절을 받게 된다. 말하자면 어린이의 삶의 구체적인 형태가 바로 이와 같이 선형성된 충동과 사회-역사적인 추동이 상호 작용함으로써 자라나게 되는 것이다. 어린이는 자신의 충동적인 삶의 지시를 외부의 조건을 기준으로 조정해 나가고자 애쓰게 되는데, 바로 여기서부터 역할적 차원이 인간 형성 과정에 작용하기 시작한다고 할 수 있다. 역할적 차원이 깨어나면서 어떤 특정한 일을 이루고자 하는 야망이 싹트게 되는데, 이것이 실천적으로 형성적 활동을 계속하도록 동기를 부여해 준다. 이런 행동 양식이 인간은 그와 같은 열망을 증대시키거나 축소시키고자 하는 과정을 거치게 되는데 이것으로 인해서 인간은 인격적 변화를 겪게 된다.

최근 서양에서는 역할주의적인 차원을 매우 강조하는 경향이 있다. 이렇게 역할적인 차원(다른 용어로 인간 존재의 기능적인 차원을 의미한다.)을 전면에 내세우는 분위기에서는 위에서 언급한 다른 차원을 희생시킬 수밖에 없다. 이렇게 될 때 우리는 이런 역할주의적인 지향으로 인해 '영의 잠재력'에 대해서 소원해지게 되고, 따라서 보다 더 깊은 의미라든가 초월적인 가치를 젖혀 놓은 채 분주하고 능률적인 삶에 몰두할 수 있다. 치중된 역할적 지향은 충분한 영양과 휴식, 피로 회복, 그리고 여가 활동과 같은 생체적인 차원과 관련된 욕구를 차단해 버릴 수 있다. 즉 강제성을 띤 의무적인 역할적 수행은 초탈과 사랑과 같은 초월적인 가치를 성취하는 데 필요한 건강과 생체적인 정력을 희생시킬 수 있다.

4) 초월적 차원(transcendental dimension)

초월적 차원은 하나님으로부터 부여받은 잠재력이다. 이것은 하나님에 의해서 부여받은 탁월한 선형성적인 요소이다. 초월해 나아가는 이런 능력은 인간이 끊임없이 형성해 가는 가능성의 보고(寶庫)를 설명해 준다. 이것은 인간의 삶을 인간적인 것으로 분명하게 구별지어 주는 표지이다. 그것은 우리가 궁극적으로 성취해야 할 것이 무엇이고 가야 할 곳이 어디인지를 인식할 수 있도록 도와 준다. 인간이 영이라고 하는 것은 우리가 형성되어 가는 과정에서 끊임없이 어떤 숙명적인 전개 양식으로부터 '보다 더한' 어떤 것으로 지향한다. 선택할 수 있는 능력을 통해 인간에게는 형성의 자유가 있다. 우리는 제한된 상황에서 자신에게 맡겨진 삶에 대해서 어떤 형태를 부여할 것인지, 역으로 거기서부터 도출된 의미를 통해 주어진 상황에 어떤 모양을 부여할 것인지를 선택할 수 있다. 이런 초월적 능력을 통해 우리는 존재하는 모든 것으로부터 보다 더 깊은 신비에 대해 자각하고 그것을 빨아들이려 한다.

우리는 보다 더 깊은 의미에 대한 이런 자각이 우리의 삶 안에서 끊임없이 일정한 작용을 하고 있다는 것을 희미하게나마 감지한다. 이런 초월적인 차원을 지니는 인간으로서 존재한다는 것은 다른 의미로 인간은 영으로 존재한다고 말할 수 있다. 또한 이렇게 영으로 존재한다는 것은 우리 삶의 모든 영역과 세계 안에서 어느 정도 궁극적인 의미를 추구하고자 하는 욕구를 지니며, 그것이 우리 삶의 형성에 영향을 미치는 것을 의미한다. 예를 들어 별들이 총총히 떠 있는 하늘을 바라보면서 초월적인 차원을 향하여 우리 마음이 움직일 때, 우리는 그 자연 안에서 경외감을 느끼며 그 곳에 머물고자 한다. 그래서 우리는 별들과 하늘, 우주와 더불어 하나가 되는 상태를 경험한다.

5) 종합적 이해

초월적 차원에 속하는 인간의 영은 생체적인 한계를 뛰어넘는다. 영은 타자와 상호-형성적인 활동에서 비판적으로 그리고 창조적으로 삶과 세계에 형태를 부여해 주는 힘이다. 역할적인 차원은 초월적인 갈망과 생체적인 충동 사이를 매개하는 교량이 되고, 우리가 처한 형성의 장에서 구체적인 지시를 제공해 준다. 그런데 고립된 역할성은 역할적인 성취만을 고집해서 초월적인 것뿐만 아니라, 몸의 생체적-정서적 욕구를 소홀히 하거나, 생체적인 형태 지시 모두를 무시할 수 있다. 그러므로 역할적인 정체성은 영성적 정체성과 대화 속에서 형성되고 변형되어야 한다. 역할적이고 초월적인 삶의 차원은 점증적으로 전인적 인간 형성을 위하여 생체적인 차원에서 활발하게 작용해야 한다. 이런 작용이 사라짐은 곧 하나의 전체로서의 경험적인 삶의 형태가 사라짐을 의미하며 그것이 곧 죽음이다. 인간적인 영이 생체적 차원의 삶 안으로 점차적으로 침투되어 감으로써 인간의 생체적인 삶은 공동체적이고 개인적인 차원에서 보다 풍성한 영성적 표현을 자아내게 된다. 역할적 차원의 전 구조는 초월적이면서 생체적이고 사회-역사적인 형성 지시에 비추어 보는 시도와 그 속에서 발견되는 오류에 대한 성찰을 통해 변화되고 발전될 수 있도록 개방되어야 한다.

사람들은 죽음과 자연에 직면하여 생체적으로나 역할적으로 자신의 무기력함을 인정하기 시작한다. 그 결과 그들은 우주 내에서 일어나고 있는 다양한 생성과 흥기와 퇴조를 허용하는 전권을 쥐고 있는 형성의 신비에 대해서 자각하게 된다. 이런 과정에서 초월적 신비와 관련하여 인간 형성에 영향을 미치도록 신앙과 희망과 사랑을 발전시켜 나간다. 초월적 영성이 발전하기 시작하면서 사람들은 자아와 타자와 더불어 창조적인 형성에로 부름을 받았다는 것을 자각하게 된다. 이런 인간 형성의 신비는 인간의 초월적 차원이라는 통합적 능력을 통해 생체적, 역할적, 역사적 차원 안에서 구체화되고 실현된다.

그러나 기독교의 인간 형성 전통에 의하면 이런 초월적 형성의 신비는 아무 도움 없이 인간 스스로 실현될 수 있는 것은 아니다. 즉 인간 스스로가 인간에게 선형성된 영성적 갈망을 스스로 성취할 수 없다는 말이다. 왜냐하면 인류의 원초적인 '타락'이 우리를 이런 불능 상태로 떨어지게 했기 때문이다. 하나님은 인간 형성의 신비를 계속적으로 이루시기 위해서 그의 아들 예수 그리스도를 보내시고, 그 아들을 통해 성령을 우리에게 계속적으로 보내심으로 말미암아 우리의 형성의 역사를 지속시켜 가고 있다. 그러므로 초월적 차원의 인간의 영이 성령으로 말미암아 다시 우리 존재의 선물로 주어지고, 그 안에서 생체적, 사회-역사적, 역할적 차원이 통합될 때 비로소 진정한 인간 형성이 실현된다.

이렇게 존재 형성에 뿌리를 둔 영성 수련은 결코 기능적인 차원을 길들이는 데 있는 것이 아니고, 오히려 사역자로서의 역할을 본질에 맞도록 잘 수행할 수 있는 존재적 변화에 초점을 맞추고 있다. 이런 측면에서 영성 수련은 영성 형성의 과정이라고 말할 있다. 이것이 거꾸로 될 때 즉 존재 형성 이전에 기능적인 역할에 능숙해진다면 자주 그들 한계선상에서 깊은 좌절과 갈등과 혼란을 겪게 될 것이다. 오늘날 목회자를 양성하는 신학 교육에 대해서 적지 않은 불만의 소리를 듣게 된다. 이 불만의 소리 앞에서 우리는 신학 교육 혹은 신학 훈련의 우선 순위가 무엇인가를 묻게 된다. 목회적 행위를 훌륭하게 수행할 수 있는 기능적 수련에 초점을 두어야 하는지, 혹은 성직자로서의 기본적 존재 형성에 초점을 맞추어야 하는가?

정신 의학자 스코트 펙(M. Scott Peck)은 그의 『아직도 가야 할 길』(The Road Less Traveled)이라는 책에서 이렇게 지적하고 있다.

> 내가 알기로는 많은 사람들이 개인적인 발전에 대한 비전은 가지고 있지만 그것을 실현시킬 의지를 결여하고 있는 듯하다. 그들은 훈련 없이 성도가 되는 지름길을 발견하기를 원하며, 그것이 가능하다고 생각한다. 그들은 종종 그것을 얻기 위해 단순히 성인(聖人)들의 외면적인 삶을 모방하여 광야

로 들어가거나 목수가 된다. 또 어떤 사람들은 이런 모방만으로 자신이 실제
로 성인이나 선지자가 되었다고 착각을 하기도 한다. 그들은 자신이 아직 어
린아이에 지나지 않는다는 사실을 인정하지 않으며, 자신이 처음부터 시작
하여 여러 과정을 거쳐야 한다는 괴로운 사실을 직시하지 못한다.5)

기능 훈련이란 어떤 일을 수행할 줄 아는 외면적 기술이나 모습을 닮는 것
을 의미한다. 그런데 그리스도의 제자가 된다는 것은 그리스도를 닮아 가는
것이 우선 순위이지, 제자처럼 행동하는 기능인이 되는 것이 우선적인 일이
될 수는 없다. 예수님은 그의 제자가 되기 위해서 무엇인가를 배우라고 말씀
하신다. 예수님의 이 말씀을 기억해 보자. "수고하고 무거운 짐 진 자들아
다 내게로 오라 내가 너희를 쉬게 하리라 나는 마음이 온유하고 겸손하니 나
의 멍에를 메고 내게 배우라 그러면 너희 마음이 쉼을 얻으리니 이는 내 멍
에는 쉽고 내 짐은 가벼움이라 하시니라"(마 11:28-30) 여기서 주목할 말씀
은 "내게 배우라"와 "내 멍에는 쉽고 내 짐은 가벼움이라"이다. 이 말을 합
쳐 말하면 배우면 내 멍에는 쉽고 가볍게 된다는 말이다. 예를 들면 예수님
께서 이렇게 가르치시고 있다. 오른편 뺨을 때리는 자에게 왼편 뺨을 돌려
대고, 오리를 가자는 사람과 함께 십리를 가 주고, 우리를 핍박하는 자를 위
하여 기도하라는 등의 가르침을 주고 있다. 예수님의 가르침을 낱낱이 기억
하여 하나씩 문자 그대로 실현해 가는 것이 영성 수련의 초점이라고 하자.
그것은 대단히 어렵고 무거운 짐이 되고 말 것이다.

예수님을 따른다는 것은 외적인 닮음이나 기능적인 행위를 닮는 것을 의
미하지 않는다. 그리스도와의 수직적인 교제 속에서 내적인 성향이 변모되어
가고, 그 변모된 성향으로 그리스도의 멍에를 즐겁게 감당할 수 있게 된다.
그러므로 여기서 유의할 것은 그리스도의 명령을 외적으로 어떻게 지키고 닮
아 가느냐가 영성 수련의 관심이 아니고 그리스도와 참된 내적 교제를 이루

5) M. Scott Peck, *The Road Less Traveled: A New Psychology of Love, Traditional Values and Spiritual Growth* (New York: A Touchstone Book, 1978), 77.

어 가는 것이 영성 수련의 일차적 관심거리이다. 따라서 모든 영성 수련은 일차적으로 기능적인 훈련보다는 이 모든 행위의 뿌리라고 할 수 있는 존재의 틀을 형성해 주는 일이다. 이런 존재 형성을 발판으로 해서 특정한 사역을 수행할 수 있는 기능적인 훈련이 필요하다. 이 때 비로소 기능 훈련은 영적 성장과 밀접한 연관을 맺게 된다. 헨리 나우웬(Henry Nouwen)은 오늘 우리에게 있어서 핵심적인 질문은 행위에 대한 것이 아니라 존재에 관한 것이라고 한다. 왜냐하면 하나님 앞에서 살아간다는 것은 전문적인 기술을 수행하는 것 이전에 우리 존재 전체와 우리가 행하는 일 전체가 본래적인 모습으로 변화되어 하나의 일깨움이 되는 정신으로 사는 것이 필요하기 때문이다.6)

3. 개혁신학과 영성 수련의 신학적 이해

이미 살펴본 대로 인간은 영과 육의 통합적인 실재이다. 인간은 하나님의 창조적 은총으로 인해서 자신을 초월하여 궁극적인 실재를 갈망하고 경험하고자 하는 본능적인 욕구를 타고난 존재이다. 이런 본성이 구체적인 삶의 현장에서 실현되어 가는 과정을 영성 생활이라고 한다. 좀더 구체적으로 기독교 영성 생활에 관하여 말하면 한 인간이 그리스도 안에서 수여된 성령에 의해서 예수 그리스도의 성육신적인 삶을 각 개인과 공동체 안에서 구체적으로 실현해 가면서 하나님에게로 상승해 가는 영혼의 여정이다. 이 여행을 수행해 가는 데 있어서 필요한 갖가지 인간적 활동이나 조처를 영성 수련이라고 할 수 있다. 여기서 제기되는 문제는 그러한 인간적인 활동과 하나님의 은총과의 관계는 무엇인가? 특히 전적 타락과 절대 은총을 주장하는 개혁교회 입

---

6) Henry Nouwen, *The Living Reminder*, 성찬성 역, 『살아 있는 기억 매체』 (서울: 성바오로 출판사, 1991), 24.

장과 어떤 연속성을 지닐 수 있는가?

오늘 개혁교회 안에서 영성 수련이 소홀히 되고 있는 이유 중 하나가 바로 이런 신학적인 문제에 대해서 혼란을 겪고 있기 때문이다. 도널드 블러쉬(Donald G. Bloesch)는 그의 저서 『경건의 위기』(The Crisis of Piety)라는 책에서 현대 개신교가 점점 생명력을 상실해 가고 있는데 그 주요한 이유는 경건 생활의 결여라고 지적한다. 오늘 교회는 내면 세계나 영성 생활에 대한 탐구나 수련보다는 외적인 활동에 더 많은 관심을 보이고 있는데, 그러한 경향은 개혁교회 노선에 속한 교회일수록 더 심하다고 주장한다.[1] 개혁신학의 핵심인 절대 은혜와 이신칭의에 대한 신학적인 입장이 능동적인 내면 생활을 약화시키는 역할을 하고 있다는 것이다. 개혁신학의 우파 쪽에 속해 있는 소위 신정통주의자인 바르트에게서도 그러한 경향이 역력하게 나타난다. 그는 칭의(稱義)와 마찬가지로 성화(聖化)도 전적으로 우리 밖에서 일어나는 것으로 생각하고 있기에 능동적인 영성 수련의 중요성을 인식하지 못하고 있다. 바르트 신학에서 발전된 계시의 탁월성에 대한 강조와 아울러 인간 종교에 대한 철저한 부정은 능동적인 경건 수련에 대한 중요성을 간과할 수 있다.[2]

역사적으로 볼 때 개혁가들이 재발견한 절대 은총이나 이신칭의 등이 능동적인 영성 생활과 끊임없이 갈등과 오해를 불러일으켜 온 것이 사실이다. 키에르케고르(Søren Kierkegaard)는 개혁신학의 오해의 측면을 다음과 같이 냉소적으로 비판하고 있다.

오늘날 기독교인에게는 가능한 한 고생을 하지 않고서 기독교인답게 보이기를 원하는 세속성이 항상 존재하고 있다. 그러한 세속성은 루터를 주목하여 그의 말에 귀를 기울였으며 훌륭하게 이용할 수 있는 것을 발견해 냈다. 모든 것은 오직 신앙으로 말미암아 임한다! 얼마나 멋있는 일인가! '우리는

1) Donald G. Bloesch, The Crisis of Piety (Grand Rapids: Eerdmans, 1968), 63-76.
2) Donald G. Bloesch, The Reform of the Church, 오성춘, 최건호 공역, 『목회와 신학』 (서울: 한국장로교출판사, 1992), 198.

모든 행위로부터 자유를 얻었다. 루터 만세!' … 이것이 기독교를 개혁한 하나님의 사람 루터의 삶의 의미이다.[3]

키에르케고르의 날카로운 지적은 곧 본회퍼(Dietrich Bonhoeffer)가 『나를 따르라』에서 밝힌 '값싼 은혜'(cheap grace)라는 지적과 같은 맥락에 서 있다.[4] 본회퍼의 값싼 은혜란 영적인 수련을 하나의 '공적 사상'으로 치부해 버림으로써 개혁 사상과 정면으로 충돌하는 듯한, 모호한 당시의 신학적인 입장에 대한 반성의 소리였을 것이다. 이런 입장 때문에 과거에 있었던 영성 수련의 전통이 개혁교회 신앙 생활의 중심에서 의식적으로 혹은 무의식적으로 도외시되었다.

개혁신학의 주축을 이루고 있는 칼뱅에게 있어서 칭의와 성화는 서로 떼어 낼 수 없을 만큼 매우 밀접한 관계를 맺고 있다. "칭의의 은혜와 중생은 서로 다른 일이지만 동시에 서로 분리되지 않는다."[5] 그것은 이 둘의 유익이 동일한 원천으로부터 비롯되며 그 둘은 단순히 논리적으로 독립되어 있을 뿐이다.[6] 칼뱅은 하나님의 자비하심으로 그리스도 안에서 우리는 "죄 용서와 삶의 갱신"이라는 이중 은혜를 받고 있다는 사실을 기억하라고 한다. 칭의의 지식 없이 결코 성화의 지식을 말할 수 없다.[7] 칼뱅은 『기독교 강요』 제3권에서 칭의를 다루기 전에 성화를 논하고 있다. 논리적으로 뒤바뀐 느낌이

---

3) Dallas Willard, *The Spirit of the Disciplines*, 엄성옥 역, 『영성훈련』 (서울: 도서출판 은성, 1993), 51.

4) Dietrich Bonhoeffer, *The Cost of Discipleship* (New York: Macmillan Publishing Co., 1963), 45-60 참고.

5) *Inst.*, III. 11. 11.

6) Francois Wendel, *Calvin: Origins and Development of His Religious Thought* (Durham, North Carolina: The Labyrinth Press, 1987), 256.

7) John H. Leith, *John Calvin's Doctrine of the Christian Life* (Louisville, Kentucky: Westminster/ John Knox Press, 1989), 87. 다른 말로 해서, 칭의와 성화 두 가지 선물이 있다. 칼뱅은 "관대하신 하나님께서 그리스도를 우리에게 주셨다…. 그리스도와 함께 함으로써 우리는 주로 이중의 은혜를 받는다. 첫째는 무죄하신 그리스도를 통하여 하나님과 화해함으로써 우리가 하늘의 심판자 대신 은혜로우신 아버지를 소유할 수 있다. 둘째는 그리스도의 영에 의하여 성화됨으로써 우리는 흠 없고 순결한 생활을 신장할 수 있다."라고 말한다. *Inst.*, III. xi. 1.

있지만, 그렇게 순서를 정한 것은 당시 개혁주의자들에 대해서 반도덕주의라
고 비난을 하는 로마 가톨릭교회를 의식한 결과라고 가셋(Earl Fowler
Gossett)은 주장한다.[8] 그럼에도 불구하고 칼뱅 자신은 칭의가 성화를 선행
한다고 믿고 있었다. 신-인간의 새로운 관계 설정을 낳게 하는 것이 칭의이
기 때문이다. 여기서 제기되는 문제가 있는데, 우리는 여전히 죄인인데 하나
님 앞에서 우리가 의인이 된다는 말인가? 이에 대해서 칼뱅은 단호히 그렇다
고 대답한다. 왜냐하면 인간의 공로로 인하여 얻은 의로는 도무지 하나님의
의의 본질을 만족시킬 수 없기 때문이다.[9] 반면에 믿음으로 의롭다 함을 얻
었다는 것은 개인의 의로 인해서 인정을 받는다는 것을 의미하는 것이 아니
라, 그리스도의 의(義)가 전가되는 것[10]을 말한다.

이신칭의(以信稱義)는 단순히 전가된 의뿐만 아니라 죄의 용서를 포함하고
있다. 여기서 이신칭의는 두 가지 의미를 포함하고 있다. 첫째는 하나님은
우리가 지은 죄를 더 이상 우리에게 전가시키지 않으신다.[11] 두 번째는 그
대신 이 죄를 그리스도에게 전가시키신다.[12] 그러므로 칼뱅의 칭의는 법적
인 유비에 기초를 둔다고 말할 수 있다. 법적인 유비를 이해하기 위해서 당
시 칼뱅과 심각한 논쟁을 벌였던 소위 이단적 개혁자라고 할 수 있는 오시안
더(Osiander)의 주장에 귀를 기울일 필요가 있다. 칼뱅의 말을 통해 본 오시
안더의 주장은 하나님이 그의 본질을 인간에게 주입시키셔서 인간이 하나님
의 본질을 나누어 가지게 된다는 것이다. 이렇게 나누어 가진 하나님의 본질
이 거룩함과 의(義)이다. 그러므로 하나님과 신적인 의를 나누어 가진 인간
은 하나님 앞에서 실제적으로 의인이 된다[13]고 한다. 그러나 칼뱅은 그리스

8) Earl Fowler Gossett, Jr., "The Doctrine of Justification in the Theology of John Calvin,
Albrecht Ritschl, and Reinhold Niebuhr" (PhD. diss., Vanderbilt University, 1961), 42.
9) Inst., III. xii. 2.
10) Inst., III. xiv. 17.
11) Inst., III. xi. 22.
12) John Calvin, Calvin's Commentaries, II Cor. 5:21. 이후로는 Comm., II Cor. 5:21. 표기하기로
한다.
13) Inst., III. xi. 5; 8.

도에 의해서 전가된 의로 말미암아 우리가 죄를 용서받았음에도 불구하고 우리가 실제적으로 의인이 되는 것은 아니라고 주장한다.14)

그래서 칼뱅은 이중 칭의론을 제시한다. '죄인의 칭의'와 '칭의된 사람들의 칭의'15)이다. 칼뱅의 칭의란 죄인을 의롭게 하는 일일 뿐만 아니라 의롭게 하는 삶을 살도록 하기에 그 후의 공덕은 선한 것으로 받아들인다고 한다. 즉 "신자들은 부르심을 받은 후에 이 용납에 의해서 그 행위도 인정을 받는다. 이는 주께서 자신의 영으로 그들 안에서 역사하시는 선한 일을 사랑으로 포용하시지 않을 수 없기 때문이다."16) 칼뱅은 야고보서의 이해를 통해 믿음으로만 선한 행위가 의로움으로 발전해 간다고 이해했다. 칼뱅의 이중 칭의론의 가르침에서 첫번째 칭의가 단번에 일어나는 것이라면, 두 번째 칭의는 지속적인 영성 훈련과 점진적인 성장과 관련되어 있다. 이 두 번째 칭의는 성화를 말하는 것인데, 이 성화 역시 이신칭의에 전적으로 의존되어 있다. 그러므로 칭의와 성화는 믿음을 통해 그리스도와 하나 되는 효과를 지닌다. 이 칭의는 하나님의 형상의 회복을 향한 과정으로 첫번째 순간이라면, 성화는 이 칭의의 확신에 바탕을 두고 생애 마지막까지 그리스도의 성화에 참여하도록 전진한다.17)

---

14) F. Wendel, *Calvin: Origins and Development of His Religious Thought*, 259. 오시안더의 칭의에 대한 비평과정에서 칼뱅은 '외연주의(extrinsicism)'를 옹호하는 것처럼 보인다. 그러나 칼뱅의 용어 '대체(substitute)'와 '전가(imputation)'라는 말을 깊게 숙고할 때 우리는 칼뱅이 그 말들을 그렇게 배타적인 의미로만 사용한 것은 아니라는 것을 안다. 전가는 허구의 사실이 아니라 예수 그리스도 안에서 실제로 하나 되는 것이다. 그래서 칼뱅은 "우리의 의가 우리에게 있는 것이 아니라 그리스도 안에 있는 의이며, 우리는 오로지 그리스도 안에서 함께 하는 자로 그 의를 소유하는 것이며, 실제 그리스도 안에서 우리는 모든 풍성함을 소유한다."라고 말한다. 결과적으로 칼뱅은 법적인 외연주의자로 비난받을 수 없다; *Inst.*, III. 11. 23; Trevor Hart, "Humankind in Christ and Christ in Humankind: Salvation as Participation in our Substitute in the Theology of John Calvin," *Scottish Journal of Theology 42* (May 1989), 78-79. 또한 레이드는 외연주의에 대해 칼뱅을 옹호하며 "전가란 의(righteousness)의 기술적 상호교환이 아니고, 믿음으로 인한 예수 그리스도의 생명과 신자의 연합의 결과"라고 말한다. John H. Leith, *John Calvin's Doctrine of the Christian Life*, 91.
15) F. Wendel, *Calvin: Origins and Development of His Religious Thought*, 260.
16) *Inst.*, III. xvii. 5.
17) *Inst.*, III. xvi. 1.

이렇게 칼뱅은 논리적인 입장에서 이신칭의의 우선성을 인정하지만, 그럼에도 불구하고 그 이신칭의는 성화와 불가분리적인 관계가 있다는 것을 강조한다. 칼뱅은 말하기를 "그러므로 단지 칭의만을 위해서가 아니라, 성화를 위해서도 그리스도를 신실하게 붙잡도록 해야 한다. 이는 그를 우리에게 주신 두 가지 목적이 있기 때문이다."[18] 칭의는 그리스도가 우리를 위하여 이루어 놓으신 것이라면, 성화는 그리스도가 우리 안에서 행하시는 것이다. 한 걸음 더 나아가 성화는 우리 안에서 계속적으로 변화시키는 성령의 역사이다.[19] 칼뱅의 칭의론과 성화론은 논리적 우선성으로 볼 때 서로 인과적인 관계나 연대기적인 순서로 이해할 수 있다. 그러나 칼뱅의 이해로는 이 둘은 원인과 결과의 관계가 아니라 동시적으로 이해해야 한다. 칼뱅은 말하기를 "그리스도께서 반드시 동시에 성화시키지 않는 사람은 누구도 칭의시키지 않는다. … 그는 두 가지를 동시에 함께 주시며, 하나가 없이는 결코 다른 하나도 주시지 않는다. 그러므로 우리가 행위로 의롭다 함을 받는 것도 아니며, 또한 행위 없이 의롭다 함을 받는 것도 아니라는 사실이 분명하다. 왜냐하면 우리는 그리스도에게 참여함으로써 의롭다 함을 받으며, 그것은 (칭)의에 못지않게 성화를 포함하기 때문이다."[20]라고 한다. 그러므로 칭의와 성화 모두 믿음을 통해 그리스도와 연합함으로써 동시적으로 얻게 되는 이중적인 은혜(duplex gratia)가 칼뱅이 강조하는 바이다.

이런 이중적인 은혜에 대해서 인간의 도덕적인 책임이나 능동적인 영적훈련의 여지는 어디에 있는가? 전적인 은혜로 그리스도의 의의 전가를 받은 그리스도인은 성령과 관계 안에서 보다 능동적으로 활동하기를 촉구한다. 칼뱅은 성령과 성경의 상호 관계성 속에서 인간의 보다 능동적인 활동을 말하고 있다. 부름받은 그리스도인은 '말씀의 확실성'과 '성령의 확실성'을 상호

---

18) *Comm., Rom.* 8:13
19) Pierre Marcel, "The Relation between Justification and Sanctification in Calvin's Thought," *The Evangelical Quarterly 27* (1955), 133.
20) *Inst.*, III. xvi. 1.

연결시킴으로써 성령의 빛을 통해 말씀에 대한 완전한 신앙에 머물 수 있으며, 동시에 그 말씀을 인식함으로써 두려움 없이 성령을 마음에 모실 수 있게 된다.[21] 즉 말씀으로부터 성령의 인도하심을 경험하며, 성령으로부터 말씀의 조명을 받는 길로 나아간다. 성경은 성령의 조명 아래서 믿는 이들을 지속적으로 깨닫게 하며 양육케 하는 역할을 한다. 그는 특히 시편 주석에서 인간의 지성(mind)과 마음(heart)을 훈련시키고 조절하는 데 있어서 하나님의 말씀의 역할에 대해서 자주 언급하고 있다. 말씀의 훈련과 가르침은 타락한 본성에게 있어서 낯선 것이지만, 말씀은 인간의 지성과 마음보다 훨씬 강력하기 때문에 인간을 성화케 할 수 있다.[22]

그래서 칼뱅은 영적인 순례자들을 향하여 끊임없이 말씀을 묵상케 하고 그것을 자기 자신에게 적용할 것을 권고한다. 말씀을 묵상하는 이유는 묵상하는 동안 영혼 안에 그 말씀이 "각인되고, 깊게 정착되고, 마음 안에 깊이 새겨질 수 있기" 때문이다. 그로 인하여 마음 안에서 성령을 통해 말씀은 성화케 하는 작업을 하게 된다.[23] 칼뱅은 말씀 안에서 특히 그리스도의 수난과 죽음에 대해서 깊이 묵상할 것을 권고하고 있다. 그것은 순례자가 환난과 유혹에 직면할 때 그것을 극복할 수 있게 해 주며, 특히 십자가의 묵상은 순례자로 하여금 부활의 영광 가운데 계시는 그리스도를 관상케 해 주는 데 유익을 준다.[24] 그리스도의 인성에 대한 인식은 초기 교회부터 존재하고 있었지만, 중세기 중반부터 특징적으로 그리스도의 인성이 경건의 촉매 역할을 하였으며, 이로 인하여 광범위하게 예수의 인성에 관한 기독교 묵상 방법이 많이 나타났다. 중세 후기에 들어와서는 번민하고 피 흘리고 수난당하시는 그리스도에 대한 헌신이 부활의 영광을 압도할 정도였다.[25]

---

21) *Inst.*, I. ix. 3.
22) Ronald S. Wallace, *Calvin Doctrine of the Christian Life* (Edinburgh and London: Oliver and Boyd, 1959), 210; *Comm.*, *Ps.* 19:7 참고.
23) John Calvin, *Sermons, Gal.* 3:1-3. 이후로는 *Serm.*, *Gal.* 3:1-3. 표기하기로 한다; *Comm.*, *Ps.* 19:11; 119:166 참고.
24) *Inst.*, III. viii장 전체에서 십자가를 지는 것에 대해서 언급하고 있다.

칼뱅이 고난당하시는 그리스도에 대한 묵상을 이렇게 강조하고 있는 것은 영성학의 뿌리가 되는 후기 중세 시대와 그의 영성이 깊은 연대성26)을 가지고 있다는 것을 의미한다. 그의 신학적 개념이나 관심이 후기 중세에 일어난 영성 운동 중의 하나인 신경건 운동(Devotio Moderna)으로부터 영향을 받고 있으며, 특히 토마스 아 켐피스의 『그리스도를 본받아』와 그루테(Geert Grote)의 저술에 영향을 받았다는 것은 널리 알려진 사실이다.27) 『기독교 강요』 제3권의 6-9장에서 그러한 영향을 읽을 수 있다. 칼뱅은 후기 중세의 영향을 거부하지 않으면서 동시에 한 걸음 더 발전시키고 있다. 즉 "수난을 묵상하고, 또 자신의 십자가를 지고 가는 동안 가혹함과 아픔이 있을지라도 부활의 영광을 바라보면서 영적인 기쁨으로 승화시킬 필요가 있다."는 주장이다.28)

성경을 통해 그리스도의 수난과 부활을 묵상하는 동안 그 내용이 내면화되고 그것이 성숙됨에 따라 점차로 하나님과의 일치의 관계로 나아간다. 『기독교 강요』 제1권에서 칼뱅은 창조주 하나님을 다루면서 피조물 특히 인간을 돌보시는 창조주 하나님을 열렬히 역설하고 있다. 제2권에서는 피조물의 죄를 논하면서 성육신의 중심 주제인 구속주 되신 하나님의 지식을 전해 주고 있다. 제3권에서는 믿음에 의하여 중생되고 의인화된 구원받은 죄인이 성령의 능력에 의해서 하나님이 각 개인의 삶 속에 들어오고 계신다는 것을 전해 주고 있다. 이것이 칼뱅 자신의 논리적인 산물이라기보다 그의 개인의 영

---

25) Ewert Cousins, "The Humanity and the Passion of Christ," in *Christian Spirituality II: High Middle Ages and Reformation*, eds. Jill Raitt, Bernard McGinn, and John Meyendorff (New York: Crossroad, 1987), 375.

26) Alexandre Ganoczy, *The Young Calvin*, trans. David Foxgrover and Wade Provo (Philadelphia: The Westminster Press, 1987), 57-60 참고. 칼뱅은 잠깐 동안이지만 1523년 마르쉐 대학(College de Marche)에서 수학한 바가 있고, 1523-1527년 사이에는 몽테규 대학(College de Montaigu)에서 수학한 바가 있다. 이 둘 모두 후기 중세 영성의 흐름을 담지하고 있었으며 특히 신경건 운동(devotio moderna)에 지대한 영향을 받고 있는 대학이었다. 가노찌(Ganoczy)는 인격 발달에 가장 중요한 시기인 14-18세 사이에 칼뱅이 이 두 대학에 머물렀다는 것은 그의 개인적인 종교적 발달에 중요한 영향을 끼쳤을 것이라고 주장한다.

27) Lucien J. Richard, *The Spirituality of John Calvin* (Atlanta: John Knox Press, 1974), 122-123.

28) *Inst.*, III. viii. 11.

적 성장 발달 체험에 바탕을 둔 신학적 반추라고 할 때,[29] 『기독교 강요』 제 3권은 이전의 경험과는 다른 점차적이고 더욱 심화된 믿음 생활 안에서 그리스도와의 연합의 경험을 염두에 두고 전개했을 것이다.

칼뱅에게 있어서 안다는 것과 믿는다는 것은 서로 불가분의 관계에 놓여 있다. 지식 없이 믿음이 없다. 믿음 없이 경건에 유익이 되는 하나님의 지식은 얻을 수 없다. 하나님은 계시를 통해서 우리에게 말씀을 하시는데, 그것이 우리에게 유익한 말씀이 되기 위해서는 인간이 그 지식에 믿음으로 응답함으로써 가능하다. 칼뱅은 믿음의 정의에 대해서 이렇게 말한다. "믿음은 우리에 대한 하나님의 선하심을 굳게 또 확실하게 아는 지식이며, 이 지식은 그리스도 안에서 값없이 주신 약속의 신실성을 근거로 삼은 것이며, 성령을 통해서 우리의 지성에 계시되며 우리의 마음에 인친 바가 된다."[30] 그에게 믿음은 그리스도 안에서 단순한 하나님의 약속에 대한 지식, 계시에 대한 객관적이고 추상적인 확실성에 대한 동의 이상이다. 믿음의 확실성이라는 진정한 의미는 하나님의 약속에 대한 개인의 사유화(appropriation)에 있다.[31] 믿음은 '외부로부터의 타당성'을 확인하는 것이 아니고, '내적으로 그 약속을 진심으로 받아들여 우리의 것으로 만드는 것'을 의미한다.[32] 칼뱅은 "우리가 그리스도께로부터 구원을 기대하는 것은 그가 멀리서 나타나시기 때문이 아니라 우리를 그의 몸에 접붙이셔서 그의 모든 은혜뿐만 아니라 그 자신을 받게 하시기 때문이다.…그리스도께서는 그의 모든 은혜와 함께 자신을 우리에게 나눠 주셨으므로 그의 것은 모두 우리의 것이 되며, 우리는 그의 일부분이 된다."[33]고 말한다.

그러므로 믿음을 통해서 그리스도를 안다는 것은 단순한 사변적인 지식을

29) A. Ganoczy, 위의 책, 252-266 참고.
30) *Inst.*, III. ii. 7.
31) Edward A. Dowey, Jr., *The Knowledge of God in Calvin's Theology* (New York: Columbia University Press, 1952) 181.
32) *Inst.*, III. ii. 16.
33) *Inst.*, III. ii. 24.

의미하는 것이 아니고, "그와 우리 사이의 성스럽고 신비로운 연합"(the sacred and mystical union)이다.[34] 칼뱅의 신비한 연합은 그가 베르미글리(Peter Martyr Vermigli)에게 보낸 편지에서 더 분명해진다. "내가 알고 있는 것은 성령의 능력을 통해 천상의 삶이 지상에 넘쳐나는 것이다. 그리스도의 육체는 성령의 측량할 수 없는 사역이 없이는 우리에게 생명이나 효력을 줄 수가 없다. 그리스도를 우리 안에 내주하게 하시는 분은 성령이며, 그분이 우리를 지탱하고 양육하며, 머리이신 그리스도를 위해 모든 것을 성취해 나가신다."[35] 그리스도와의 신비한 연합은 성만찬에서 더 구체화된다. 성만찬에서 우리는 그리스도의 육체와 항구적인 교제를 하게 된다.[36] 그리스도의 육체와 항구적인 교제는 영적인 실체이다. 성만찬에서 그리스도의 살을 먹으며 피를 마신다고 할 때, 칼뱅은 보이는 그리스도 그 자체를 먹는다는 주장을 경계할 뿐만 아니라, 그것이 단순한 표징에 불과하다거나 믿음의 표현에 불과하다는 상징적인 태도에 대해서도 경계를 하고 있다. "진정한 의미에서 그에게 참여함으로써 우리는 생명을 얻는다는 뜻이다." 성만찬을 통해 "그에게 깊이 참여하는 자가 되는 것"이며, 이로 인하여 "그리스도의 힘으로 영적 생명을 얻는 것"이다.[37] 성만찬을 통한 그리스도와의 이런 연합의 상태는 성령의 무한 능력으로 인하여 가능케 되는 것이다.[38]

칼뱅에게 있어서 그리스도와의 연합은 일반적으로 알려진 신비적 경험처럼 순간에 얻어지는 어떤 극적인 경험을 의미하는 것은 아니다. 칼뱅의 신비적인 연합이란 "그리스도께서는 우리 밖에 계시는 것이 아니라 우리 안에 계신다."는 것이다. "그리스도께서는 끊을 수 없는 교제의 유대로 우리와 꼭

34) *Comm., Jn.* 14:20.
35) John Calvin, *Letter 2266 to Peter Martyr Vermigli*, 8 August 1555, C. O. 15: 723, 정승훈, 『종교개혁과 칼뱅의 영성』 (서울: 대한기독교서회, 2000), 68 에서 재인용.
36) *Inst.*, IV. xvii. 2. "경건한 영혼들은 이 성례에서 큰 확신과 기쁨을 얻을 수 있다. 거기서 그들은 우리가 그리스도와 한 몸이 되어 그의 것은 모두 우리의 것이라고 부를 수 있는 증거를 얻는다."
37) *Inst.*, IV. xvii. 5.
38) *Inst.*, IV. xvii. 10.

붙어 계실 뿐만 아니라 놀라운 영적 교통에 의해서 날이 갈수록 더욱더 우리
와 한 몸이 되시며, 드디어 완전한 일체가 되신다."39)는 것을 의미한다. 칼
뱅의 그리스도와의 연합은 이 땅에서는 성령에 의해서 이미 시작된 실체이지
만, 또 한편으로는 완전한 연합이라는 측면에서 볼 때 여전히 이루어지지 않
은 미완성적인 연합이다.40) 영적 여정의 목표는 그리스도와의 완전한 연합
에 이르는 것이기 때문에, 여정의 전 과정은 궁극적으로 도달하게 될 그 목
표를 향하여 열망하며 지속적으로 전진하는 것이다. 그러므로 칼뱅의 영적
여정은 때로 성령에 의한 수동적인 작업이면서 동시에 완전한 그리스도와의
연합을 향한 지속적이고도 능동적인 작업이다.

4. 영적 성장 과정의 역사적 모델

추상적 개념인 기독교 영성적인 삶을 이해하기 위해서는 어떤 이미지를
사용하지 않고는 이해하기가 어렵다. 기독교 영성사를 볼 때 인지적으로 설
명될 수 없고 표현될 수 없는 영적인 실체를 상징적인 언어나 은유적인 표현
을 통해서 생생하고 구체적으로 이해하도록 하기 위해 경험적인 모델을 사용
하였다. 예를 들면 '그리스도를 본받음의 모델'(imitation of Christ), '순례
자의 모델'(pilgrimage or spiritual journey), '상승 모델' (an ascent to
union with God) 등이 대표적이다. 이 모델의 범주 안에서 다양한 기독교
영성 생활의 과정을 이해하고 해석할 수 있다.1)

기독교 영성사에서 전통적으로 가장 자주 언급되어 왔고 꾸준히 발전되어

---

39) *Inst.*, III. ii. 24.

40) William Niesel, *The Theology of Calvin*, trans. Harold Knight (Philadelphia: The Westminster Press, 1956), 125.

1) Margaret R. Miles, *Practicing Christianity: Critical Perspectives for an Embodied Spirituality* (New York: Crossroad, 1990), 17-85.

왔던 모델은 '그리스도를 본받음'이라는 주제였다.[2] 어떤 의미에 있어서 기독교 2000년의 영성사는 성육신적인 삶을 구체적인 인간사 속에서 실현하고 해석하는 역사라고 할 수 있다. 그러면 인간이 성육신하신 그리스도를 본받는다는 것이 어떤 측면에서 혹은 어떤 방식으로 가능한가? 그것은 인간이 하나님의 형상대로 지음받았다는 전제로부터 그 가능성을 타진해 본다. 인간이 하나님의 형상대로 지음을 받았지만, 타락 이후 그 형상의 원래적 모형은 더 이상 찾아볼 수도 경험할 수도 없게 되었다. 인간은 그 왜곡된 하나님의 형상에 대한 치유와 회복을 위해서 영적 여정을 요구받는다. 사실 실존적인 인간은 온전한 형상을 보존해 본 적이 없기 때문에, 회복한다고 할 때 그 형상을 유추할 수 있는 하나의 모델이 필요하다. 그것이 성육신 사건이다. 그리스도의 성육신은 신적인 삶을 인간들이 볼 수 있도록 육체적인 삶으로 가시화시킨 사건이다. 다시 말하면 성육신의 사건은 완전한 하나님의 형상을 지닌 완전한 인간의 모습을 보여 준 획기적인 사건이다. 그러므로 성육신하신 그리스도의 삶을 실존적인 영역에서 어떤 형식으로든지 실현할 수 있다면 그것이 곧 '그리스도를 본받음'이 될 것이고 손상 입은 하나님의 형상을 복구하는 계기가 된다. 기독교 영성사에서 이런 모델을 제시한 대표적인 사람들로서 아씨시의 프란체스코(Francesco of Assisi)와 토마스 아 켐피스(Thomas a Kempis)를 제시할 수 있다.

프란체스코는 기독교 역사 속에서 그리스도의 수난에 대한 복음서의 내용을 문자 그대로 재현해 낸 가장 뛰어난 인물 중의 하나로 알려져 있다. 그에게 있어서 그리스도를 본받는다는 일차적인 의미는 그리스도가 지닌 덕을 본받는다든가 혹은 내면화한다는 데 있지 않았다. 그리스도의 수난을 문자 그대로 실존적인 삶에서 재현하는 데 있었다. 즉 참여적인 고난의 삶이 하나님의 형상을 회복하는 가장 기본적이고 본질적인 것으로 이해했다. 그러므로 프란체스코에게 있어서 기독교의 실천적인 모습은 가난, 자기 비하, 자기 포

---

2) 위의 책, 21.

기, 연약성 등을 특징으로 꼽고 있다. 이런 삶의 태도를 개혁교회적인 측면
에서 볼 때 영성 수련에 대한 적지않은 신학적 오해를 불러일으킬 수 있다.
즉 '영성'이라는 말만 들어도 습관적으로 극단적인 이원론과 금욕주의적인
중세 수도원적 영성을 떠올리게 된다. 이런 부정적인 인상이 단순히 선입견
만은 아닌 것이 사실이다. 개혁가들이 일찍이 신비 경험의 극단적인 일면을
위험스럽게 생각한 나머지 중세 신비주의에 대해서 일반적으로 부정적인 평
가를 내린 바 있다. 그러나 개혁가들의 이런 태도는 객관적인 계시로서의 성
경의 권위를 회복하고 인간의 타락성을 강조하려는 의도에서 중세 신비주의
에 대해 극단적인 비판적 입장을 취할 수밖에 없었다는 것을 염두에 두어야
한다. 예를 들면 중세 신비주의자들 중에는 계시의 이니셔티브를 무시하고
인간의 영혼에 부여된 하나님의 형상을 과대평가하여 직접적인 하나님과의
일치(union)의 가능성과 친밀성(intimacy)을 강조함으로써 삼위일체 신관을
무너뜨린 신비가들이 있었다. 그들은 마치 신비 경험의 절정에서는 인간성이
나 신성이 구분 없이 연합됨으로써 개체 영혼이 지닌 독특한 인격성을 상실
하고 마치 인간의 신성화를 주장하는 듯한 입장을 보였다.[3]

그러나 이런 경향을 경계하고 그 위험성을 인식하고 있었던 건전한 기독
교 신비가들이 엄연히 존재했다는 것도 인정해야 한다. 특히 후기 중세 시대
(13세기부터 종교개혁 이전)에는 역사적인 예수와의 일치를 특별히 강조하는
신비가들이 많았다. 대표적으로 아씨시의 프란체스코는 가난을 통해서 철저
히 역사적인 예수와의 일치성을 추구했다. 그의 극한적인 가난의 추구는 일
면 자학적이고 금욕주의적 행위를 통한 공적주의적 사상과 정신이 가득한 것

---

3) 중세 신비가들을 기독교적인 측면에서 거짓 신비가(Pseudo-mystic)와 기독교적인 신비주의
(Christian mystic)로 분류해서 생각해야 한다. 전자는 다분히 범신론적인 요소를 지니고 있는데, 그들
은 신비적 절정을 신성의 본질(divine nature)과 인간성의 본질(human nature)의 연합이라고 보았다.
즉 신성과 인성이 구분 없이 혼합됨으로써, 신비 경험이란 인간적인 관점에서 본다면 인간이 신이 되는
순간이다. 후자는 신비적인 절정의 상태를 영적인 결혼(spiritual marriage)이라는 유비적인 언어로 표
현하는데, 여기서는 하나님의 의지(divine will)와 인간의 의지(human will)의 일치로 설명함으로써
본질적인 연합을 경계하고 있다. 전자의 주장은 이미 교회사적인 입장에서 정죄되었고, 후자의 입장이
오늘 우리에게 건전한 기독교 신비가로 전해지고 있다.

처럼 보이나, 그것은 사실이 아니다. 그는 그리스도의 가난을 실천하면서 내
적인 정화와 그리스도의 단순성을 내면화하려는 목적이 있었던 것이다. 그에
게 있어서 가난이란 내적인 자유와 평화를 가져다 주는 삶의 기쁨이요 풍요
였다. 그는 소유에 대한 철저한 거부를 통해서 하나님께서 부여하신 무한한
자연의 풍요로움을 경험하였고 또 그것을 가르쳤다.4) 웨슬리나 살레의 프란
체스코(Francesco de Sales) 등도 금욕적인 삶을 중시했는데,5) 그것은 육체
나 세상을 부정하는 데 목적이 있었던 것이 아니고, 죄된 자신의 의지를 죽
이고 정화함으로써 하나님과의 영적인 일치를 이루고자 함이었다. 이런 수직
적인 일체성을 경험한 신비가들은 자연스럽게 수평적으로 이웃과의 일체성
으로 연결되어 갔다. 수평적인 일체성이란 곧 자신이 경험한 영적인 풍성함
을 나눌 형제 자매를 만나는 것을 의미한다. 아씨시의 프란체스코가 '태양의
노래'6)에서 일체의 피조물을 형제와 자매로 부르고 있다는 사실이 이런 맥
락에서 건전한 하나님과의 일치요 영적 경험이다. 이런 과정에서 프란체스코
는 완전한 하나님의 형상을 이루어 갔다. 프란체스코의 극단적인 '그리스도
를 본받음'의 과정은 십자가의 성흔(stigmata)의 체험에서 절정을 이룬다.7)
프란체스코 이후 수세기에 걸쳐서(13-16세기) 수많은 이들의 영적 여정의

4) Marion A. Habig, ed., *St. Francis of Assisi: Omnibus of Sources* (Chicago: Franciscan Herald, 1983).
5) Francis de Sales and Jane de Chantal, *Francis de Sales, Jane de Chantal: Letters of Spiritual Direction* (New York: Paulist Press, 1988) 참고.
6) 태양의 노래: "…찬양을 받으소서, 나의 주님, 당신의 모든 피조물들, 특히 태양 형제를 인하여! 그를 통해 당신께서는 저희에게 하루의 빛을 주셨으니, 그는 커다란 광채와 더불어 눈부시도록 빛나고 아름답도다! 오, 가장 높으신 주님, 그는 곧 당신의 상징이나이다! 찬양을 받으소서, 나의 주님, 달과 별 자매들을 인하여!…찬양을 받으소서, 나의 주님, 바람 형제를 인하여!…찬양을 받으소서, 나의 주님, 당신의 사랑 때문에 용서하고 모든 병과 고통을 인내하는 사람들을 인하여! 평화롭게 이 모든 고통을 감내하는 자들은 축복받을지니, 가장 높으신 주님에 의해서 면류관을 얻으리로다.…나의 주님께 감사하고 찬양과 축복을 돌릴지어다. 또한 거룩한 순종과 겸손으로 그를 섬길지어다!"
7) Bonaventure, "The Life of St. Francis (Legenda Maior)," *Bonaventure*, trans. Ewert Cousins (New York: Paulist Press, 1978), 306. 프란체스코 이래로 수세기에 걸쳐 이런 경험을 주장했던 사람이 많이 나타났다. Catherine of Genoa, Gertrude of Delft, Veronica Giuliani 등이 있었으며, Catherine of Siena와 Teresa of Avila는 눈으로 보이게 나타난 것은 아니지만 감각적인 고통으로 십자가의 성흔을 경험했다고 주장한다 (M. Miles, *Practicing Christianity: Critical Perspectives for an Embodied Spirituality*, 30).

길에서 역사적인 예수의 삶에 대한 헌신이 '그리스도를 본받음'의 중요한 주제가 되었다.

'그리스도를 본받음'에 대한 또 다른 해석은 '그리스도의 생애에 대한 명상'이라는 기도 지침서의 유행으로부터 비롯되었다. 이것은 일상 생활을 하는 평신도들이 그리스도의 삶을 본받는 또 다른 생활 양식이었다. 이들은 명상이나 상상 속에서 그리스도가 겪은 사건의 현장에 참여하면서 그리스도와의 관계를 경험한다. 이런 참여적인 기도법은 지성뿐만 아니라 의지와 감정이 함께 수반되는 전인간적인 행위로서 명상이나 관상(contemplation)이라고 한다. 이 전통이 계속적으로 발전해 오면서 14세기에 토마스 아 켐피스의 『그리스도를 본받아』(The Imitation of Christ)라는 경건에 관한 책이 나타났고, 16세기 이르러는 로욜라의 이냐시오(Ignatius of Loyola)의 『영신수련』(The Spiritual Exercises)이라는 조직적인 영성 수련 지침서가 나타났다. 이 둘 모두 그 나름대로 독특한 명상과 관상을 통해 역사적인 예수와의 일치를 추구하는 영성 수련 지침서이다.

본래 이런 경건서는 전문적인 종교인이나 수도자들을 위해서 만들어진 것은 아니다. 특히 『그리스도를 본받아』라는 경건서는 전 삶을 수도원이라는 구별된 환경에서 보내는 것을 거부하면서 일상적인 삶 속에서 그리스도의 삶에 참여하는 것이 무엇인가를 보여 주고 있다. 이 경건서의 목적은 그리스도의 공생애와 수난을 명상함으로써 개인의 내면적인 삶을 형성하는 것이다. 토마스 아 켐피스에 있어서 명상이란 단순한 정신적인 수련이 아니고 전인적인 삶을 그리스도의 삶의 패턴에 적응시키고 맞추어 가는 것을 의미한다.[8] 토마스는 우선적으로 자아를 사회적 존재로 보지 않고, 하나님에게 귀를 기울이고 응답함으로써 형성되는 독특한 존재로 보았다. 사회적 자아[9]는 하나님과의 관계적인 자아를 회복하기 위해서 희생되어야 한다.[10] 로욜라의 이

---

8) M. Miles, 위의 책, 23.
9) 융의 분석심리학에서 인격(personality)이란 외부적 환경에 의해서 평가된 한 인간의 모습이다. 그것을 진자아(眞自我)와 어느 정도 갈등을 빚고 있는 사회적 자아라고 말할 수 있다.

냐시오의 『영신수련』은 명상과 복음 관상을 통해 역사적인 예수의 삶을 단계적이면서 간접적으로 경험하는 것을 목적으로 한다. 그것을 '수련'이라고 말하는 이유는 그리스도의 부름에 응답할 수 있도록 비대한 사회적 자아를 포기하거나 깎아 내리는 수련이 이 과정에서 이루어져야 하기 때문이다.

두 번째의 영적인 성장을 나타내는 은유적인 모델은 '영적 순례'(Spiritual Pilgrimage) 혹은 '영적 여정'(Spiritual Journey)이다. 빅터 프랭클은 『의미를 향한 인간의 추구』(Man's Search for Meaning: An Introduction to Logotherapy)에서 니체의 말을 인용하여 "삶에 있어 '왜'라는 물음을 던지는 사람은 '어떻게'라는 물음도 가지게 된다."고 한다. 인간이 '왜'라는 물음이 없이 즉 의미와 목적과 방향이 없이 인생을 끌어간다면 그만큼 그것은 영적 여정이 되지 않는다.[11] 분명한 목적이 있음에도 불구하고 영적 여정은 결코 분명하게 알려지는 직접적인 과정은 아니다. 영적 여정은 매우 복잡하고 고통스러운 전 인간적인 삶의 과정을 통해서 완성되어 간다. 그래서 간접적인 모델을 통해서 인간의 영적 여정을 가늠하게 된다.

이 모델에서 가장 오래 된 전통은 아우구스티누스의 『고백록』(Confession)과 『신의 도성』(City of God)을 예로 들 수 있다. 영적 완성의 종착지를 '여정의 목적지'라는 구체적인 은유적 표현으로 대체하면서 영적 성장의 과정적인 의미를 강화시키고 있다. 『고백록』에서의 영적 여정은 자아를 향한 내적 여행이고 그 종착지는 하나님과의 만남의 지점인 심원한 내적 자아이다.[12] 아우구스티누스는 『고백록』에서 하나님과의 관계적 삶을 향한 결단은 인간의 영혼 안에서 불안을 경험함으로써 시작된다고 기록하고 있다. 아우구스티

10) 위의 책, 23-26.
11) Kenneth J. Collins, ed., Exploring Christian Spirituality: An Ecumenical Reader (Grand Rapids, Michigan: Baker Books, 2000), 76.
12) Augustine, Confessions, 최민순 역, 『고백록』(서울: 성바오로 출판사, 1971) 제4권, 12장, "그이 계시는 곳, 진리가 맛스러운 곳, 마음의 가장 안에 계시건만 마음은 그러한 분을 떠나 버렸구나. 죄지은 자들아, 마음으로 돌아오라. 너희를 내신 그분께 달라붙어라. 그분과 함께 있어라." 제6권, 1장, "그렇건마는 나는 어둠 속과 살얼음 위를 돌아다니며 나 밖에서 당신을 찾았으나 내 마음 안의 하나님을 만나지 못하였사오니 바다의 심연 속에 빠진 것이었습니다."

누스는 이 마음의 불안과 영적인 열망을 『고백록』의 첫 부분에서 이렇게 묘
사하고 있다. "당신은 우리를 당신을 향해서 살도록 창조하셨으므로 우리 마
음이 당신 안에서 쉴 때까지는 편안하지 않습니다."[13] 반면에 『신의 도성』
에서는 영적 여정의 종착지를 외면적인 이미지로 묘사하고 있다. 즉 이 세상
의 삶은 최종적인 종착지인 '신의 도성'에 이르기까지 나그네와 같다.[14] 그
러나 이 외적인 이미지도 실제적인 내용면에서는 내적인 움직임을 그렇게 묘
사했을 뿐이다. 아우구스티누스는 『신의 도성』에서 만일 한 개인의 사랑이
감각적인 이 세상의 소유물을 향하고 있다면 그는 이 세상에 속한 시민이고,
그 사랑이 하나님을 향하고 있다면 그는 신의 도성의 일원이다. 따라서 여
기서 말하고 있는 『신의 도성』은 종말론적인 이미지라기보다는 우리의 영혼
안에서 이루어 낼 수 있는 내적 이미지로 보아야 할 것이다.

아우구스티누스의 '영적 순례'라는 은유적인 표현은 영성사에서 중요한 이
미지로 받아들여져 왔다. 그 중에서 17세기 이래로 개신교 전통 안에서 가장
영향을 주고 있는 한 경건서로는 존 번연(John ·Bunyan)의 『천로역정』
(*Pilgrim's Progress*)이다. 이 책은 1678년 영국에서의 첫 출판 이래로 백여
개가 넘는 다른 언어로 번역되어 왔다. 이 경건서의 생생한 이미지는 갖가지
인간의 내적 갈등 혹은 내적 투쟁을 외면화시킨 것이다. 신의 도성에 이르는
길목에서 전진을 방해하는 온갖 내면적인 투쟁을 하나씩 하나씩 극복해 가는
과정을 구체적인 외적인 투쟁으로 영상화시켰다. 번연의 '순례'라는 은유적
인 모델의 의미는 영적인 세계와 이 세상의 일상 생활과 분리를 요구하고 있
다. 이 세상의 모든 경험은 영적 완성을 향한 과정적인 절차에 불과하기 때
문이다. 이런 이원론적인 사고는 일상적인 삶을 평가절하시킬 우려가 있다.
그러나 다른 한편으로는 궁극적인 영적 완성의 세계는 현재적인 삶을 기본

---

13) Augustine, *Confessions*, 선한용 역, 『성어거스틴의 고백록』 (서울: 대한기독교서회, 1990), 제1권,
   1장, (1).
14) Augustine, *City of God*, 19. 14, 17, ed. David Knowles, trans. Henry Betterson (Middlesex,
   England: Penguin, 1972).

바탕으로 하기 때문에 오히려 현재적인 삶을 더욱 의미 있게 할 수 있다.

세 번째로 영향력 있는 영적 성장의 모델은 하나님과 일치를 향한 '상승 모델'이다. 이 모델은 주로 수도원적인 분위기에서 발달된 것이다. 이 모델의 가장 영향력 있는 출발점은 5세기 후반 동방교회의 한 수도자로 알려진 위 디오니시우스(Pseudo-Dionysius)이다. 그의 저서 『신의 이름』(The Divine Names), 『신비신학』(The Mystical Theology), 『천상의 계층』(The Celestial Hierarchy), 『교회의 계층』(The Ecclesiastical Hierarchy)에서 하나님과 일치의 단계 혹은 상승의 단계를 제시하고 있다. 예를 들면 정화의 단계, 조명의 단계, 완성의 단계가 그것이다.15) 위 디오니시우스의 이 세 단계는 도덕적인 차원과 관계을 맺고 있는 것처럼 보이지만, 더 근원적인 관심은 영적 지식의 단계를 말하고 있다. 정화의 단계는 도덕적인 정화를 고려하는 단계이나, 실제적으로는 영적 지식에 대한 상대적인 무지에서 비롯된 오류의 정화를 암시한다.16) 조명의 단계는 거룩함을 관상할 수 있는 영적 깨달음의 단계이다.17) 완성의 단계란 하나님과의 완전한 일치를 의미하는 것이 아니고, 완전한 이해를 가지고 거룩한 영적 지식을 경험할 수 있는 단계를 의미한다.18) 상승 모델은 영적 성장의 구체적인 단계를 제시함으로써 영적 여행자가 자신의 위치를 인식하여 성장을 향한 촉진자의 역할을 하게 해 준다. 후에 이것은 영적 상태에 대한 심리적 이해를 도모하는 데 중요한 패러다임으로 사용하게 된다.

영적 상태를 이렇게 단계적으로 구분하는 전통은 중세에 그대로 전수되어 매우 즐겨 사용하는 영적 여정의 수단이 되었다. 예를 들면 끌레르보의 베르나르드(Bernard of Clairvaux)나 보나벤투라가 대표적인 사람이다. 베르나르드는 이전의 추상적인 영적 상태의 단계를 보다 감각적으로 이해될 수 있

15) Pseudo-Dionysius, "The Ecclesiastical Hierarchy," VI, 536D, Pseudo-Dionysius, trans. Colm Luibheid (New York: Paulist Press, 1987), 248.
16) 위의 책, VI, 537ABC, 248-249.
17) 위의 책, VI, 532BC, 244.
18) 위의 책, V, 504B, 235; 위의 책, "The Celestial Hierarchy," III, 165D, 155.

는 모습으로 발전시켜 놓는다. 그는 영적 진보의 과정에 있는 사람들 중에서 초심자를 '동물적'(animal) 상태로 보았고, 진보 중에 있는 사람에게는 '이성적'(rational) 상태라고 하였으며, 성숙한 사람에게는 '영적'(spiritual) 상태라고 정의하였다. 중세의 영성가들은 그 분류 근거를 전통적으로 내려왔던 정화(purification), 조명(illumination), 일치(union) 등의 분류법에 영향을 받았을 뿐만 아니라, 바울의 삼분법적인 인간 이해로부터 영향을 받았다. 바울은 그의 서신에서 인간 존재의 구성 요소를 의미하는 듯한 영(πνεῦμα), 혼(Φυχή), 몸(σῶμα)에 대하여 언급하고 있다(살전 5:23). 이미 앞에서 언급한 대로 바울의 삼분법적인 인간 이해는 존재론적 의미가 아니라, 인간의 영적인 상태를 말하는 기능적인 측면의 용어이다. 베르나르드도 이런 측면에서 한 인간의 영적 성장 단계를 그렇게 구분하고자 했던 것 같다. 그리고 각 단계에 해당하는 사람들에게 그에 상응하는 적합한 영성 수련을 제시함으로써 보다 진보된 상태로 나아갈 수 있다고 믿었던 것이다.[19]

끌레르보의 베르나르드는 영성 수련의 첫 단계로 동물적 상태를 말하면서, 그것은 육체적이고 감각적인 맛에 머물러 있는 상태를 말한다고 한다. 육체(σάρξ)는 인간이 이 땅에 실존하는 존재 양식으로 전인(全人)은 이 '육체 안'(ἐν σαρχί)에서 실재화된다. 이 육체는 주로 감각이라는 창문을 통해서 지식을 얻고 반응을 하게 된다. 그러므로 육체는 본성적으로 죄와 결합되어 있는 것은 아니지만, 죄가 들어올 수 있는 가장 좋은 관문이며, 총체적인 죄의 세력에 의해서 지배를 받고 있다(롬 7:5, 18, 25; 고전 5:5)[20]고 믿었다. 바울이 예수 그리스도를 '죄 있는 육신의 모양'으로 보냈다고 한 이유가 바로 여기에 있다(롬 8:3). 동물적 상태에 있는 사람은 아직 이성이나 사랑에 의해서 움직이지 않고 오직 죄된 육체에 의존해 있다. 여기 육체란 물질적인

---

19) Bernard of Clairvaux, *The Love of God*, ed. James M. Houston (Portland, Oregon: Multnomah Press, 1983), 9.

20) Horst Balz and Gerhard Schneider, eds., *Exegetical Dictionary of the New Testament* (Grand Rapids, Michigan: William B. Eerdmans Publishing Co., 1994), 3. c), 231. 이하 EDNT라고 약칭한다.

것에 집착하여 쾌락과 관능적인 즐거움에 빠져 있는 상태를 말한다. 감각적으로 경험되는 것 외에는 아무것도 신뢰하지 않으려 하기에 오직 감각적인 행복만을 가치롭게 여긴다(롬 1:22). 그러므로 더 진보된 영적 상태로 나아가기 위해서 감각적인 기능의 정화에 힘써야 하는 상태이며, 보다 더 가치로움을 생각하며(빌 4:8), 신중하며, 인내하며, 절제하며, 순종(순명 훈련)하기를 힘쓰면서 선한 의지에 의해서 육체적인 것을 지배하도록 해야 한다.[21]

두 번째 단계로는 이성적 상태의 영성 수련을 말한다. 이성적 상태란 영혼의 정화를 의미한다. 신약에서의 영혼(ψυχή)이란 구약에서의 숨(נפש), 생명, 영혼)에 해당하는 말로 살아 있는 존재를 의미한다. 바울은 영혼(ψυχή)을 육체(σάρξ)에 대립되는 용어로 사용하지 않고, 오히려 영(πνεύμα)과 대립되는 말로 사용하는 예가 있다(고전 2:10-16). '육의 몸'(σώμα ψυχικόν)으로 심고 '신령한 몸'(σώμα πνευματικόν)으로 다시 사나니 육의 몸이 있은즉 영의 몸이 있느니라"(고전 15:44)고 한다. 아우구스티누스주의를 따르고 있는 중세의 신학자들은 영혼은 육체적인 것도 아니면서 동시에 영적인 것도 아닌 그 중간적인 실체이며, 그 구체적인 영혼의 모습을 기억, 이해, 의지라고 믿었고 이것을 삼위일체 형상의 증거라고 주장하였다.[22] 베르나르드도 역시 이 주장을 받아들이고 있다. "영혼의 기능은 기억, 이해, 의지인데, 기억에 의해서 회상하고, 이해에 의해서 분별하고, 의지에 의해서 하나님을 사랑하고 귀의한다."고 했다.[23] 그러므로 베르나르드에 있어서 이성의 영성 수련이란 기억, 이해, 의지의 정화에 힘쓰는 것을 의미한다. 우리의 이성이 하나님에 의하여, 하나님을 위하여, 하나님을 향하도록 창조된 것을 기억(아 7:10)함으로써 기억과 이해를 새롭게 하고, 하나님을 앙망하며, 위엣 것(고상한 것)에 대하여 생각을 집중시킴으로써 의지를 길들인다. 영혼은 침묵하

21) Bernard of Clairvaux, 위의 책, 10-11.
22) 아우구스티누스의 『삼위일체론』(On the Trinity)이나 보나벤투라의 영성학 대전이라고 할 수 있는 『하나님께 나아가는 영혼의 여정』(The Soul's Journey into God)을 참고.
23) Bernard of Clairvaux, 위의 책, 3.

려 힘쓰고, 육체적 번뇌 속에서도 마음의 평정을 갈구하며, 외적인 곤경에 처해 있을 때 마음의 청빈과 평화를 받아들이며, 마음과 육체의 완전함과 순수함을 위한 자아 성찰을 통해 선한 양심을 개발한다.[24]

세 번째 단계로는 영적 상태의 영성 수련이다. 인간이 영적인 실존이라는 사실에 눈이 뜨인 상태로 보다 직접적이고 구체적으로 하나님과 친밀한 관계적 차원으로 나아가는 단계이다. 하나님과 자유로운 인격적인 교류가 가능한 것은 하나님과 하나님께 속한 것들이 인간의 '사고의 대상'으로부터 '사랑의 대상'이 될 때이며, 진정한 사랑의 교류는 하나님의 속성의 일부에 인간의 영이 참여하는 것을 의미하는데, 그것은 오직 영적인 상태에서만 가능하다고 믿었다. 이 때 육체를 지닌 나약한 인간들도 성령 안에서 하나님의 실재를 체험한다. 이런 상태를 충분히 인식하고 감지하기 위해서 자신의 의지에서 부적합한 애착을 제거하고 이성에서 염려와 근심을, 기억에서 자신을 사로잡는 일들을 제거함으로써 사랑의 대상을 단순화시킨다. 단순화된 의지는 하나님을 향하여 강한 사랑의 동기를 불러일으킨다. 여기에서 하나님과 사랑의 기쁨을 체험하고, 그 기쁨은 곧 하나님과의 합일된 기쁨을 낳게 된다. 즉 하나님의 의지와 인간의 의지가 사랑으로 인하여 일치하게 된다(요 17:21). 성령이 인간의 영을 인도하기에 하나님께서 원하시는 것 외에는 아무것도 원하지 않는 상태에 이르게 되며 여기에서 하나님의 의지와 인간의 의지가 합일을 맛보게 된다.[25]

베르나르드는 이런 영성 수련의 단계를 발전시켜 가기 위해서 구체적인 방안까지 제시하고 있다. 명상을 통한 영성 수련, 독서를 통한 영성 수련, 기도를 통한 영성 수련 등이다. 첫째, 명상을 통한 수련이란 자아 성찰과 더불어 그리스도의 수난과 구속의 은혜를 주의 깊게 묵상하기 위해서 시간을 드리는 것을 말한다. 이것은 마음을 정결하게 하고, 그리스도의 사건을 끊임없이 기억함으로써, 우리의 기억을 정화시키고, 주님의 뜻과 함께 하도록 한

24) 위의 책, 14-15.
25) 위의 책, 16-19.

다. 기억은 곧 참여이기 때문이다. 그리고 지속적인 자아 성찰을 통해 욕망으로부터 해방을 얻는다. 둘째, 독서를 통한 영성 수련이란 성경이나 영적 서적을 집중적으로 읽으면서 저자의 생각과 정신에 익숙해지도록 한다. 만일 우리가 하나님을 찾는 목적으로 독서를 한다면 우리의 혼란된 정신은 정돈되고 정화된다. 그리고 우리의 정신은 본래의 목적으로 바뀌어 나간다. 독서의 과정을 통해 마음을 그리스도께 순종시키고, 독서를 통해 이해된 모든 것을 그리스도께 사로잡히도록 한다. 셋째, 기도를 통한 영성 수련이란 기도로 우리의 마음을 소생케 하는 법을 배우며, 하나님과 교제로 나아가는 동안 자신을 망각하고 하나님의 제물이 되는 것을 말한다.[26) 베르나르드의 이런 수련법의 의도는 독서를 통해 신령한 젖을 빨고, 명상을 통해 먹은 양식으로부터 영양을 공급받으며, 기도를 통해 소화해 냄으로써 전인적인 강건함을 이루는 것으로 요약될 수 있다.

보나벤투라는 스콜라주의적 사상 체계를 도입하여 그의 영성 이론을 전개하기에 다소 사변적이기는 하나 이전에 비해서 보다 세분화시켜 놓는다. 그는 아씨시의 프란체스코의 생애를 영성신학적 입장에서 조직적으로 해석을 하였다. 그것이 『하나님께 나아가는 영혼의 여정』(The Soul's Journey into God)이라는 저서이다. 여기에서 해석의 도구로서 아우구스티누스와 위 디오니시우스의 상승 모델을 채용한다. 그는 감각적인 세계로부터 출발해서 마음의 세계에 이르러 하나님의 형상에로 발돋움하는 단계를 제시한다.

보나벤투라는 철학, 신학, 신비주의를 결합하여 영혼이 하나님과 신비적 연합을 어떻게 이루어 갈 수 있는지에 대해 여섯 단계의 과정을 제시하고 있다. 마지막 일곱 번째 단계에서는 말로 표현할 수 없는 신비적 연합의 극치인 관상의 상태를 제시하고 있다. 『하나님께 나아가는 영혼의 여정』의 제1장에서 6장에 걸쳐 영혼의 여정은 이렇게 진행된다. 보나벤투라는 하나님을 정관(靜觀)하는 데 있어서 거울이라는 상징적 패턴을 제시하면서, 하나님과 일

---

26) 위의 책, 11-13.

치를 위한 상승적인 단계를 이렇게 지적하고 있다. "우리는 내려가기 전에 야곱의 사다리를 올라야 하기 때문에 먼저 밑으로부터 상승으로 첫발을 내딛자. 즉 최고의 창조자이신 하나님에게로 나갈 수 있는 거울로 전 창조의 세계 안으로 우리 자신을 드러내자."[27] 보나벤투라의 영적여정은 영혼이라는 거울을 통해 관찰된 사물에 대한 이해를 매개로 하여 영혼 깊이에로 인도된다. 그 안에서 현존하시고 활동하시는 하나님의 인식에로 이르게 된다. 그리고 마침내 영혼 그 너머에 실재하시는 하나님 그 분에게로 나아간다. 이 여정을 보다 세분하면 이렇다.

첫 단계는 우주 속에 나타난 그분의 발자취(vestigo)를 통해서 그분을 정관한다. 그러나 이런 단계는 논리적인 순서일 뿐이지, 사실은 이 단계가 영적 여정을 시작하게 하는 출발점이 아니다. 우리의 영혼이 아무리 적절하게 그 여정을 계획할지라도 하나님의 도움이 개입되지 아니하면 그 여정을 시작조차 할 수 없다고 한다. 즉 기도는 영적 상승의 시작으로 기도를 통해 하나님께 상승하는 단계에 대해서 조명을 받는다. 그렇게 될 때 창조된 우주는 우리를 하나님께 이끌어 가는 사다리가 되며 피조물 가운데 그 어떠한 존재도 하나님의 흔적이며 하나님의 형상으로 보게 된다. 하나님께로 올라가는 6단계는 낮은 곳에서 높은 곳으로, 외적인 것에서 내적인 것으로, 유한한 것에서 영원한 것으로 나아간다.

두 번째 단계는 오관을 통해서 우리 마음에 들어오는 모든 피조물 안에서 하나님을 관상하도록 한다. 세 번째 단계에서는 마치 바깥쪽의 정원에서 집 안으로 들어가듯이 우리 자신의 자아로 들어가서 하나님의 집의 성소(출 26:34 이하), 즉 성막의 앞부분에 위치한 이 거울을 통해 하나님을 정관하려고 애써야 한다. 삼위일체의 흔적이 그 곳에서 빛나고 있는 것을 발견하게 된다. 여기서는 육신의 눈으로가 아니라 이성의 눈으로 우리의 영혼이 기억, 이해, 의지라는 삼중의 능력을 보게 된다. 이 세 가지 능력의 활동과 상호 작

---

27) Bonaventure, "The Soul's Journey into God," I, 9, *Bonaventure*, trans. Ewert Cousins (New York: Paulist Press, 1978), 63.

용을 고찰해 볼 때 우리 안에서 빛나는 성부와 말씀과 사랑이라는 유사한 삼
위일체의 형상을 정관하게 된다(고전 13:2).

네 번째 단계에서는 수단으로의 우리 자신을 '통해서'뿐만 아니라 바로 우
리 '자신 안에서' 제일 원리를 보게 된다. 인간의 영혼은 세상의 근심 때문에
산란해져서 '기억'(memoria)을 통해 자신 안으로 들어가지 못하고, 상상에
의해 흐려져서 '지성'(intelligentia)을 통해 방향을 자신에게로 돌리지 못한
다. 육욕에 이끌리기 때문에 내적인 감미로움과 영적 기쁨에 대한 '원
의'(desiderium)를 통해서는 자신에게로 돌아가지 못한다. 그러므로 사람이
되신 그리스도가 사다리가 되어 아담이 파괴한 사다리를 회복시킬 때 우리의
영혼은 하나님을 정관하며 사랑하게 된다. 그러므로 이 단계에서는 믿음, 소
망, 사랑이라는 복음의 핵심적 가치를 통하여 영혼이 정화되어야 한다.

다섯 번째 단계와 여섯 번째 단계는 하나님의 제일 이름인 '존재'(esse)와
위격적인 속성을 설명하는 '선하심'(goodness)을 통해 하나님이 하나님 되심
을 정관한다. 지난 단계에서 우리는 밖에(extra) 있는 그분의 흔적을 통해서,
또 우리 안에(intra) 있는 그분의 모습을 통해서 하나님을 관상할 수 있을 뿐
만 아니라, 나아가 우리의 정신 위에서(supra) 빛나고 있는 빛, 영원한 진리
의 빛을 통해서 우리 위에서도 그분을 관상할 수 있다. 첫 번째 길을 체험한
이들은 하나님의 집(dwelling)의 현관에 들어간 것이다. 두 번째 길을 체험
한 이들은 성소(聖所, tabernacle, Holy Place)에 들어간 것이다. 그러나 세
번째 길을 실천하는 이들은 대제사장과 함께 지성소(至聖所, Holy of Holies)
에 들어간다. 이 곳에서는 계약의 궤 위에서 영광의 스랍들이 속죄판(Mercy
Seat)을 덮고 서 있다(출 25:10-22). 이 스랍들을 통해 우리는 하나님의 보
이지 않는 영원한 것들을 관상하는 두 가지 양식이 있음을 이해한다. 그 하
나는 구약에 나타나는 하나님의 제일 이름인 존재(esse)를 정관하고, 다른
하나는 신약에 나타난 성부, 성자, 성령의 삼위일체 위격과 관련된 '선하심'
이라는 하나님의 속성을 정관한다. 삼위일체를 역동적으로 이해하는 데 있어

서 하나님의 선하심은 가장 적합하다. 왜냐하면 하나님의 선하심은 언제나 그 자체가 충만하여 영원히 흘러넘치게 하기 때문이다. 그 흘러넘침의 첫 번째 결과가 삼위일체 사이에서의 완전한 통교요, 그 다음이 피조물과의 사랑의 통교이다. 그러므로 사물 가운데서도 삼위일체 되신 하나님의 흔적을 정관할 수 있다.

여섯 단계까지 이르게 된 영혼은 창조의 6일째가 그러했듯이 하나님을 향한 완전한 깨달음에 도달하고, 이제 평온한 날이 오는 일만 남았으며, 모든 수고가 끝나는 그 날 인간의 영혼은 황홀한 직관 속에서 휴식할 것이다. 일곱 번째 단계에서는 영혼에게 휴식을 주는 신비로운 영적 황홀에 대해서 말하고 있다. 이런 모든 과정은 보나벤투라가 자신의 영적 아버지인 프란체스코의 발자취를 따라가는 동안 스스로 체험한 것들을 체계화시킨 것이다. 프란체스코는 관상의 황홀경 속에서 십자가에 매달린 여섯 날개의 스랍의 환시를 보았다. 그것은 완전한 안식에 들어가기 위해서 건너야 할 십자가의 길, 그리스도의 길을 말하는 것이다. 보나벤투라는 이런 영적 여정의 단계가 프란체스코 개인의 경험일 뿐만 아니라 모든 사람들이 건너야 할 모범으로 보았다. 그래서 그는 소위 영성신학의 대전(大典)이라고 부르는 『하나님께 나아가는 영혼의 여정』으로 모든 순례자를 초대하고 있다.

이 책은 존재에 대한 형이상학적인 추구에 관심을 기울였던 스콜라주의적인 향취를 풍기면서 동시에 실제적인 영적 성장의 단계에 대해서 세심한 배려를 했다. 그러나 이 상승 모델은 매우 조직적인 구조를 제시하고는 있으나 내용면에서는 사변적이고 추상적인 색조가 강하다. 그러므로 후대의 영성가들은 이 모델을 중요한 자료로 받아들이면서 그 내용과 각 단계의 현상을 더욱더 구체화하면서 발전시켜 나갔다. 16세기 스페인의 영성가인 아빌라의 테레사(Teresa of Avila)나 십자가의 성 요한(John of the Cross)은 자신의 기도 경험을 바탕으로 영적 경험의 내적인 현상을 단계화시키면서 상승 모델을 보다 실제화시켰다.

기도와 관상 제4장

기도는 일차적으로 하나님의 일이지만
동시에 우리의 일이기도 하다.
왜냐하면 하나님은 우리에게 갈망을 일으켜 주고,
그 갈망에 대한 응답은 우리의 몫이기 때문이다.
그 갈망을 실현해 가는 동기로 기도가 일어난다.
그러한 갈망을 어떻게 이해하느냐에 따라서
기도의 성향도 달라진다.
만일 그 갈망이 외적인 어떤 성취를 통해서
만족될 수 있다고 믿는다면,
그 사람의 기도는 끊임없이
외향적인 성취를 지향할 것이다.
반면에 그 갈망이 하나님과 깊은 사귐을
요구하는 것이라고 이해한다면
그 기도의 지향도 내향적이 될 것이다.

제 4 장   기도와 관상

1. 기도란 무엇인가?

필자가 조사한 설문 조사[1])에 의하면 한국 교회 교인들 중 60% 이상이 기도를 생활화하고 있다. 기도를 신앙 생활에서 가장 중요한 요소로 생각할 뿐만 아니라, 기도 생활을 실천하고 있다. 그러나 그들 중 절반도 자신의 기도 생활에 대해서 만족을 느끼지 못하고 있다. 그 불만족의 요소 중 가장 중요한 이유는 기도를 통해서 내적인 성장이나 하나님과 관계 형성에 있어서 진보를 확인할 수 없다는 것이다. 그저 동일한 내용이 습관적으로 반복되는 듯한 느낌이 그들의 기도 생활의 효용성을 의심케 하였다. 교회에서 가르치고 있는 기도의 목적은 매우 단순하다. 무엇을 이루고자 하는 청원적인 성격이 지배적이다. 그런데 성숙한 그리스도인일수록 청원의 내용이 변화되고 있다. 물질적인 풍요나 건강 등의 개인적인 안녕이나 욕구보다는 하나님과 깊은 내적 교제나 평화로운 관계에 대한 욕구가 커지고 있다. 한국 교회 교인들은 통성 기도에 익숙하고 그것을 선호한다고 일반적으로 이해하고 있는 것과는 달리, 개인적인 기도 형태를 물었을 때 침묵 기도를 압도적으로 선호한다고 말하고 있다(설문자의 76.3%). 예상과 다른 결과에 대해서 추론해 보건대 통

---

1) 이후 모든 통계와 분석은 유해룡, "교회의 양적인 성장과 영성의 상관 관계", 『長神論壇』, 제14집 (1998), 369-402를 참고하라.

성 기도는 공동 기도 모임에서 인도자와 함께 기도할 때 주로 선호하는 기도 형태이며, 개인 기도에서는 거의 침묵 기도 형태를 띠고 있다는 사실이다. 그 이유에 대해서는 환경적인 요인도 있고 개인적인 취향도 포함되어 있다.

통성 기도의 습성은 성령 운동과 밀접한 관계를 맺으면서 익숙해졌다. 한국의 성령 운동은 갑작스럽게 변화되어 가는 사회와 경제 구조에 대처하지 못한 채, 고통받고 억압받았던 사람들을 지탱해 주고 치유하는 과정에서 자라났다.[2] 이 때 기도 내용은 주로 물리적이고 물질적인 것과 밀접한 관계를 맺고 있으며, 기도 형태도 통성 기도에 의존했다. 그러나 그러한 성향은 점점 달라지고 있다. 기도 내용 자체도 보다 정신적이고 영적인 욕구와 관련되어 있고, 기도의 형태도 보다 내면적이고 침묵적인 분위기를 선호하고 있다. 오늘날 한국 교회 그리스도인들이 표면적으로는 열심이 줄어들고 영적인 욕구가 줄어드는 것처럼 보이나, 실상은 그 기도의 성향이나 양태가 변화되고 있음도 간과해서는 안 된다. 그러므로 우리 교회 안에서 기도에 대한 보다 다양한 이해와 다양한 방법에 대한 가르침이 없다면 보다 성숙한 기도 생활과 신앙 생활로 발돋움을 기약할 수 없다.

일반적으로 기도가 가져다 주는 영향을 다음과 같이 정리해 볼 수 있다.

(1) 기도는 하나님과의 교제의 통로다.
(2) 기도는 하나님의 도움을 받는 통로다.
(3) 기도는 자기 자신을 변화시키는 통로다.
(4) 기도는 관점을 변화시키는 통로다.

일반적으로 첫 번째의 요소를 가장 무난한 것으로 받아들일 수 있다. 이 정의는 예수님께서 구하기 전에 우리의 필요를 다 아신다고 가르쳐 주셨음 ("그들이 부르기 전에 내가 대답하고 그들이 아직 말하고 있을 때 내가 응답하

---

2) Harvery Cox, *Fire from Heaven*, 유지황 역, 『영성 · 음악 · 여성: 21세기 종교와 성령운동』 (서울: 동연, 1996), 303-339 참고.

리라" 사 65:24; 마 6:8)에도 불구하고 기도할 근거를 제시해 주는 정의가 된다. 하나님께서는 문제를 해결해 주시기 위해서 우리의 기도를 들으실 필요가 없지만 그분은 기도를 원하신다고 성경은 말한다. 창조주 되신 하나님이 그의 부름을 받은 사람들의 아버지가 되신다는 성경의 하나님 이해에 뿌리를 두고 있다. 곧 창조주 하나님은 당신의 자녀들이 끊임없는 기도를 통해서 아버지 되신 하나님을 철저히 신뢰하기를 원하신다. 기도를 하게 하면서 하나님은 당신 자신을 우리에게 알리시고, 우리를 향하신 하나님의 사랑을 드러내신다. 미리 아신다는 하나님의 전능성과 자기 자신을 우리에게 알리고자 하는 하나님의 사랑이, 모순처럼 보이는 기도를 자연스럽게 만들어 준다. 사실 우리가 기도하는 것은 이미 그분이 모든 필요를 알고 계시기 때문이다. 하나님이 미리 아신다는 것은 우리로 하여금 더욱 큰 신뢰를 가지게 하며, 동시에 더욱 기도하고자 하는 열망으로 자극을 받는다. 그러한 과정에서 하나님은 당신 자신을 우리에게 더욱 강력하게 드러내신다.

두 번째 요소는 첫 번째와 중첩되는 의미를 지니기도 하지만, 보다 세분하여 기도를 이렇게 이해할 수도 있다. 보편적으로 잘 받아들이는 요소임에도 불구하고 많은 문제가 제기되기도 한다. 왜 우리의 많은 기도가 천재지변이나 비참한 전쟁을 막을 수 없는가? 그것은 거시적으로 볼 때 하나님의 뜻 안에 포함시킬 수밖에 없다. 그러면 하나님의 뜻은 기도로 변화시킬 수는 없는 것인가? 그렇다. 그러나 막을 수 없는 천재지변이나 비참한 전쟁 안에 숨겨진 하나님의 뜻을 이해할 수 있다면, 우리는 기도를 통해서 하나님의 뜻에 참여하게 된다. 즉 하나님의 궁극적인 뜻은 변개할 수는 없으나 그 뜻을 이루는 방법은 매우 다양할 수 있기에 기도가 결코 무기력하게 되지 않는다.[3] 기도해도 이루어지지 않는 것은 무엇인가? 죽음과 질병, 그리고 예수님의 겟세마네 기도 등이 바로 그러한 예이다. 그것은 하나님이 당신의 뜻을 실행하시는 동안에도 인간에게 저항의 자유를 허락하신다는 것을 의미한다. 그러므

---

3) P. T. Forsyth, *The Soul of Prayer*, 이길상 역, 『영혼의 기도』(서울: 복있는 사람, 2005), 163.

로 그 저항도 하나님의 뜻 안에 포함되어 있다. 하나님은 자유로운 인간의 투쟁 가운데서 자유로운 결단에 의해서 하나님의 뜻에 순종하기를 원하신다. 어떤 사건을 진행시키는 데 있어서, 인간의 저항과 투쟁, 그리고 복종 등이 모두 하나님의 뜻 안에 포함되어 있다.[4] 그러므로 이루어지지 않는 기도는 기도 가운데서 하나님의 뜻에 복종하는 것을 포함하여 마침내 "당신의 뜻이 이루어지게 하옵소서."라는 결말에 이를 때, 하나님께서 받으신 기도로 완성된다.[5]

회의론자는 끊임없이 '왜'라고 묻는다. 일관성 없는 인간의 역사를 바라보면서 하나님은 인간사에 과연 개입하시는가? 개입하신다면 그분은 신뢰할 수 없는 분, 아니면 이해할 수 없는 분이다. 시편, 전도서, 예레미야애가, 특히 욥기 등에는 회의론자가 갖가지 물음을 제기한다. 뒤죽박죽 엉키고 설킨 세상사에 대한 깊은 고민과 의문을 표출하고 있다. 상처와 배신, 짙은 안개 속에서 한 치의 앞을 볼 수 없는 인생사의 문제와 불의한 힘 앞에서 과연 하나님은 어디에 계시는가 묻는다. 아예 존재하지도 않는 것같이 느껴지는 상황 앞에서 절규하는 모습을 보게 된다. 그런데 회의론자는 그러한 상황에서 그저 고민과 불만과 원망 외에 할 일이 없다. 그러나 성경의 믿음의 사람들은 그러한 고통스러운 갈등과 의문을 기도로 드러내고 있다. 언제까지입니까? 왜입니까? 그 때 주어진 하나님의 음성은 "두려워하지 말라. 나는 너와 함께 한다. 너는 내 것이다." 끝까지 신뢰를 저버리지 않을 것을 권고하고 있다. 이러한 음성을 받아들일 때 사실 그들의 물음과 불평과 답답함 그 자체가 하나님을 신뢰하는 부르짖음이라고 할 수 있다. 그 신뢰로부터 이미 답을 얻고 있다. 그래서 성경은 "아무것도 염려하지 말고 오직 모든 일에 기도와 간구로 너희 구할 것을 감사함으로 하나님께 아뢰라"(빌 4:6)고 한다. 여기에 인내와 믿음을 요구한다.

---

4) P. Forsyth, 『영혼의 기도』, 172-173.
5) Oscar Cullmann, *Das Gebet im Neuen Testament*, 김상기 역, 『기도』 (서울: 대한기독교서회, 2007), 79-83.

세 번째 정의에 있어서도 이론의 여지가 없지만, 기도 안에서 변화하도록 하나님이 어떻게 개입하시는가라는 물음이 있다. 무슨 내용의 기도를 했을지라도 우리 자신을 변화시키기 위해서 하나님이 직접적으로 개입하시는가? 아니면 인간 자신이 스스로에게 말하는 심리적인 효과인가? 기도가 하나님의 현존을 전제한다면 그것은 결코 자의적인 결단이나 심리적인 효과로 치부할 수는 없다. 기도하는 사람은 정직해진다. 기도는 외부로 새어나가지 못하도록 단단히 붙들어 매어 둔 수치심과 후회스러운 일들을 열어 가는 통로이다. 그래서 자기 자신에게 솔직해지고 자기 자신을 하나님의 시선으로 볼 수 있는 지혜를 얻게 된다. 여기서부터 자기 자신을 변화시켜 갈 용기를 얻게 된다. "내가 보는 것은 사람과 같지 아니하니 사람은 외모를 보거니와 나 여호와는 중심을 보느니라"(삼상 16:7) 자기 자신을 변화시키는 기도의 역할이란 바로 중심을 보시는 하나님의 개입을 전제하는 말이다.

네 번째, 기도가 가져다 주는 효과는 사물을 보는 관점을 변화시킨다. 기도는 흐트러진 인간의 관점과 질서를 재조정해 가는 과정을 제공한다. 우주적 관점의 시야를 열어 가게 하고 하나님의 시각으로 세상과 자신을 볼 수 있는 시각을 얻게 해 준다. 주변 환경에 의해서 왜곡된 진리를 회복시켜 주는 역할을 하기도 한다(욥 42:1-4). 성경에서 보여 주고 있는 기도와 응답 사이에는 하나님을 향한 철저한 신뢰를 전제로 한다. 기도 자체가 신뢰의 표현이며, 그리고 믿음과 희망 가운데서 응답을 이미 받고 있다. 사망의 음침한 골짜기에서 벗어나게 하실 하나님을 신뢰하면서 이미 그 곳에서 해를 두려워하지 않는다(시 23편). 그것이 곧 응답의 결과라고 할 수 있다. 이 응답에는 언제나 "이미 그러나 아직도"(already but not yet)가 적용된다. 이것이 기도를 통해서 하나님이 하시는 방법이다.

1) 기도와 욕구

기도의 가장 기본적인 동기는 인간의 욕구이다. 이 욕구는 가장 기본적이고 원초적이다. 그러한 내면적인 욕구가 기도 속에서 자연스럽게 표출된다. 그런 의미에서 종교 심리학자 올라노브(Ulanov)는 기도는 제일의 언어(primary speech)라고 했다.6) 이 말은 기도가 인간 실존의 가장 밑바닥을 드러내는 정직한 언어라는 의미이다. 제일의 언어는 명료화된 언어로 출발되지 않는다. 그것은 어린아이들이 겪는 본능과 감정과 표상(images)의 언어와 같다. 때로 그것은 후천적으로 습득된 언어와 표상과 감정의 언어로 섞여 나타난다. 기도는 마치 어린아이들이 경험하는 세련되지 못한 감정에 대한 일련의 반응과 같은 것이다.7) 사람들이 보통 기도를 시작할 때 자신의 어두운 부분, 거짓된 모습, 가장된 모습으로부터 비롯되는 자아를 경험한다. 제일의 언어를 향하여 흘러가는 기도 속에서 자기 자신이 흘러가도록 그대로 두면서 조용히 자기 자신에게 귀를 기울인다면 기도는 우리 존재로부터 들어주기를 바라는 솟구치는 욕구라는 것을 경험한다. 이 과정을 통해 제일의 언어에 도달하게 된다. 이 제일의 언어는 세련된 언어가 아니기에 외적인 언어가 제일 언어에다가 옷을 입힌다. 그러므로 기도가 우리의 욕구로부터 출발한다는 것은 매우 합리적이다.

우리는 그러한 욕구로부터 출발된 기도를 자주 환상으로 물들여 버린다. 즉 자기 만족과 자기 도취를 하나님과의 영적인 교통으로 잘못 생각하는 버릇이 있다. 우리 자신의 거짓된 욕망이나 어리석음, 게으름 등으로부터 비롯된 우리의 왜곡된 모습을 배우기 전에, 어떤 마술 같은 인물이 무슨 방법으로 뜻하지 않은 선물을 안겨 주리라는 엉뚱한 기대로 우리의 욕구를 분출함으로써 기도의 진실성을 상실케 한다. 기도 속에서 쉽사리 그리고 속히 그 욕구에 대한 만족감과 안위함을 추구한다면 그것은 맹목적인 욕구가 될 것이다. 맹목적인 욕구란 비인격적인 간구에 불과하다.8) 그 맹목적인 욕구를 충

6) Ann Ulanov and Barry Ulanov, *Primary Speech: A Psychology of Prayer* (Atlanta: John Knox Press, 1982), 1-12.
7) 위의 책, 2-4.
8) 위의 책, 14.

족시키기 위한 기도는 어떤 인격적인 관계도 추구하지 않는다. 다른 사람과의 관계나 하나님과의 관계 형성을 개의하지 않는 자기 욕구에 대한 성취에 집착하기에 그것을 비인격적이라고 한다. 기도 속에서 일어나는 자기 집착은 자기의 한계성을 인정하지 않으려는 몸부림이다. 오히려 그 약한 부분을 보완하여 자신의 능력을 과시해 보려는 또 다른 교만이 그 안에 도사리고 있을 수 있다.

기도는 자기 연약함을 인정하면서 동시에 그 연약함 속에서 절대적인 신뢰와 순종을 나타냄으로써 역설적인 강함을 체험하게 된다. 신뢰와 순종이 없는 자기 욕구에 집착한 기도는 자기 암시적인 효과를 주기 때문에 때로 부정적인 방향으로 인격 형성에 영향을 미치기도 한다. 따라서 자신이 인식하든지 못 하든지 스스로에 대해서 정직하지 못하게 되며, 하나님 앞에서 성실하지 못한 자세를 취하게 된다. 뿐만 아니라 자아의 욕구를 만족시켜 주는 하나님의 이미지를 구상하여 그것을 하나님으로 인격화시킨다. 이 이미지는 우리의 욕구로부터 우리를 보호해 주고 보장해 주는 모습으로 나타난다. 이러한 욕구의 분출로부터 비롯된 하나님의 이미지는 자신도 모르게 자기를 속이고 하나님을 속이는 행위이다. 이러한 자기 투사(projection)적인 기도는 영성 형성에 전혀 도움이 되지 못한다. 기도는 표면적으로는 내가 어떤 사람이 되어야 한다거나 어떤 사람이 되었으면 좋겠다는 표현처럼 보이나, 실상은 원초적인 언어를 발설함으로써 자신이 누구인가를 말하는 것이다. 그러므로 기도한다는 것은 하나님에게 말하는 것이기도 하지만, 동시에 자신이 귀를 기울여 듣는 것이기도 하다. 이렇게 주의를 기울여 듣는 동안 우리 내면에 있는 소리나 심지어 잠재 의식 속에 있는 모든 소리를 들을 수 있다. 그 욕구가 선한 것이든 악한 것이든 자신의 충동적인 욕구를 드러냄으로써 자신이 누구인가를 고백하게 된다. 그리고 우리는 우리 안에서 넘쳐나는 욕구에 직면하면서 하나님 앞에 진심으로 무릎을 꿇게 된다.

그러므로 기도할 때 떠오르는 환상이[9) 아무리 우리를 고통스럽고 혼란스럽게 할지라도 그것을 무시하지 말고 용기 있게 직면하면 우리는 정직한 자기 자신 앞에 서게 된다. 동시에 그 환상을 직시하면서 그 환상과 자신을 동일시하지 않으려는 노력이 필요하며, 그 속에 깊이 빠져들어가지 말고 그 환상을 그대로 허락한다. 그리고 그 환상이 우리를 소유하지 못하게 한다면 우리 영혼은 고통을 당하지 않을 수 있다. 그것을 처리하는 가장 현명한 길은 기도 속에서 그 환상을 하나님께로 가져가 하나님께서 그것을 처리하시도록 한다. 그리고 하나님께서 우리를 인도하시도록 한다. 그러므로 기도에서 추구해야 할 중요한 과정은 환상을 어떻게 소유하고(기도의 동기를 부여하는 역할을 함), 또 그것들로부터 어떻게 초연할 수 있는지를 배우는 것(환상과 자아와의 탈동일시를 통해서 하나님께 나아감)이다.

그렇게 자신과 동일시하지 않는 욕구를 따라 기도하노라면 그 곳에서 하나님이 활동하고 계시는 것을 경험하게 된다. 사실은 하나님이 이미 그 욕구를 우리 안에서 드러내고 충동하고 계시다는 것을 경험한다. 그러므로 기도는 하나님의 요청에 대한 인간의 반응이고, 하나님이 인간에게 던진 질문에 대한 인간의 응답이다. 우리가 기도 속에서 구하고 있는 것은 하나님께서 이미 만들어 놓으신 것을 더듬어 찾는 행위이다. 그러므로 그 기도를 따라가노라면 하나님이 깊고 강한 힘으로 우리를 이끌어 가시는 것을 느낀다(빌 2:13).

하나님은 우리가 무엇이 필요하고 무엇을 원하는지에 대해 들을 필요가 없다. 이미 모든 것을 알고 계시기 때문이다. 하나님은 우리가 기도를 통해서 우리 내면의 욕구를 주의해 보고, 그것을 하나님께로 가져가서, 하나님이 그것을 어떻게 이끌어 가는지를 주목해 보도록 하신다. 그러는 동안 우리는 기도 속에서 드러난 우리의 욕구가 어떻게 진전되고, 개방되고, 설명되고, 채워져 가는가를 바라보게 된다. 그러다 보면 우리가 원하는 것보다 더 놀라운 일이 이루어지기도 하고, 때로 원하는 것이 폐기되기도 한다. 우리의 욕구는

---

9) 정화되지 못한 왜곡된 욕구로부터 비롯된 내면의 이미지.

또 다른 욕구로 확장되고 승화되어 간다.10) 거기서 우리는 또 다른 자아와 하나님을 발견하고, 그것을 용납하고, 사랑하며, 새로운 모습으로 변화되어 간다. 기도는 우리를 위한 하나님의 욕구를 받아들일 때까지 우리의 욕구를 넓혀 가는 능력이다. 우리의 욕구가 하나님 자신에게 도달될 때까지 우리의 욕구는 계속해서 우리를 불안하게 하고, 그것이 하나님께로 나아가는 동기를 부여한다.11) 그러므로 기도는 우리 자신의 것으로 경험하는 욕구와 함께 시작되지만, 그 욕구 자체도 우리 안에서 일하시는 하나님의 활동으로 받아들일 때 비로소 기도가 발전된다. 이런 차원에서 우리의 욕구를 만난다면 그 순간 살아 계신 성령 하나님을 경험한다. 그러나 우리 안에서 일어나는 욕구를 다른 대체적인 요소로 만족시키고 그 욕구를 감소시킨다면(예를 들면 물질적인 만족이나 쾌락적인 만족), 우리의 기도는 죽어 가고 인격적인 하나님과의 만남은 가능하지 않게 된다.

기도의 역할을 크게 두 종류로 나누어 생각한다면 하나는 청원과 응답의 효과요, 다른 하나는 하나님과 관계 형성의 효과이다. 미국의 종교 심리학자 제임스 프래트(James Pratt)는 전자를 가리켜서 '주관적 기도', 후자를 가리켜서 '객관적 기도'라고 불렀다.12) 객관적인 기도는 기도의 초점이 기도드리는 그분에게 맞추어져 있다. 기도하는 사람은 자기 욕구를 만족시키기 위해서가 아니라 그분을 궁극적인 존재로 믿고, 그분의 뜻을 찾아 그분의 뜻에 자기 자신을 적응시키기 위해서 기도를 드리게 된다. 다른 한편으로 주관적인 기도란 그 초점이 자기 자신에게 맞추어져 있다. 기도하는 사람은 자신의 이기적인 욕구를 만족시키기 위해서 그분을 수단으로 생각하는 경향을 지닌다. 그러므로 여기서 자신의 뜻과 하나님의 뜻이 충돌을 빚으면서 일어나는 모순과 갈등을 극복하지 못하고 자주 자기 암시적인 결론에 이르게 된다. 즉

---

10) Ann and Barry Ulanov, 위의 책, 20.

11) Augustine, *Confessions*, 선한용 역, 「성어거스틴의 고백록」(서울: 대한기독교서회, 1990), 제1권, 1장 (1).

12) James Pratt, *The Religious Consciousness* (New York: The Macmillan Co., 1920), 김성민, "기도를 잃어버린 시대의 기도", 「기독교 사상」, 1996년 7월, 68 에서 재인용.

자기 환상으로 그 기도를 물들여 놓는다. 그러나 객관적인 기도는 내적으로 혼란과 모순과 충돌이 일어날 때 그분을 향한 하나의 핵심적인 목적을 향하고 있기 때문에, 결과적으로는 건강하게 통합되고, 하나님과 단절되었던 관계를 다시 회복할 수 있고 역동적인 힘을 얻게 된다. 그래서 성숙한 사람일수록 주관적인 기도에서 객관적인 기도로 옮겨 가기 마련이다. 일반적으로 자신의 욕구에 따라 시작된 기도가 점차로 그 욕구를 하나님이 취하시도록 함으로써 그 욕구는 보다 건강하게 승화되어 간다. 그래서 그 기도는 욕구 충족의 결과보다는 하나님과 깊은 사귐의 결과로 발전되어 간다.

2) 기도는 누구의 일인가?

파스칼(Blaise Pascal)은 인간이 이미 경험하고 맛보지 못한 하나님을 결코 갈망하지 않는다고 말한다. 기독교 기도가 단순히 종교적인 본능에 충실한 반응이 아니고, 하나님과의 교제로의 초청이라고 한다면, 이미 알려진 분을 부르는 것이 기도이다. 그러므로 기도의 출발은 우리 자신이 아니고 하나님이시다. 즉 하나님은 기도를 주시는 분이고, 우리는 기도하는 사람이다. 우리가 하나님을 간절히 원하도록 하나님이 먼저 우리를 간절히 원하신다. 그렇기에 우리는 하나님에게 무엇을 구하기 전에 이미 갖가지 은혜를 경험한다. 그 중에서 기도의 결정적인 동기는 성육신 사건이다. 우리 죄를 대속하시기 위해서 하나님께서 우리 가운데 오셨고, 당신 자신을 내주셨다. 그 희생으로 하나님의 양자 된 우리를 하나님은 다시 기도에로 초대하신다.

시나이의 그레고리(St. Gregory of Sinai)는 "기도는 하나님이다."[13]라고 했다. 하나님이 이미 기도의 주도권을 가지고 우리 가운데 오셨다는 것을 말함이다. 고백자 맥시무스(St. Maximus the Confessor)는 "인간의 본질이 신성화될 수 있다는 희망에 대한 확실하고 분명한 근거는 하나님 자신이 인

---

13) Kenneth Leech, *True Prayer*, 노진준 역, 『마음으로 드리는 기도』(서울: 도서출판 은성, 1992), 17.

간이 된 것이다. 그 성육신 사건(Incarnation)은 인간도 하나님이 될 수 있도록 만들어 준 위대한 하나님의 사건이다."[14]라고 했다. 기도를 통해서 신의 성품에 참여한다는 근거는 그리스도의 성육신에 두고 있다. 그것은 하나님께서 인간이 하나님의 삶에 참여할 수 있도록 보여 주신 가장 효과적인 모델이다. 토마스 아퀴나스(Thomas Aquinas)도 이 말에 동의하고 있다. "그의 신성을 함께 나누기를 원하시는 하나님의 독생자께서 우리를 하나님처럼 만들기 위해서 인간의 몸을 입고 인간이 되셨다."[15] 이상과 같은 성육신에 대한 통찰력으로부터 기도는 성육신을 내면화하는 내적인 운동이라고 말할 수 있다. 기도는 하나님이 인간에게로, 인간이 하나님에게 나아가는 운동 즉 만남의 행위이다. 이렇게 기도는 위로부터 아래로의 운동인 성육신의 원리에 대한 역으로 반응하는 운동이다. 즉 우리의 기도는 그리스도께서 우리를 위하여 십자가 위에서 성부 하나님께 드린 기도에 대한 응답이다.

포사이스는 "우리의 기도는 하나님께서 우리의 심금을 울리실 때 기뻐 진동하는 영혼의 선율이다."[16]라고 했다. 만일 우리 기도가 하나님께 도달되어 그를 움직이면, 그것은 먼저 하나님께서 손을 뻗치시어 우리 마음을 움직이셨기 때문이다. 즉 그리스도 안에서 우리를 권면하실 때, 기도는 이미 시작된 것이다. 따라서 기도에 있어서, 우리가 하나님을 생각해 내는 것이 아니고 이미 오신 하나님이 우리를 기도로 이끌어 가시는 것이다. 그러므로 일차적으로 기도는 우리의 일이 아니고 하나님의 일이다. 그러나 동시에 기도는 우리의 일이기도 하다. 왜냐하면 하나님은 우리에게 갈망을 일으켜 주셨고, 그 갈망에 대한 응답은 우리의 몫이기 때문이다. 그 갈망을 실현해 가는 동기로 기도가 일어난다. 그러한 갈망을 어떻게 이해하느냐에 따라서 기도의 성향이 달라진다. 만일 내적인 갈망이 외적인 어떤 성취를 통해서 만족케 할 수 있다고 믿는다면 그 사람의 기도는 끊임없이 외향적인 성취를 지향할 것

---

14) 위의 책, 27.
15) 위의 책.
16) P. Forsyth, 『영혼의 기도』, 133.

이다. 반면에 그 갈망이 하나님과 깊은 사귐을 요구하는 것이라고 한다면 그 기도의 지향도 내향적이 될 것이다. 그러나 이 둘 사이의 관계는 대립적인 것이라기보다는 상호 보완적이다. 그럼에도 불구하고 영성적인 갈망의 근본적인 지향점은 하나님과의 관계적 차원이요, 우리의 삶을 하나님의 삶에 포함시키려는 몸부림이다. 이러한 과정 속에서 기도가 나타난다. 그러므로 기도는 무엇보다도 어떤 일을 이루기 위한 능동적인 수단이기에 앞서, 자발적이고 수동적인 본능 중의 하나이며 하나님이 허락하신 은총이다.

3) 기도와 응답

외적인 결핍으로 인하여 시작된 기도는 우리의 내적 의식을 타오르게 하며 기도에 대한 완전한 응답은 하나님 자신이심을 알게 한다. 기도를 통해 우리는 하나님과 협력하고 또한 하나님을 수용한다. 여기서 '수용'이란 영원한 하나님의 신성한 능력과 연결되어 있지 않으면 우리의 힘은 고갈되기에 끈질기게 적극적으로 매달리는 수용을 말한다. 여기서부터 우리는 하나님으로부터 흘러나오는 신성한 능력의 에너지를 공급받게 된다. 영혼 깊은 곳에 하나님을 수용하는 기도는 결코 자기 자신을 속이는 것을 허락하지 않는다. 기도는 자기 과장이라는 긴장을 완화시키고, 분명한 영적 비전(vision)을 보게 한다. 기도를 통해 어리석음이 깨우침을 받고 마음의 눈이 열리게 되며, 이전에 보지 못했던 문제를 보기 시작한다. 그리고 더 이상 우리 자신은 홀로가 아님을 알게 되고 하나님의 부르심을 듣게 된다. 이 부르심에 정직하게 반응할 때 하나님과 참된 교제는 이루어진다. 기도는 자기 자신으로부터 시작한다 할지라도, 그 기도는 자신을 초월하여 기도하는 사람을 하나님과 타인에게로 인도한다. 이처럼 사적인 기도가 점점 공동의 기도로 변하게 되는데, 이것이 기도의 본질이다. 마침내 나를 포함한 모든 인간이 하나님 안에 있는 존재요, 그분의 사랑을 받는 존재임을 기도하는 사람은 깨닫게 된다. 기도 중에 하나님이 오시고 있다는 증거로 우리는 우리 자신 안에 도사려 있는 이기주의를 극복하게 되고, 그 결과 타인으로부터 우리를 고립시키지 않고 타인을 외인이 아니라 형제와 자매로 인식하게 된다. 그리하여 그 형제를 위한 선행과 희생을 가능케 하므로 기도는 사랑의 교제 행위가 된다.

인간 편에서 기도를 볼 때 기도는 강렬한 욕구 혹은 체념과 탄원으로써 우리의 뜻을 하나님께 향하게 하는 것이다. 그러한 과정에서 우리가 하나님의 뜻에 굴복하든지, 아니면 하나님의 뜻을 우리의 뜻에 굴복하게 하든지 하는 선택의 기로에 서게 된다. 그것이 기도하는 사람들이 자주 직면하는 문제이다. 그런데 만일 우리의 기도가 어찌할 수 없는 수동성과 의존성으로부터 비롯되었다면, 인간은 기도하면서 언제나 패배감을 맛볼 수밖에 없다. 하나님이 우리의 의지를 꺾으려 하시는 듯한 경험을 하기 때문이다. 그러나 우리가 기도할 수 있다는 것은 하나님이 허락하신 자유로운 의지에 기초한 행동이다. 하나님은 인간의 자유로운 의지 안에서 인간의 불순한 탄원도 허락하신다. 그러한 탄원 안에서 인간은 하나님의 뜻에 대한 올바른 대처를 하도록 인도받게 되고, 처음 이기적인 동기로부터 비롯된 기도는 자유로운 결단에 의해서 하나님의 뜻에 순응하게 된다.

그럼에도 불구하고 기도의 역할이 우리의 자유로운 의지 안에서 하나님의 뜻에 순응하는 것으로 끝난다면, 기도의 응답에 대한 회의는 여전히 남아 있다. 그러나 주목해야 할 것은 하나님은 "질서 잡힌 규칙성"을 중지하거나 방해함이 없이, 어떤 방향으로도 사물을 움직이도록 영향을 미치실 수 있다는 사실이다. 하나님은 세상의 일정한 질서 안에서도 얼마든지 우리의 기도에 응답하실 수 있다. 하나님은 당신의 뜻을 변개시키지 않으시면서도 인간의 의향에 맞추어 하나님의 질서 안에서 기도에 응답하실 수 있다. 즉 인간의 탄원은 하나님의 위대한 은혜와 구원의 의지를 바꿀 수는 없을지라도 우리를 향한 하나님의 섬세한 의향을 바꿀 수 있다.[17]

기도에 대한 또 다른 응답은 또 다른 기도이다. 더 많은 기도, 더 많은 대

---

17) 위의 책, 163.

화, 더 많은 들음의 기회, 듣기 위한 더 많은 노력 등이 수동적으로 일어난다. 그래서 우리는 이끌려 기도하게 되고, 갖가지 훈련의 요청을 느끼고 받아들인다. 전통적인 신비주의자는 기도 응답의 유형을 정화, 조명, 연합이라는 과정으로 받아들였다. 이것은 기도에 헌신된 이들에게 주어지는 은총이다. 정화의 단계에서는 기도를 하는 동안 악의 실체를 만나고, 그것과 투쟁을 겪으면서 자기를 부인하는 훈련을 하게 된다. 조명의 단계에서는 정체성을 확인하는 작업을 하게 된다. 영혼의 정체성의 항구에 다다르는 내적인 평화를 알게 된다. 그리고 고양된 정신으로 더 깊은 기도로 나아가게 되고, 내적인 소동이나 격정으로부터 해방을 얻는다. 이 과정적인 응답의 결과로 더 많은 기도를 얻게 된다.

그리고 연합의 단계로 나아가면서 현저하게 자아가 고양되고 확장되는 것을 느끼며, 사랑의 의식이 충만하게 된다. 여기서 기도자는 언어를 초월하여 영이라는 언어에 도달하게 되고, 복잡다단한 논리와의 싸움을 멈추게 된다. 탄원 기도 중에서 가장 모범이 되는 기도는 "아버지의 뜻이 이루어지이다."라는 기도이다. 이 기도는 고통의 제거보다는 고통이 하나님의 은혜가 임할 장소임을 받아들인다. 하나님의 나라와 의를 위하여 자신의 고통을 포착하고 그것을 사용하시는 하나님 아버지의 뜻을 자신의 것으로 받아들인다. 즉 이러한 의미의 기도를 말한다. "저의 기도는 당신의 뜻이옵니다. 당신께서는 내 안에 기도를 창조하셨나이다. 기도는 내 것이라기보다는 당신의 것이옵나이다. 당신의 뜻이 완전히 이루어지기를. 기도하려고 하는 의지도 당신의 뜻으로부터 오는 것입니다. 나의 간구를 당신께서 성취해 주셔서 하나님의 뜻에 합하게 하옵소서."

신약과 구약을 막론하고 도움을 구하는 기도자들이 가장 자주 듣게 되는 하나님의 구원과 응답의 소리는 "두려워하지 말라."와 "내가 너의 구원자이다."라는 말씀이다. 밀러(Patrick D. Miller)는 이 하나님의 응답의 언어를 '구원의 신탁'이라고 부른다.[18] 이 구원의 신탁이 가장 잘 드러나는 곳은,

절망과 불평 속에 포로기를 보내고 있는 이들에게 하나님의 응답으로 주어졌
던 이사야의 예언(40-55장)이다. 직접적인 기도에 대한 응답으로 제시되는
것은 아니지만, 이것은 구원의 신탁으로서 하나님의 응답이 갖는 성격을 잘
보여 준 내용이다. 구약 전반에 드러난 구원의 신탁이 일관된 틀을 갖추고
있다고 할 수는 없다. 그러나 밀러는 구원의 신탁의 일반적인 특성을 이사야
41편[19]에서 찾고 있다. 이러한 전형적인 신탁의 내용은 구약의 전반에 걸쳐
나타난다. 모세오경, 예언서, 시편 등에 걸쳐서 그 내용이 조금씩 다르지만
지속적으로 나타나고 있다.[20]

응답으로서 구원의 신탁은 창세기로부터 출발한다. "두려워하지 말라. 내
가 너의 방패요, 너의 지극히 큰 상급이니라."(창 15:1-6) 앞으로 전개되는
어떠한 일에서도 "두려워해서는 안 된다."는 구원의 신탁은 개인적이고 직
접적인 방식으로 아브라함에게 전달되었고, 아브라함과 하나님의 관계와 미
래에 대한 약속을 견고하게 한다. 출애굽 시 추격해 오는 애굽 군대로 인해
두려워하고 불평하며 여호와 하나님께 부르짖을 때도 모세를 통해 하나님의
구원의 신탁을 통해서 하나님의 현존을 경험하게 한다. "두려워하지 말고 가
만히 서서 여호와께서 오늘 너희를 위하여 행하시는 구원을 보라 너희가 오
늘 본 애굽 사람을 영원히 다시 보지 아니하리라"(출 14:13) 이 신탁의 말씀
안에는 이미 부르짖는 이들의 비탄과 불평에 대한 어떤 내용을 암시하고 있
으며, 동시에 그들이 과거 어느 때 하나님으로부터 거절을 당하였다는 것을

---

18) Patrick D. Miller, *They Cried to the Lord: The Form and Theology of Biblical Prayer* (Minneapolis: Fortress Press, 1994), 141.
19) 그러나 나의 종 너 이스라엘아 내가 택한 야곱아 나의 벗 아브라함 자손아 내가 땅 끝에서부터 너를 붙들며 땅 모퉁이에서부터 너를 부르고 네게 이르기를 너는 나의 종이라 내가 너를 택하고 싫어하여 버리지 아니하였다 하였노라 두려워하지 말라 내가 너와 함께 함이라 놀라지 말라 나는 네 하나님이 됨이라 내가 너를 굳세게 하리라 참으로 너를 도와 주리라 참으로 나의 의로운 오른손으로 너를 붙들리라 보라 네게 노하던 자들이 수치와 욕을 당할 것이요 너와 다투는 자들이 아무것도 아닌 것같이 될 것이며 멸망할 것이라 네가 찾아도 너와 싸우던 자들을 만나지 못할 것이요 너를 치는 자들은 아무것도 아닌 것 같고 허무한 것같이 되리니 이는 나 여호와 너의 하나님이 네 오른손을 붙들고 네게 이르기를 두려워하지 말라 내가 너를 도우리라 할 것임이니라(사 41:8-13)
20) P. Miller, *They Cried to the Lord: The Form and Theology of Biblical Prayer*, 142-147.

상기하고 있다(애 5:22 참고). 또한 그들이 다시 하나님에 의해서 치유되고 받아들여질 것이라는 암시를 하고 있다. "두려워하지 말라."는 구원의 신탁 의 말씀이 그들에게 주어진다는 것은 하나님과 자기 백성의 관계가 계속된다 는 것(내가 너와 함께 한다)과 하나님께서 그들을 돕고 구원할 의도가 있다(내 가 너를 도울 것이다)는 것을 전제로 한다. 그러나 그 구원의 신탁이 그들에 게 응답으로 작용하기 위해서 부르짖는 자들의 절대적인 신뢰를 요청한다.

미래적 약속으로 주어진 이러한 구원의 신탁이 도움을 구하는 이들에게 실제적으로 어떤 영향력을 미치고 있었는가? 성경은 그들의 실제적인 삶의 자리에 직접적으로 개입하고 있다는 것을 여러 모양으로 기록하고 있다. 임 신이 불가능했던 부모는 아이를 갖게 되었으며(아브라함, 사라, 한나), 심한 갈증으로 죽어 가던 이들이 구원하는 생수를 얻었다(하갈, 삼손, 광야의 백성 들). 돌림병이 창궐할 때 히스기야와 유대인들은 구원을 얻었으며, 적들을 격파하는 하나님의 권능을 경험했다(아사, 여호사밧, 이스라엘 백성들). 병든 자는 고침을 받았고(미리암, 히스기야, 엘리야를 돌본 과부의 아들, 시편의 탄 원자), 죽은 자는 살아났으며(수넴 여인의 아들, 다비다), 죽음의 두려움을 경 험했던 이들은 생명을 보존했다(기드온, 바룩, 시편 기자). 이렇게 기도하는 이들에게 하나님의 권능이 드러났다. 하나님께서 구원하시는 행동은 인간을 통해 중재되기도 한다. 삼손이 힘을 되찾자 다곤 신전을 단숨에 무너뜨렸고, 솔로몬은 지혜를 받아 오랫동안 이스라엘을 슬기롭게 다스렸다. 하나님은 나 라와 백성들에게 신적인 섭리를 보이셨으며, 기도에 대한 응답으로 용서를 위하여 심판을 보류하기도 하셨다.

그런데 밀러가 이 구원 신탁을 통해서 말하고자 하는 것은, 이 구원 신탁 에 대한 실제적인 증언을 보여 주고자 하는 것만은 아니다. 도움을 요청하는 기도와 신적인 응답 사이의 긴밀한 연관성을 어떻게 이해해야 하는가에 대한 관심이다. 성경에 나타난 구원 신탁은 특정한 사건과 개인의 사정과 연결된 것이기는 하지만, 그것이 영원한 하나님의 말씀이요 행동이라는 입장에서 보편성을 지닌다. 하나님은 초자연적인 방법으로 인간의 부르짖음에 대하여 응답하기도 하시지만, 많은 경우 상식적으로 설명하기 어려운 방법으로 우리의 기도적 상황에 개입하신다. 인간적인 상식과 지식으로 설명하기 어려운 방법을 동원하기도 하신다. 그런데 하나님이 우리에게 응답으로 제시하신 이 보편적인 구원 신탁이 사유화되고, 그 안에서 하나님의 행동하심에 대해 철저한 신뢰가 일어난다면, 이미 그 신탁은 미래적 사건이 아니고 현재적으로 누릴 수 있는 응답이 된다.21) 그리고 부르짖음의 환경에서 이미 그분이 어떻게 활동하시는지를 보게 된다. 그러므로 기도 응답의 가장 확실한 근거는 하나님이 자기 백성들에게 제시하신 구원의 신탁의 말씀이며 그것에 대한 절대적 신뢰이다. 그 절대적 신뢰는 기도 안에서 그 구원 신탁을 계속적으로 듣고, 그것에 대해서 귀를 기울이는 것이다. 그러므로 기도에 대한 또 다른 응답으로서 기도란 기도의 응답에서 매우 중요한 과정이다.

4) 기도와 성령

바울 서신에서는 기도와 성령은 불가분리의 관계로 묘사하고 있다. 서신서 몇 군데에서 그 관계를 명확히 하고 있는데, 에베소서는 "성령 안에서 기도하라"고 말한다(엡 6:18). 기도한다는 것은 곧 성령의 현존을 전제한다. 만일 성령과 상관없는 단순한 종교적 욕구로부터 비롯된 기도를 하고 있다면 그것은 결코 기독교 안에서의 기도라고 할 수는 없다. 성령 안에서 하는 기도의 두 가지 유형에 대해서 바울은 이렇게 말하고 있다. 하나는 고린도전서 14장에서 보여 주는 대로 성령 안에서의 기도는 감사와 찬송과 관련되어 있다. "그러면 어떻게 할까 내가 영으로 기도하고 또 마음으로 기도하며 내가 영으로 찬송하고 또 마음으로 찬송하리라 그렇지 아니하면 네가 영으로 축복할 때에 알지 못하는 처지에 있는 자가 네가 무슨 말을 하는지 알지 못하고

21) P. Miller, *They Cried to the Lord: The Form and Theology of Biblical Prayer*, 174-175.

네 감사에 어찌 아멘 하리요"(고전 14:15-16) 다른 하나는 로마서 8장에서 보여 주는 대로 성령이 우리의 기도를 도우신다는 사실이다. "이와 같이 성령도 우리의 연약함을 도우시나니 우리는 마땅히 기도할 바를 알지 못하나 오직 성령이 말할 수 없는 탄식으로 우리를 위하여 친히 간구하시느니라 마음을 살피시는 이가 성령의 생각을 아시나니 이는 성령이 하나님의 뜻대로 성도를 위하여 간구하심이니라" 즉 성령은 "우리 연약함"이 무엇인지 확실하지 않으나, 일반적으로 이해하건대, 우리는 사실 하나님께 드려야 할 것이 무엇인지를 확실히 알지 못하는 무능력한 사람이든지, 외부의 유혹에 쉽게 영향을 받는 존재이든지 성령께서는 탄식하시면서 하나님의 뜻대로 성도들을 위하여 간구하신다.

아직 완전히 구속받지 못한 인간은 무엇을 기도해야 할지 어떻게 해야 마땅한 간구가 되는지 모른다. 기도는 하나님에게 말하는 것이지만 우리의 언어는 하나님에게 알려야 하는 모든 것을 말할 능력이 없다. 따라서 기도가 가능하려면 성령께서 우리 안에서 말씀하셔야 한다. 그래서 로마서 8:26은 "성령이 우리를 돕고 말할 수 없는 탄식으로 우리를 대변하신다."고 말한다. 이렇게 성령은 인간의 불완전함에 매여 있다.[22] 그리고 성령 안에서 기도한다는 것은 하나님의 뜻대로 구하는 기도와 밀접한 관계가 있다. 개인적인 욕구나 종교적 동기가 결코 하나님의 뜻에 합하는 기도를 가능하게 하지 않는다. 인간의 어리석음을 성령께서 탄식하시면서 우리를 도우심으로 우리의 부르짖음이 하나님의 뜻에 합한 기도가 되도록 한다는 말이다. 그러므로 단순히 종교적인 욕구나 개인적인 욕구가 동기가 되어 열심을 내는 기도라면 그것을 반드시 기독교적 기도라고 할 수는 없다.

성령 안에서의 기도는 기도한다는 행위 이전에 기도하는 사람의 존재 방식이 무엇이냐가 더 중요한 일이다. 바울은 이 점에 대해서도 매우 상세하게 서술하고 있다. 로마서 8장은 기도자의 존재 방식에 대해서 이렇게 말하고

---

22) O. Cullmann, 『기도』, 162, 각주 240.

있다. "무릇 하나님의 영으로 인도함을 받은 사람은 곧 하나님의 아들이라 너희는 다시 무서워하는 종의 영을 받지 아니하고 양자의 영을 받았으므로 우리가 아빠 아버지라고 부르짖느니라 성령이 친히 우리의 영과 더불어 우리가 하나님의 자녀인 것을 증언하신다"(롬 8:14-15) 즉 기도할 때 "우리가 아바 아버지라고 부르짖을 때" 우리 안에서 역사하시는 것은 성령인데, 그 성령이 우리가 하나님의 자녀라는 것을 증거하신다. 그러므로 기도는 기도자가 성령과 깊은 관계적 존재일 때 가능한 것이며, 동시에 어떤 의미에서 기도할 때 "아바 아버지"라고 부름으로써 그것은 기도자 자신이 이미 하나님의 자녀라는 사실을 스스로 증명하는 것과 같은 것이라고 말할 수 있다.[23] 성령은 우리의 기도 안에서 그분 스스로가 말함으로써 그의 현존을 증명하기 때문이다. 기도 가운데 성령이 현존한다는 말은 한편으로는 성령이 우리에게 자신의 현존을 알린다는 것이며, 다른 한편으로는 우리는 이러한 성령의 현존에서 기도에 대한 응답을 찾아야 하고 또 찾아도 된다는 것을 의미한다.[24] 그러므로 완전히 구속받지 못한 우리에게 있어서 기도는 우리의 일이기 전에 성령의 일이며, 아바 아버지라고 부르짖는 기도 가운데서 우리가 성령의 지배를 받는 실존임을 고백하는 순간이다.

2. 관상 기도란 무엇인가?

1) 관상이란 무엇을 의미하는가?

관상 기도를 말하기 전에 관상이란 말이 담고 있는 의미가 무엇인지를 먼저 살펴보자. 관상이란 말은 어떤 방법을 지칭하는 말이기보다는 어떤 상태

---

23) 너희가 아들이므로 하나님이 그 아들의 영을 우리 마음 가운데 보내사 아빠 아버지라 부르게 하셨느니라 (갈 4:6)
24) O. Cullmann, 『기도』, 153-155.

나 태도를 지칭하는 용어이다. 그래서 '관상'이라는 명사적 형태보다는 '관상적'(contemplative)이라는 형용사적 형태를 먼저 이해할 때 관상 기도, 관상 수도회, 관상적 태도라는 말을 쉽게 이해할 수 있다. 여기서 '관상적'이라는 말은 관계적인 용어이다. 즉 주체와 객체 사이에서 이루어지는 관계의 정도가 자기 몰입적인가 혹은 자기 초월적인가에 따라서 관상적이냐 그렇지 않느냐를 가늠한다.

구체적으로 말하면 관계에는 나와 너(그것)의 관계를 말한다. 즉 나와 사물의 관계, 나와 다른 사람의 관계, 나와 하나님의 관계 등으로 확대해 갈 수 있다. 내가 자연을 감상하거나 음악을 감상한다고 할 때 관상적 태도로 접근할 수도 있고, 이 태도와 정반대로 자기 몰입적 태도로 접근할 수도 있다. 예를 들어 자기 몰입적 태도로 자연을 감상한다고 하자. 이 때 자연을 감상하는 자신은 감상하는 주체가 되고, 자연은 감상을 당하는 객체가 된다. 여기에서 인식의 주체와 인식의 대상 사이에는 일정한 거리를 유지할 수밖에 없다. 그리고 인식의 주체는 인식의 대상을 분석하고 판단함으로써 이해한다. 음악을 감상할 때도 음악을 감상하는 나라는 주체가 있고, 감상의 대상인 음악이 있다. 여기서도 음악 감상자는 음악을 대상으로 접근하며, 자신이 이미 가지고 있는 선지식을 통해서 그 음악을 분석적으로 이해하게 된다. 이러한 인식론에서는 주체와 객체 사이의 간격을 결코 극복할 수 없기에 그러한 과정을 통해 얻은 지식은 자주 회의론에 빠지게 된다.

반면에 관상적 태도로 자연과 음악에 접근한다면 나와 자연, 나와 음악이라는 이원론적 태도로부터 자기를 대상에게 넘겨주어 주체와 대상이 하나 되는 자기 초월적 태도를 지니게 된다. 내가 자연이나 음악을 분석하고 판단하는 주체자가 아니고, 자연이나 음악이 스스로 말을 걸어오고 나는 그것에 대해서 자연스럽게 반응하는 태도를 가지게 된다. 그래서 마침내 어느 시점에서는 나와 자연, 나와 음악이 하나 되는 단계에 이른다. 내가 대상을 통제하는 주체자로 머물러 있는 동안 그 대상을 이해할 수 있을 뿐 결코 하나 됨을 경험하지 못한다. 그러나 자신을 넘겨주는 초월적 태도를 취한다면 대상을 이성적으로 명료하게 이해할 수는 없지만, 즐기고 사랑할 수 있게 된다. 이러한 지식을 경험론적 지식이라 할 수 있다. 그것은 주체와 객체가 극복된 하나 됨의 결과이다. 우리는 엘리엇(T. S. Eliot)의 작품인 '사중주'의 드라이 설베이지즈(The Dry Salvages)라는 시에서 다음과 같은 구절을 만난다. "음악이 깊게 들리네, 더 이상 음악이 들리지 않네, 음악이 곧 나인걸."(Music heard so deeply/ That it is not heard at all, but you are the music)이라는 구절이 있다. 첫 구절에서는 나와 음악이라는 주체와 객체가 분리되어 있는 상태이다. 내가 음악을 듣고 있는 상태이다. 그러나 점점 음악을 통제하는 것을 포기함으로써 감상자와 음악이라는 주체와 객체의 분리가 극복됨으로 관상적 상태에 이르게 된다. 이 때 음악을 듣는 자의 입장에서 관상적 체험을 했다고 말한다.

이것은 사람과의 관계에서도 마찬가지이다. 다른 사람들을 대할 때 전혀 다른 대상으로 접근해 갈 수 있다. 우리는 자주 새로운 사람을 만날 때 그 사람을 기존에 알고 있는 어떤 사람으로 분류하려는 경향이 있다. "저 사람은 누구와 같다."든지 "누구처럼 생겼다."고 말하기를 좋아한다. 상대방이 나에게 말하기보다 내가 먼저 그 사람에 대한 판단을 가지고 접근해 간다. 이러한 태도를 자기 몰입형적 태도라고 한다. 그러한 태도로는 다른 사람과 진실한 만남이 가능하지 않다. 상대방을 이해한다고 할지라도 자기 중심대로 이해하기 때문에 아무리 가까워도 주체와 객체라는 거리는 좁힐 수 없다. 반면에 나 자신을 상대방에게 넘겨주면서 상대방에게 귀를 기울일 때는 판단 없이 상대방에게 접근할 수 있게 된다. 여기서 상대방을 누구와 같은 사람으로 접근하지 않고, 그 사람 자신에게로 다가간다. 이러한 상태를 관상적 태도라고 한다. 나라는 주체와 대상이라는 객체가 하나 되는 것을 지향하는 태도이다. 이러한 태도가 원숙하게 될 때 비로소 관상적 체험에 이르게 된다.

이러한 관상적 태도를 하나님과 관계로 확장시켜 간다면 관상 기도가 무엇인지를 보다 명료하게 이해할 수 있다. 일반적으로 나와 하나님을 주체와 대상으로 인식함으로써 하나님을 인식의 대상으로 생각하곤 한다. 그래서 하나님과의 관계를 거리감으로 표현한다. 물론 하나님의 초월적 속성을 말할 때 하나님은 절대 타자일 수밖에 없다. 그러므로 나와 하나님 사이에는 건널 수 없는 간격이 존재한다. 그러한 경우 하나님과 간격을 좁힐래야 좁힐 수가 없다. 그저 인식 차원에서 가깝다 멀다고 이야기할 수 있을 뿐이다. 그러나 하나님의 속성에는 내재적 속성이 있다. 이 때 하나님은 저 멀리 계시는 분이 아니라 우리 존재의 근거를 이루고 계신다. 결코 주체와 객체로 분리해 낼 수 없는 분이다. 분리된다고 할 때 벌써 나 자신의 존재를 부인하는 것과 같다. 그래서 기독교 영성사에 나타난 탁월한 영성가들은 하나님과 하나 됨을 끊임없이 추구했다. 하나님과 하나 됨을 이루는 순간 자신의 존재 의식이 보다 선명하게 드러남으로 자기 자신을 보다 더 잘 이해할 수 있다. 이러한 관계를 그들은 자주 신부와 신랑으로 비유하면서 둘이면서 둘일 수 없는 상태로 설명하였다. 사도 바울의 그리스도와 하나 됨의 경험도 전통적인 영성가들의 주장을 뒷받침해 주는 중요한 예이다. "그런즉 이제는 내가 산 것이 아니요 오직 내 안에 그리스도께서 사신 것이라"(갈 2:20) 이것이 하나님과의 관상적 체험의 극치이다.

2) 관상 기도라는 말의 회자 배경

최근 한국 교회에서는 관상 기도라는 말이 유행어처럼 회자되고 있다. 그 말을 대하는 사람들의 반응도 다양하다. 기도에 있어서 무슨 특별한 비법이라도 있는 것이 아닌가라는 호기심어린 눈으로 접근하는 사람이 있기도 하고, 또 한편으로는 그것이 혹시 비성경적인 어떤 방법을 끌어들이는 것이 아닌가 하여 의혹에 찬 시선을 보내는 사람도 있다. 그러나 둘 모두는 오해로부터 비롯된 관점이다. 한 마디로 말해서 모든 기도는 다 관상 기도라고 말해야 한다. 기도가 무엇인가? 하나님과 관계를 맺고자 하는 만남의 행위이다. 그러므로 기도자는 무엇보다도 하나님과 친밀한 관계 형성을 제일 목적으로 삼아야 한다. 그 친밀성을 이루어 가는 동안 주체와 객체의 간격을 극복해 가는 과정이 필요한데 그것이 바로 기도의 행위이다. 그러므로 그러한 태도를 지닌다면 그것이 관상적 태도이고 그것이 또한 관상 기도라고 할 수 있다. 그런데 하나님과 친밀한 만남을 전제하지 않는 기도가 있을 수 있는가? 만약 그러한 기도가 있다고 한다면 그것은 형식상의 기도일 뿐이지, 본질적인 의미에서는 기도라고 할 수 없다. 그러므로 관상적이 아닌 기도 행위는 엄밀히 말해서 기도라고 말할 수 없다.

그런데 왜 오늘 교회 지도자뿐만 아니라 평신도 가운데서도 관상 기도에 대한 관심이 그렇게 높아 가고 있는가? 그것은 우리의 기도 생활에 대한 새로운 자각과 반성이 필요하다는 것을 의미한다. 한 연구 보고서에 의하면 한국 교회의 성도들의 기도 생활에 대한 열정은 이전과 크게 달라지지 않았지만, 기도 생활에 대한 만족도는 많이 떨어지고 있다. 그 불만족의 원인이 예상과는 달리 기복적인 차원에서 비롯된 것이 아니고, 보다 근본적인 문제에 있다는 것을 설문에서 보여 주고 있다. 반복되는 자신들의 기도가 하나님과의 소통과 친밀한 관계 형성에 도달하고 있지 못하다는 사실이다.[1] 즉 이 연구 보고서는 그들이 습관적이고 반복적으로 기도를 이어 가고 있지만, 그 기도가 하나님과의 관계적 변화에 크게 영향을 미치지 못하는 독백적 기도에 불과하다는 것에 대해 깊은 의혹과 실망감을 드러내고 있다.

왜 기도가 하나님과 교제라고 하는데 독백적이어야 하는가? 그것은 기도자의 태도와 드리는 기도 내용의 문제와 관련되어 있다. 일상 생활 속에서 드리는 기도의 일반적인 주제는 현안 문제나 자신의 내면의 욕구에 집중되어 있다. 그렇기에 그들은 기도를 하는 동안 그 현안 문제나 내면의 욕구가 어떻게 해소되느냐에 집중할 수밖에 없다. 이 때 기도자의 일차적인 초점이 무엇인지를 들여다보자. 그는 하나님 자신을 알고자 하는 열망보다는 자신의

---

1) 유해룡, "교회의 양적인 성장과 영성의 상관 관계", 369-402.

현안 문제가 어떻게 다루어지고 있는지에 초점이 맞추어져 있다. 물론 그러한 문제 해결을 통해서 간접적으로 하나님과 관계적 소통을 모색하기는 하지만, 그 기도에 있어서 그 관계 모색이 직접적인 관심거리는 아니다. 그렇기에 그들은 기도 중에 하나님과의 친밀감은 맛볼 수 없다. 그래서 그들은 지속적인 기도 생활 가운데서도 답답함과 영적인 메마름을 해소할 수 없다. 이러한 시대적 환경 속에서 관상 기도라는 말이 기도에 대한 새로운 해법처럼 등장했다. 그러므로 관상 기도를 말할 때 우선적으로 방법의 문제보다는 태도의 문제에 관심을 두고 그 다음에 방법의 문제를 생각해 볼 수 있다. 관상 기도란 새로운 방법의 기도가 아니고, 하나님과의 친밀한 관계 형성을 위한 기도로 돌아가고자 하는 기도 쇄신 운동이라고 할 수 있다.

물론 성경에는 관상 기도라는 용어가 나타나지는 않는다. 그러나 관상 기도는 성경적이라고 말할 수 있다. 기독교 영성사에서는 예수님을 맞이하는 마리아와 마르다의 사건(눅 10:38-42)에서 관상적 전통을 찾곤 한다. 전통적으로 마리아를 관상적 사람의 대표적 유형으로 꼽는다. 그 이유는 마리아는 예수님과의 관계를 주변의 일거리나 당면한 문제를 통해서 간접적으로 발전시키려 하지 않고, 현존하시는 예수님 그 자신에게 전적으로 관심을 쏟아 부음으로써 직접적으로 그 관계를 발전시키려 하고 있다. 예수님은 마리아의 그러한 태도를 기뻐하셨다. 이것이 관상 기도의 태도이며 목적이다. 관상 기도는 주장하지 않고 순종하는 태도이다. 관상 기도는 서둘러 말하지 않고 잠잠히 기다리며 듣고자 하며 정직하게 반응하고자 한다. 그리고 궁극적으로는 우리 주님과의 완전한 일치를 갈망한다. 그러한 과정이 거듭되면서 우리는 하나님의 의지와 우리 자신의 의지가 하나로 일치되는 경험을 하며, 보다 성숙한 신앙의 단계로 발돋움을 하게 된다. 그러므로 관상 기도는 오늘 현재 행해지고 있는 기도 생활에 대한 개혁의 목소리이며, 자기 몰입적 신앙 태도로부터 자기 초월을 향한 하나님 자신에게로 다가오라는 하나님의 초청의 메시지라고 할 수 있다.

3. 관상의 역사적 전통

1) 플라톤 철학의 관상

영성사에서 관상(contemplation)이라는 말은 매우 다양한 의미로 사용되어 왔으나, 가장 기본적이고 핵심적인 의미는 하나님의 임재에 대한 자각과 관련되어 있다. 하나님의 임재에 대한 생각을 말하는 것이 아니고 일치 경험을 말한다. 관상이라는 말은 기독교 영성에서 사용되기 전에 헬라 철학에서 이미 사용되기 시작했다.

플라톤 철학에서도 관상이라는 의미는 매우 중요했다. 그에게 있어서 육체를 지닌 인간은 늘 불안하고 방황하는 존재이다. 왜냐하면 인간의 영혼은 만물을 아름답게 하는 절대선을 항구적으로 소유하지 못하기 때문이다. 그런데 그 절대선은 관상(theoria)을 통해서 항구적으로 성취된다. 즉 관상은 사랑과 지식을 통한 고양된 정화의 열매이며, 영혼 안에 있는 신적인 요소인 이성(nous)이 고귀한 원천과 동화될 때 비로소 그 관상의 정점에 도달하게 된다.[1] 이러한 플라톤의 관상 이해 뒤에는 현상 세계와 이데아 세계, 표면적인 지식과 진정한 지식, 한시적인 것과 불변하는 영원성 등을 날카롭게 구분하는 데에서 비롯된다. 그러므로 그에게 있어서 관상이란 덧없는 세상에서 유리방황하는 인간 이성(nous)이 절대자의 임재를 경험하고, 그와의 직접적인 접촉을 통해서 현상 세계에 숨겨진 이데아의 세계를 발견하고 마침내 이 두 영역이 하나로 연합되는 상태를 설명하는 말이다.[2] 이러한 플라톤의 철학적 관상은 필로(Phillo, B.C. 20-A.D. 50), 플로티누스(Plotinus 205-270), 프로클루스(Proklos, 410-485)에게 전승되면서 철학으로부터 종교적 차원이 현저하게 강조되었다. 그리고 그들의 사상은 후기 교부 시대와 서방

---

1) Bernard McGinn, *The Foundations of Mysticism: Origins to the Fifth Century* (New York: Crossroad, 1992), 25.
2) 위의 책.

기독교의 관상적 전통에 직접적으로 영향을 미치고 있다.3)

플라톤에게서 시작된 관상적 경건이라는 이상은 프로클루스에서 절정에 도달한다. 플라톤이나 플로티누스처럼 프로클루스는 인간이 신으로 복귀가 가능한 것은 영혼에 있는 신적인 것 때문이라고 주장한다. 그러나 플로티누스와는 달리 그는 영혼이 전적으로 타락하였으며 일자(一者)의 영역에 조금도 참여하지 못한다고 생각했다. 그래서 그는 참여 불가능한 일자에 대한 지식과 관련해서 부정의 길(apophatic way)을 선택한다. 영혼은 불가능한 그 탁월한 지식을 향하여 올라간다. 인간의 영혼은 그 본성을 향하여 열망하도록 지음받았기 때문이다. 그러나 영혼이 그 일자에로 동참하기 위해서는 먼저 일자와 공존해야 한다.4) 일자와의 공존하는 길로서 우리는 다른 모든 집착으로부터 해방되어야 한다. 이러한 상태를 일종의 관상이라고 지칭하는데 그것은 부정의 부정을 통해 도달한다. "이러므로 파르메니데스는 하나의 부정에 의해서 모든 부정을 제거하였다. 그는 일자에 대한 관상을 침묵으로 마친다."5) 이러한 부정의 길은 그 이후 기독교의 위 디오니시우스(Pseudo-Dionysius)의 관상적 신비주의에 영향을 미친다.6)

플라톤주의의 영향을 받은 헬라 철학에서는 활동(praxis)과 관상(theoria)의 관계를 논할 때 관상을 활동에 대해서 더 탁월한 위치에 두곤 하였다. 왜냐하면 인간의 완성을 영의 완성 혹은 삶의 비물질화와 영성화 안에서 찾았기 때문이다. 여기서 활동(praxis)이란 육체적인 일이든 정신적인 일이든 외적 활동과 관련된 일을 의미한다. 반면에 관상(theoria)은 영원한 진리에 대한 지식이나 지적 인지를 말한다. 이 둘의 영역은 실제적으로는 뚜렷하게 구분할 수 있는 영역이 아님에도 불구하고 오늘 그리스도인들이 자연스럽게 받

---

3) Emerich Coreth, "Contemplative in Action," in *Contemporary Spirituality*, ed. Robert W. Gleason (New York: MacMillan Co., 1968), 186.

4) B. McGinn, *The Foundations of Mysticism: Origins to the Fifth Century*, 60.

5) Bernard McGinn, *The Foundations of Mysticism: Origins to the Fifth Century*, 방성규, 엄성옥 공역, 『서방 기독교 신비주의의 역사』 (서울: 도서출판 은성, 2000), 113의 각주 222 참고.

6) B. McGinn, *The Foundations of Mysticism: Origins to the Fifth Century*, 57.

아들이고 있는 것은 플라톤의 이원론적 형이상학이 기독교 신학에 깊은 영향을 주었기 때문이다. 즉 인간의 활동은 비실재하는 감각적인 세계를 향하고 있지만, 이데아의 비전은 순전히 영적 세계와 지고선(至高善) 자체를 향하고 있다.[7] 이러한 지고의 지적 비전에 이르기 위해서는 먼저 비실재적인 감각적 세계에 대해서는 완전한 무정념(apatheia)에 이르러야 한다. 그것은 철저한 금욕 수련을 통해서 성취될 수 있다. 이러한 경향이 초기 교부들에게 기독교적 금욕 수련의 이론적 원칙을 세우는 데 기여했다. 교부들에게 있어서 활동(praxis)은 더 이상 외적인 활동을 의미하기보다는 도덕적이고 금욕적인 추구, 그리고 덕성과 완덕을 이루고자 하는 투쟁을 의미한다.[8] 이러한 기독교적 덕목을 이루기 위한 실천적 활동은 관상을 위한 필요한 선결 조건이라고 믿었다.

2) 동방교회의 활동과 관상

로마 가톨릭적인 입장에서 활동적인 생활이란 가르침이나 설교 혹은 사회사업에 종사하는 삶을 의미하며, 관상 생활이란 카르투시오 수도회와 같은 봉쇄 수도자들을 의미했다. 초기 동방 교부들의 저서에서 이 두 영역의 의미는 서방교회와 조금 달랐다. 활동적인 생활이란 덕을 획득하고 정욕을 극복하기 위한 금욕적인 노력을 의미하며, 관상 생활이란 하나님을 보는 것을 의미한다. 그러므로 동방 교부들의 견해에 따르면 봉쇄적인 삶을 사는 사람들도 활동적 삶에 종사할 수 있으며, 세상에서 완전히 외적인 봉사에 헌신하고 있는 의사나 사회사업가도 내적인 기도를 실천하며 마음의 침묵을 획득했다면 관상 생활을 추구한다고 할 수 있다.

동방 교부 중에서 특별히 주목할 만한 기독교 플라톤주의자이면서 기독교적 관상 전통을 세워 주는 데 큰 영향을 미친 두 인물은 오리겐(Origen)과

---

7) E. Coreth, "Contemplative in Action," in *Contemporary Spirituality*, 185.
8) 위의 책, 187.

그의 영향을 받은 닛사의 그레고리(Gregory of Nyssa)를 들 수 있다. 그리
고 관상과 활동의 조화로운 관계를 발전시킨 사람은 역시 오리겐의 영향을
받은 플라톤주의자인 폰티쿠스의 에바그리우스(Evagirus of Ponticus,
346-399)를 들 수 있다. 그리고 오리겐은 닛사의 그레고리의 관상의 길을
앞서 열어 놓은 선구자라고 할 수 있다.9) 오리겐은 창세기 말씀인 하나님의
형상(image)과 하나님의 모양(likeness, 창 1:26)을 언급하면서, 타락이란
하나님의 형상은 상실하지 않았지만, 하나님의 모양은 상실한 상태라고 말한
다. 그러므로 구원이란 하나님의 모양을 회복하는 것이며, 관상의 원래적 상
태로 돌아가는 것이라고 한다.10) 그는 완전한 관상의 상태로 돌아가기 위한
점차적인 진보를 세 단계로 제시하고 있다. 첫째 단계는 점차적인 진보를 이
루어 가고 있는 사람이 도덕적 정화를 통해 새로운 단계의 영적 진보를 준비
한다. 오리겐은 이러한 기독교적 덕목을 실천하고 죄악과의 투쟁을 활동
(praxis)이라고 말한다. 다음 단계로는 그 덕목이 실현되고 그래서 변화를
겪은 영혼은 하나님 안에 있는 피조 세계를 보게 된다. 헬라 철학적인 용어
로 지적인 관상(theoria)에 이른다.11) 그러나 오리겐은 여기에 머물지 않고
하나님과 사랑의 일치로 들어가는 관상을 말한다. 그것을 신학(theologia)이
라고 한다. 오늘날 우리가 일반적으로 사용하는 신학이란 교부들에게 있어서
는 사변적 반추의 산물이라기보다는 사랑으로 가득 찬 정서적 응시 혹은 일
치를 말한다. 그래서 오리겐은 가장 차원 높은 관상적 상태를 아가서에서 찾

9) Rowan A. Greer, General Introduction to *Origen: An Exhortation to Martyrdom, Prayer, First Principles: Book IV, The Prologue to the Commentary on The Song of Songs, Homily XXVII on Numbers*, by Origen, trans. Rowan A. Greer (New York: Paulist Press, 1979), 25.
10) William H. Shannon, "Contemplation, Contemplative Prayer," in *The New Dictionary of Catholic Spirituality*, ed. Michael Downey (Collegeville, Minnesota: The Liturgical Press, 1993), 210.
11) W. Shannon, "Contemplation, Contemplative Prayer," 209-210 참고. 라틴어의 contemplatio (관상)에 가장 근접한 헬라어는 동사 θεωρείν(어떤 목적을 가지고 의도적으로 사물을 바라본다는 뜻)으로부터 온 θεωρία 이다. 헬라 교부들 중에서는 피조물 가운데서 하나님의 흔적을 발견하기 위해서 자연 관상(natural contemplation)을 하였는데, 그 때 사용한 용어가 θεωρία 이다. 그래서 관상의 가장 높은 차원의 형태요, 직접적이고도 완전한 하나님의 인식 즉 하나님과 하나 되는 직접적인 경험을 θεολογία 라고 했다.

고 있다.[12] 오리겐은 활동적인 삶에 비해서 관상적인 삶에 더 우선권을 부여
한다. 그에게 있어서 활동적인 삶이란 정화적 활동이며 관상을 위한 준비 작
업이다. 어떤 측면에서 관상은 영혼에게 행동할 수 있도록 해 주는 비전이기
때문에 관상이 활동에 우선한다고 말할 수 있다.[13]

닛사의 그레고리는 『모세의 생애』라는 저서에서 세 가지 차원에서 관상의
단계를 언급하고 있다. 첫 번째 단계로 불타고 있는 떨기나무 숲에서 하나님
의 빛을 경험한다.[14] 그리고 시내산에서 율법을 받기 위해서 두 번의 시내산
을 오를 때마다 모세는 하나님을 보고자 하지만 깊은 어두움으로 휩싸인
다.[15] 그레고리는 이 모세의 경험을 통해서 인간의 부분적인 하나님 경험은
마치 아무것도 모르는 상태로의 경험이라고 말한다. 그러므로 인간은 결코
하나님을 보고자 하는 열망으로부터 완전히 해방을 받을 수 없다. 그가 볼
수 있는 것을 봄으로써 더 보고자 하는 열망으로 타오른다. 하나님께 오르는
그 열망은 끝이 없다.[16] 오리겐과 그레고리의 관상의 경험은 무엇인가 본 것
으로 시작하여 아무것도 보았다고 말할 수 없다는 것으로 진행해 가고 있다.

전통적으로는 영적 여정을 활동적인 생활(praxis, praktike)과 관상 생활
(theoria)로 나누어 구분했다.[17] 에바그리스우스는 이 구조를 보다 정교하게
발전시킨다. 즉 활동적인 생활, 자연에 대한 관상(physike), 하나님에 대한
관상(theoria)으로 보다 세분화한다.[18] 그에게 있어서 관상 생활은 소위 활
동적인 생활인 회개와 더불어 시작된다. 회개란 단지 죄로 인해 애통해하는

---

12) R. Greer, General Introduction to *Origen*, 23.
13) 위의 책, 27.
14) Gregory of Nyssa, *Gregory of Nyssa: The Life of Moses* (New York: Paulist Press, 1978),
 Book II, 22-26.
15) 위의 책, Book II, 162-166.
16) 위의 책, Book II, 221-222, 231-239, 249-255.
17) Kallistos Ware, "제16장 기도와 관상의 길: 동방교회", Bernard McGinn, John Meyendorff, and
 Jean Leclercq, eds., *Christian Spirituality: Origins to the Twelfth Century*, 유해룡 외 공역, 『기
 독교 영성(1): 초대부터 12세기까지』 (서울: 도서출판 은성, 1997), 639. 이러한 구분은 이미 알렉산
 드리아의 클레멘트(150-215)와 오리겐(185-254)에게서 발견된다.
18) 위의 책, 640-643

것이 아니라 '마음의 변화' 즉 근본적인 회심, 삶 전체의 중심을 다시 하나님께 두는 것을 말한다. 이 단계에서 구도자는 자신의 인간적 본성을 왜곡시키는 뿌리 깊은 정욕을 극복하기 위해서 노력한다. '정욕'(pathos)이란 질투, 육욕, 억제되지 않는 분노 등처럼 영혼을 거세게 지배하는 무질서한 충동을 의미했다. 그러나 정욕 자체가 죄악된 것이 아니라, 그것을 악용하는 것이 죄악이다.[19] 영적 구도자는 자기 마음으로 돌아와 지속적으로 그것을 지켜보는 동안 자각이 증대되면서 절제와 분별력을 획득한다. 활동적인 생활의 최종적인 목표는 무정념(apatheia)을 성취하는 것이다. 그것은 현대적인 의미의 무관심(apathy)이 아니라, 인간의 죄악된 욕망을 하나님으로부터 오는 새롭고 보다 선한 에너지로 대체하는 것이다. 그것은 모든 감정의 부재 상태가 아니라 재통합과 영적 자유의 상태이다. 이러한 사상이 서방교회에 전달되면서 카시안(369-435)은 무정념(apatheia)을 마음의 청결(puritas cordis)이라고 번역했다. 에바그리우스는 무정념을 사랑과 연결시키면서 "아가페(Agape)는 무정념(apatheia)의 소산이다."[20]라고 했다.

두 번째 관상 생활로 자연적 관상(physike)을 말한다. 만물 안에서 하나님을 보고 하나님 안에서 만물을 보는 것이다. 그것은 각각의 사물을 하나의 성례로 취급하는 것이며, 자연 전체를 하나님의 책으로 보는 것이다. 그 시대의 한 지혜자로부터 사막의 안토니가 "당신은 책으로부터 위로를 박탈당하고서 어떻게 지내십니까?" 질문을 받았을 때, 안토니는 "철학자여, 피조된 자연이 나의 책이며, 나는 언제든지 하나님의 말씀을 읽고 싶어할 때마다 그 책은 바로 내 옆에 있다오."[21]라고 대답했다. 이 자연적 관상을 '첫 번째

19) 그레고리 팔라마스(Gregory Palamas, 1296-1359)는 무정념에 대해서 이렇게 주장했다. 우리의 목표는 정욕을 억제하거나 죽이는 것이 아니라, '그 방향을 바로잡는 것'이며, 그것들이 최상의 것으로 회복되는 것을 의미한다. St. Gregory Palamas, *Triads*, 2, 2, 19, quoted in Metropolitan of Nafpaktos Hierotheos, *Orthodox Psychotherapy: The Science of the Fathers*, trans. Esther Williams (Levadia Hellas: Birth of the Theotokos Monastery, 2002), 299.
20) B. McGinn, 『서방 기독교 신비주의의 역사』, 240, 각주 90 참고.
21) *Praktikos* 92, in *Evagrius Ponticus*, 39, Kallistos Ware, "제16장 기도와 관상의 길: 동방교회", 643 에서 재인용.

자연적 관상'과 '두 번째 자연적 관상'으로 나눈다. 전자는 육체의 감각에 의해서 감지되는 물질 세계이고, 후자는 영적 실재인 신적인 영역을 지향한다. 즉 자연적 관상의 중요한 목적은 성경의 내적 의미를 묵상하는 것이다.

세 번째 관상 생활은 하나님에 대한 관상(Theoria)이다. 더 이상 피조물을 통해서가 아니라 무매개적인 사랑의 연합 안에서 얼굴과 얼굴을 대면하여 직접 하나님을 만난다. 신성은 말과 이해를 초월하는 신비이므로 이러한 관상을 하는 동안 인간의 정신은 단순히 응시하거나 접촉에 의해 하나님을 직관적으로 파악하기 위해서 개념과 말과 형상을(추론적인 사유의 차원) 초월한다. 에바그리우스는 이러한 상태를 이렇게 묘사한다. "기도할 때, 당신의 내면에 신성의 어떤 형상도 만들지 말며, 당신의 마음에 어떤 형태의 인상도 남기지 말며, 비물질적인 방법으로 비물질적인 분에게 다가가라.…기도는 모든 생각을 벗어 버리는 것을 의미한다.…기도하는 동안 감각으로부터 완전히 해방된 지성은 복되도다."[22] 이것은 관상이 보다 높은 단계에 이르게 되면 주체와 객체를 구분하는 의식은 희미해질 뿐만 아니라 무의미해진다는 것을 의미한다. 그 대신 모든 것을 포용하는 통일성에 대한 의식은 고양되는 것을 의미한다.

닛사의 그레고리는 『모세의 생애』에서 구름에 둘러싸인 시내산에 오른 모세의 관상적 상태를 이렇게 묘사하고 있다. "여기에서는(구름에 둘러싸인 산 정상) 더 이상 인간의 지성으로 만들어 낸 형상이나 개념으로 하나님을 배우지 않는다. 그러한 것들은 하나님이라는 우상을 만들며, 하나님 자신을 선포하지 않는다."[23] 왜냐하면 개념과 형상은 살아 계신 하나님의 실재보다는 신성에 대한 인간의 개념에 붙들려 있기 때문이다. 이렇게 비형상적이고 비추론적인 하나님의 임재 의식을 그리스어 원전에서는 종종 평정과 내면의 고요를 의미하는 헤지키아(hesychia)라는 용어로 표현한다. 이것은 경청하는

---

22) *On Prayer* 67, 71, 120, Kallistos Ware, "제16장 기도와 관상의 길: 동방교회", 643-644 에서 재인용.
23) Gregory of Nyssa, *Gregory of Nyssa: The Life of Moses*, Book II, 165.

태도라는 긍정적인 의미에서 침묵을 의미한다. 더 자세한 것은 후에 더 논의하겠다.

이상과 같은 에바그리우스가 제시하고 있는 세 단계 영적 여정의 구도는 이렇게 이해해야 할 것이다. 첫째, 이 단계는 마치 연속적인 단계인 듯하지만, 사실은 서로 독립되어 있으면서도 동시에 공존하는 세 개가 심화되어 가는 차원이라고 보아야 한다. 그는 영혼의 정욕이 "죽을 때까지 지속된다는 것"을 인정했다. 이것은 이 세상에서는 누구도 첫째 단계 또는 활동적 단계를 완전히 초월할 수 없음을 의미한다. 둘째, 에바그리우스의 구조에서 사랑은 지식(gnosis)보다 낮은 차원에 두는 것처럼 보인다. 그러나 닛사의 그레고리가 이 관점을 뒤집어 "지식은 변형되어 사랑이 된다."고 했다.

3) 서방교회의 활동과 관상

서방교회에서는 베네딕도 수도회가 관상과 활동의 관계성을 정립해 주는데 중요한 역할을 했다. 그들의 수도적 삶의 총체적인 특징인 '하나님의 일'(Opus Dei)이라는 표어와 '기도하고 노동하라'(Ora et Labora)는 표어를 통해서 베네딕도 수도회의 관상과 활동의 이상적인 조화를 들여다볼 수 있다. 이 말은 기도와 일을 동일시한다는 의미는 아니다. 기도가 하나님의 일이 되는 것은 기도는 하나님이 수도자에게 부어 주신 하나님의 사랑을 발하는 행위이기 때문이다.[24] 그래서 그들은 온몸과 마음을 바치는 심정으로 기도에 참여했기에 그것을 성무일도라고 했다. 반면에 노동이 수도 생활에 맞도록 선택되고 조정되면서 관상적 생활에 일부가 된다는 의미에서 노동은 하나님의 일이 된다고 했다. 그래서 기도와 일은 수도 생활의 전체를 구성하는 부분을 이루고 있다.

베네딕도 수도회는 수도자들의 하루를 세 부분으로 나누었다. 즉 성무일

---

24) Esther de Waal 외, 『규칙서』, 백순희 편역 (경북 왜관: 성 베네딕도회 왜관 수도원, 2004), 64.

도, 거룩한 독서(Lectio Divina), 육체노동이다. 이 세 가지가 균형을 유지하도록 시간을 정해 놓았지만, 기후와 계절에 따라서 유연성을 허락하기도 했다. 예를 들면 겨울에는 들일이 적기 때문에 독서 시간을 더 많게 하고, 여름에는 그 반대로 행하기도 했다.[25] 형식상 베네딕도 수도 생활은 기도와 노동의 균형을 매우 소중히 여긴 것처럼 보이나 실제적으로 기도를 하든지 노동을 하든지 그 궁극적인 목표는 하나님을 봄(vision)에 있었다. 베네딕도 수도 생활 규칙서가 말하고자 하는 바는 기도를 하든지 노동을 하든지 그 모든 것은 하나님의 일 즉 활동(praxis)이고, 그 활동이 지향하는 목표는 더 이상 일이 아닌 관상(theoria)이다. 그러므로 형식적으로 볼 때는 활동이 관상의 선행 조건처럼 느껴진다. 그러나 베네딕도 수도회가 지향하고 있는 삶의 유형은 활동의 결과로 얻은 관상이 다시 활동에 영향을 미침으로써 활동 중의 관상 생활에 이르는 것이다. 그 관상이 완전한 것은 아니지만, 완전한 관상을 지향해 가는 과정에서 활동 중의 관상을 누리게 된다. 그럴 때 비로소 그것을 하나님의 일(Opus Dei)이라고 말한다.

지금까지는 세상과 유리된 소위 관상 수도회에서 보여 주고 있는 활동과 관상의 관계를 생각해 보았다. 그러나 후기 중세에 이르러 탁발 수도회 즉 프란체스코회와 도미니코라는 재속 수도회가 탄생하면서 활동과 관상의 유형이 새롭게 발전하였다. 그것은 관상과 활동의 통합적 유형인 사도적 활동이다. 도미니코회의 대표적 신학자인 토마스 아퀴나스는 고대 헬라 철학과 교부 시대의 이상을 통합하고 있다. 즉 활동이란 일반적으로 이해하는 외적인 활동을 지칭할 뿐만 아니라, 도덕적 정화의 활동을 말한다. 반면에 관상이란 하나님의 진리에 대한 통찰을 의미하며, 하나님 그 자신을 바라보는 삶을 말한다. 그러나 토마스의 관상은 헬라적 관상 이해와는 달리 순전히 지성적(혹은 철학적) 관상이 아니고, 개인의 믿음과 사랑의 행위와 관련된 신앙적 관상이다.[26] 기독교적 관상이 순전히 지성적이라고 할 수 없는 것은 그것이

25) 위의 책, 63.
26) E. Coreth, "Contemplative in Action," 191.

몰가치적이라고 말할 수 없기 때문이다. 그리스도인의 관상과 활동은 자연스럽게 완덕을 추구한다. 사랑이 관상적인 삶과 활동적인 삶의 동기요 원천이다. 사랑과 관련하여 관상적 삶과 활동적인 삶을 이렇게 구분할 수 있다. 직접적이고 즉각적으로 하나님의 사랑을 지향하는 것이라면 그것이 관상적인 삶이고, 이웃을 향한 사랑이라면 그것은 활동적인 삶이다. 여기서 관상과 활동이란 그들이 서로 완덕을 이루는 데 기여한다는 의미에서 보다 더 높은 상호 활동으로 발전된다.[27] 예수님의 제자들이 그러했던 것처럼 탁발 수도회의 수도자들은 기도와 성무일과를 통해서 하나님의 사랑을 지향하고, 제한된 수도원의 공간을 뛰어넘어 낮에는 이웃 사랑과 복음 선포 등의 사도적 활동을 실천했다.

4. 다양한 관상의 길

1) 관상의 단계

기도를 보다 심도 깊게 하고자 하는 욕구로부터 오늘날 명상 기도(meditation), 관상 기도(contemplation)라는 말이 자주 언급된다. 기도의 주체자인 자기 자신이 기도를 끌어가지 않고, 기도를 시작하게 하시는 하나님이 기도의 주체자가 되시도록 하는 기도에 대한 열망으로부터 나온 용어이다. 이 용어를 우리말로 번역할 때 관상 기도를 명상 기도의 한 부류이거나 동일한 것으로 취급하여 관상이라는 라틴어인 'contemplatio'를 'meditatio'라는 말과 동일하게 '명상'이라고 번역하는 경우가 흔하다. 물론 관상이나 명상이 음성(vocal prayer) 기도와 구분된다는 의미에서 같은 부류로 취급하는 것은 크게 잘못되었다고 할 수 없다. 그러나 기독교 영성적인 전통에 따

27) 위의 책, 189.

르면 명상과 관상을 동일하게 취급하는 것은 그 의미를 지나치게 희석시킬 수 있다. 명상 기도에서는 일반적으로 어떤 주제에 대한 이성적인 추리를 통해 하나님과의 대화를 추구한다.

전통적으로 음성 기도와 명상 기도와 관상 기도는 그 심도를 나타내는 의미로 사용되어 왔다. 우르반 홈즈(Urban Holms)는 기도의 종류는 기도하는 자 편에서 볼 때 집중하고 있는 그 지향성의 연속체(a continuum of focused intentionality)에 따라서 구분할 수 있다고 했다. 성숙한 기도의 성향은 집중하는 농도의 정도가 점점 희박해진다는 의미이다.[1] 고전적으로 관상 및 하나님과의 합일로 나아가는 기도가 그렇다. 성 빅토르 리처드 (Richard of Victor, 1173년 사망)는 관상을 "지혜의 나타남에 대해 놀라움으로 정지된, 마음의 자유롭고 보다 통찰적인 응시"[2]라고 정의한다. 그는 다시 명상과 대조하여 "관상은 지각된 사물 안으로 확장된 통찰적이고 자유로운 영혼의 응시인 반면에, 명상은 사물에 대해서 열심히 추구하는 마음(지성)의 주목이며, 진리를 열심히 추구하기 위해서 사용된 영혼의 주의 깊은 응시"[3]라고 정의한다. 교회사에 나타난 영성가들이 자주 하나님과의 영성적인 관계를 결혼의 유비로 설명하고 있는데, 기도의 심도도 그렇게 설명할 수 있다. 초기 신랑과 신부와의 만남은 대화로부터 시작된다. 서로간에 알지 못하는 세계를 객관적으로 탐구하기 위하여 많은 말이 오간다. 그러나 점차 관계가 무르익으면서 많은 말이 하나의 표정이나 느낌으로 전달된다. 그 친밀감의 정도에 따라서 그 표정이나 느낌이나 상징적인 행동 안에 그만큼 많은 말과 의미가 담겨지게 된다. 결국 오랜 결혼 관계 속에서 일어나는 교제의 수단은 주로 침묵과 느낌이다. 기도의 성숙도를 이런 현상으로 설명할 수 있다. 관계성 속에서 침묵은 매우 풍부한 마음의 교류라고 할 수 있다.

---

1) Urban T. Holmes III, *Spirituality for Ministry*, 김외식 역, 『영성과 목회』 (서울: 대한기독교서회, 1988), 42.
2) Richard of St. Victor, "The Mystical Ark," Book I, ch. iv, *Richard of St. Victor* (New York: Paulist Press, 1979), 157.
3) 위의 책.

성숙한 기도에 이를수록 그 희구하는 의도성의 농도가 점점 희박한 쪽으로 기울어지는데, 그 이유는 주장하는 기도가 아니라 듣는 상태의 기도이기 때문이다. 이 기도의 목적은 하나님께 우리의 소원을 말하는데 있지 아니하고, 우리에게 알려지게 될지도 모르는 하나님의 음성과 그분의 뜻에 귀를 기울이는 것이다. 관상 기도는 하나님께서 자기 내면 안으로 들어오시도록 자유롭게 자신을 열어 놓는 상태이며 마침내 하나님의 신비가 자기 자신의 내면에 부딪혀 옴으로써 기도의 주체자와 객체자가 하나가 되는 일치 경험 상태이다. 그 상태는 지성적인 냉랭함이 아니고 가슴으로 느끼는(heartfelt) 경험이요, 정감적인(affective)인 경험이요, 분석적인 경험이 아니요, 직관적인 경험이다. 보나벤투라는 이러한 체험의 상태에 대해서 그것은 "가르침이 아니고 은총이요, 이해가 아니고 열망이요, 부지런한 독서가 아니라 열렬한 기도요, 선생이 아니고 배우자요, 명료함이 아니고 어두움이요, 빛이 아니요 불"을 경험하는 것이라고 말했다.[4]

전통적으로 기독교 영성가들은 관상을 하나님과의 관계적 상태를 묘사하는 말로 사용하기를 좋아했다. 즉 영적 여정의 극치 즉 하나님과의 관계적 일치의 정도에 따라서 그 상태를 다양하게 나누어 묘사하곤 했다. 신비신학을 최초로 종합시킨 알바레즈 데 파즈(Alvarez de Paz)는 묵상 기도를 네 가지 기본형으로 나눈다. 즉 추리적 묵상(discursive meditation), 정감 기도(affective prayer), 불완전한 관상(inchoate contemplation), 완전 관상(perfect contemplation)[5] 등이다.

추리적 묵상은 초자연적 진리를 꿰뚫어보고, 그것을 사랑하며 은총의 도움으로 그것을 실천하기 위해 그것에로 마음을 돌려 추리하는 것을 의미한다. 추리가 끝나면 묵상은 끝나게 된다. 이 과정을 거쳐 정감적 기도나 명상

---

4) Bonaventure, "The Soul's Journey into God," *Bonaventure* (New York: Paulist Press, 1978), ch. 7, 6, 115.

5) Jordan Aumann, *Christian Spirituality in the Catholic Tradition* (San Francisco: Ignatius Press, 1985), 206.

으로 넘어갈 수도 있다. 묵상의 가장 중요한 요소는 지성이 제시하는 초자연적 진리에 대한 의지적 사랑의 행위이다. 아빌라의 테레사(Teresa of Avila)는 묵상은 많이 생각하는 것이 아니고, 많이 사랑하는 것이라고 했다.[6] 의지가 사랑의 행위로 부풀어오를 때 영혼과 하나님 사이에 친밀한 접촉이 이루어지고, 그 때 비로소 영혼은 참으로 기도한다고 말할 수 있다. 추리 작용은 단순히 사랑을 일으킬 준비에 불과하다.

정감의 기도란 의지 작용이 지성의 추리 작용보다 우세한 형태의 기도라고 할 수 있다. 즉 지성보다 사랑이 우세한 단순화된 묵상이다. 추리에서 의지의 활동으로 옮겨지게 된다. 추리적 묵상과 영적 독서는 정감 기도 실천에서 중요한 역할을 하고 여기서 의지의 행위를 자극하는 자료를 얻게 된다. 정감 기도의 실천은 묵상 재료를 하나하나 고찰해 나가다가 의지의 정감이 유발되는 매순간 추리 묵상을 잠시 멈춤으로써 가장 잘 수행되어 나간다. 정감의 기도를 적절히 활용하면 많은 영적 유익을 얻는다. 심리학적으로 볼 때 정감 기도는 추리적 묵상에서 오는 무미건조함에서 잠시 벗어나 쉽게 한다. 정감 기도는 지나친 내적 성찰에서 벗어나게 하거나 아니면 우리 자신의 노력에 너무 의탁하지 않게 한다. 정감 기도는 본질상 의지의 작용이고 따라서 사랑의 행위로서 인간으로 하여금 하나님과 깊은 일치를 갖게 도와 준다. 그것이 주는 마음의 위로와 감미로움 때문에 기독교적인 실천에 큰 자극제가 되기도 한다.

불완전 관상은 지극히 단순화된 수덕적 기도의 한 형태이다. 먼저 묵상에서 사용된 추리는 이제 단순한 지적 응시로 바뀌고, 정감 기도에서 체험한 정감은 하나님께 대한 단순한 애정어린 관심과 합일된다. 이 기도는 수덕 기도와 신비적 기도[7] 간의 다리 노릇을 한다. 그것은 바로 성령의 은사가 수동

---

6) Santa Teresa de Jesus, *Castillo Interior*, 최민순 역, 『영혼의 성』 (서울: 성바오로 출판사, 1989), 제 4궁방, 제1장, 7, 77.
7) 수덕 기도란 자신의 의지와 지성과 노력을 능동적으로 사용하는 것에 초점을 둔 말이며, 신비 기도란 그 기도 자체가 전적으로 하나님의 은총에 의지하고 있으며 수동적인 기도 형태를 띠게 된다.

적으로 영혼 안에 작용하기 직전의 최종적 단계이다. 그렇기에 이 단순함의 기도에서는 습득적(active) 요소와 주부적(infused) 요소가 혼합됨을 흔히 체험하게 된다. 습득적 관상에서 이미 하나님의 은총이 작용하기 시작했기 때문에 기도자가 충실하면, 주부적 요소는 점차 증가되어 마침내 기도 전체를 지배하게 된다.

관상 기도에 있어서 습득적 요소가 점차로 줄어들어 가고 주부적 요소가 확대되어 가면서 기도자는 수동적인 상태에 놓이게 된다. 여기서 기도자는 추리적 지식이나 탐구적 지식보다는, 직관적이면서 사랑에 찬 지식을 맛보게 된다. 그 맛은 즐거움과 찬탄과 감격이다. 특별히 지성적인 활동보다는 사랑의 정감이 활발하게 작용하는데, 그 사랑의 활동은 사랑받고 있다는 사실을 강렬하게 경험함으로부터 비롯된다. 그 사랑은 집착에서 자유롭고 오히려 사랑하는 분을 향하여 자신을 내어 주는 활동이다. 이러한 관상의 좋은 본보기로는 자연에서 경험되는 미적 경험이다. 자연을 바라볼 때 자연으로부터 흘러나오는 이기적인 혜택에 관심을 기울이기보다는 자연 그 자체의 신비로움과 아름다움에 매료될 때 그것을 바로 관상적인 체험이라고 할 수 있다. 심리적으로 볼 때 하나님과의 일치 체험과 자연에서 경험하는 관상 체험이 매우 유사하다. 오먼(Jordan Aumann)은 주부적 관상(완전 관상)의 특징을 다음과 같이 제시해 주고 있다.[8]

(1) 하나님 현존의 체험이 현저하다.
(2) 영혼 안에 초자연적인 것이 엄습하는 느낌을 받는다.
(3) 본성적인 노력으로는 할 수 없는 체험을 할 수 있다.
(4) 능동적이기보다 훨씬 수동적이다.
(5) 하나님에 대한 체험적 지식은 명확하거나 뚜렷하지 못하고 모호하고 혼잡스러울 수 있다.
(6) 관상자는 하나님의 활동 아래 있다는 안정감과 확신을 받는다.

8) Jordan Aumann, *Spiritual Theology*, 이홍근 역, 『영성신학』(대구: 분도출판사, 1987), 382-388.

(7) 관상자는 은총 상태에 있다는 확신을 갖는다.

(8) 그 체험의 서술이 매우 어렵다.

(9) 하나님과의 일치의 체험과 동시에 존재적 변화를 가져온다.

(10) 실천적 삶에 대한 큰 충동을 느낀다.

2) 두 종류의 관상의 길

교회는 전통적으로 관상에 이르는 두 종류의 모형을 가르치고 있다. 첫 번째는 일체의 영상이나 이미지를 부정하고 순수 어두움의 상태에서 하나님과 일치 체험을 보다 진정성 있는 일치라고 믿는 모형이다. 관상 경험에 이르기 위해서는 일체의 상상력이나 이미지를 끊임없이 제거하여 감각의 어두움과 영의 어두움에 이르게 된다. 또 다른 하나는 상상력이나 갖가지 이미지가 관상 체험에 이르는 중요한 매개체가 된다는 것을 적극적으로 받아들이는 전통이다. 기독교 영성사에서 이러한 두 가지 모형의 관상의 길을 태동시키는 데 중요한 역할을 한 사람이 위 디오니시우스(Pseudo-Dionysius)이다. 그는 5세기 후반에 시리아 기독교와 신플라톤적인 분위기 아래에서 바울의 측근 중 한 사람인 아레오바고의 디오니시우스(Dionysius the Areopagite, 행 17:34)라는 아명으로 저술 활동을 한 동방교회의 한 수도자였다.

그는 자신의 작품을 통해 신플라톤적인 형이상학과 성경의 가르침과 구도자의 내면 세계를 잘 통합시켜 영적 여정의 한 패러다임을 제시해 주고 있다. 그는 신플라톤적 창조론과 구원이라고 할 수 있는 '아래로의 산출'(the procession downward)과 '위로의 복귀'(the return upward)를 잘 이해하고 있었다. 신플라톤적 창조론인 산출과 복귀의 형태를 받아들이면서 전자를 긍정의 길(via affirmativa)이라고 하고, 후자를 부정의 길(via negativa)이라고 하는 관상의 길을 열어 놓았다. 그리고 그것을 신학적 방법론으로 받아들여서 전자를 '긍정신학'(affirmative theology), 후자를 '부정신학'(negative theology)이라고 칭했다. 인간이 가지고 있는 하나님에 대한 개념 혹은 이미지는 그것이 아무리 차원 높은 고상한 것일지라도 하나님의 속성을 나타내기에는 충분하지 않다. 아무리 고상한 개념이나 이미지일지라도 거기에는 반드시 하나님과의 공유적 속성과 비공유적 속성을 동시에 지니고 있다. 하나님이 피조물에게 부여하신 그만큼 유사성을 지니고 있지만, 반면에 그분에게만 속한 무한한 속성에 대해서는 비교할 수 없는 비유사성이 있다.[9]

인간과 하나님 사이의 유사성을 접촉점으로 하여 하나님과 만남의 길을 추구하는 것을 긍정신학 혹은 유념의 길(kataphatic way)이라고 한다. 인간의 것과는 전혀 접촉점을 찾을 수 없는 비유사성을 통해 하나님과의 만남을 추구하는 것을 부정신학 혹은 무념의 길(apophatic way)이라고 한다. 전자를 선택 할 때 그 이론적 기초는 모든 피조물이 하나님으로부터 비롯되었기 때문에 아무리 하찮은 피조물일지라도 그것을 깊이 관상한다면 그 곳에서 하나님과의 만남이 가능하다고 본다. 피조물이 지니고 있는 가장 하찮은 속성으로부터 한 단계 한 단계씩 상승하면서 관상해 간다면 피조물이 지닌 가장 고상한 속성에까지 이르게 되고, 이를 통해 할 수 있는 만큼 하나님이 지닌 거룩하고 가장 고상한 속성을 맛보게 된다. 단순히 생명을 보존하려고 꿈틀거리는 벌레에게서도 하나님의 존재하심과 그 능력을 엿볼 수 있다. 자연을 아름답게 수놓는 갖가지 수목에서도 하나님의 지혜를 엿볼 수 있다. 인간의 희생적인 사랑에서도 하나님의 사랑을 만난다. 모든 만물을 변함없이 보존하시고 보호하심은 하나님의 변함없으신 사랑과 그 선하심에 대한 구체적인 모습이다.

그러나 유념의 길로는 하나님과의 완전한 일치를 추구할 수는 없다. 왜냐하면 피조물이나 인간이 지닌 가장 고상한 이미지나 속성이라 할지라도 하나님과 견줄 수 없고, 조화할 수 없는 비유사성을 지니고 있기 때문이다. 이 비유사성을 제거할 때만이 하나님과의 온전한 일치를 성취할 수 있다. 그것은 피조물과 인간의 개념이나 이미지 안에서 도저히 유추해 낼 수 없는 그 곳에

<hr>

9) Pseudo-Dionysius, *The Divine Names*, 9, 916A. 8-12.

이르기 위해서 유추 가능한 모든 이미지나 속성을 하나씩 하나씩 부정해 가는 방법밖에 없다. 그것을 무념적 방법이라고 한다. 하나님에게 가장 부적합하다고 여겨지는 속성이나 개념으로부터 부정하면서 위로 올라가게 된다. 심지어는 '하나님의 선하시고 인자하심', '태양 같은 하나님의 의(義)' 등의 가장 고상한 속성처럼 보이는 이미지까지도 부적합한 것으로 여기고 부정한다. 끊임없는 부정의 길을 달려갈 때 결국 인간의 모든 개념이나 언어는 잠을 자게 되고 깊은 침묵의 심연으로 들어간다. 이 깊은 심연은 결코 감각적으로도 지적인 인식 작용으로도 포착할 수 없는 순전한 영의 세계요 절대적인 세계이다. 이 순수한 세계 속에서 개념화할 수 없는 하나님과의 일치를 맛본다.10)

하나님의 절대 타자성에 대한 넘을 수 없는 질적인 차이 때문에 인간의 어떠한 느낌이나 감각 기관으로도 순수한 하나님 체험은 가능하지 않다. 하나님을 만나기 위한 가장 좋은 환경은 인간이 지닌 일체의 개념이나 느낌이나 이미지 등에 집착하지 않고 초연함으로써 순수한 영혼에 이르는 것이다. 그러한 질적인 차이를 극복하기 위해서 순수한 하나님 체험 이전에 인간은 새로운 변화를 요구받는다. 그 변화의 과정을 위 디오니시우스는 정화, 조명, 일치라는 삼중적인 단계로 제시한다.

정화의 단계란 우리가 자유의 영이신 성령님을 우리 안에 거하게 하기 위해서 이 세상에 속해 있는 우리 존재의 정화를 의미한다. 예수님은 "마음이 깨끗한 사람만이 하나님을 볼 수 있다"(마 5:8)고 하셨다. 회심 자체가 매우 급작스럽게 혹은 매우 감격적으로 이루어지는 것이라면 정화의 작업은 지속적인 의지적 노력으로 수행해 가는 과정이다. 이 단계에서는 그리스도의 영이 우리 안에 들어와 내주할 수 있도록 자기 자신을 비우기를 힘쓴다. 정화의 단계에서는 외적 감각의 정화, 내적 감각의 정화, 정욕의 정화, 지성의 정화, 의지의 정화 등이 있다. 인간의 욕망과 유혹은 인간의 감각 기관을 통해

---

10) Pseudo-Dionysius, *The Mystical Theology 3*, 1033CD. 31-45.

서 오는 것이기 때문에 우리의 일상 생활에서 영성 생활에 방해가 되는 모든 요소를 제거하는 것이다. 내면의 정화가 이루어지면, 우리의 내면에는 하나님의 본성이 알려지고 하나님과 우리 사이의 관계에 대한 깨달음이 오게 된다. 여기서 우리는 조명의 단계에 접어든다.

조명의 단계에서 우리는 하나님은 사랑이시며, 하나님은 우리를 사랑하고 계시다는 사실을 깊게 자각한다. 이 단계에서 하나님의 선하심과 그 은총의 능력을 인식하게 된다. 그래서 표면적으로는 죄악의 길로 다시 빠질 수도 없고 모든 문제로부터 벗어났기 때문에 맑고 밝은 내적인 평화 상태로 생각할 수 있다. 그러나 사실은 그것과는 정반대인 내적 소동을 경험하게 된다. 전에는 결코 생각하지도 못했던 범죄와 하나님을 배반할 수 있는 가능성에 대해서 더 민감하게 눈을 뜨게 된다. 이 시점에서 우리는 내적인 비전을 통해 그리스도를 따른다는 것이 무엇인지를 보다 선명하게 인식하며 여전히 그 길을 걷는 데 많은 장애물이 있음을 깨닫는다. 그렇기에 지속적인 자기 부인과 자기 포기를 요구받는 경험을 한다. 이러한 경험은 곧 새로운 삶으로 들어가는 것을 의미하며 새로운 인격의 중심을 형성하고 있다는 것을 의미한다. 그런데 이 단계에서 이루어지고 있는 자기 부인은 자기 자신의 의지로 되고 있는 것이 아니라, 그 영혼을 더욱 정화시키기 위해서 하나님이 주도적으로 행하시는 것이다. 정화 단계에서 이루어지는 정화가 능동적인 것이라면, 이 조명의 단계에서 일어나는 정화는 수동적인 것이라 할 수 있다. 기도자들은 그들의 내면에서 자신의 존재보다 더욱 큰 힘이 작용하고 있으며, 그 힘이 그를 새로운 방향으로 이끌어 가고 있음을 느낀다. 이 상태는 구름 한 점 없는 여름철이라기보다 취약하지만 생동력이 넘치는 폭풍우 후에 피어나는 봄날 아침이라고 비유할 수 있다.[11]

조명의 단계를 거쳐서 우리는 하나님과 일치의 삶으로 나아간다. 조명의 단계를 지나는 자아는 더욱 고양되고 확장되면서 자기 중심적이고 이기주의

---

11) Benedict J. Groeschel, *Spiritual Passages: The Psychology of Spiritual Development* (New York: Crossroad, 1984), 139.

적인 모습은 사라지고 하나님의 현존 안에 깊이 거하며, 하나님의 섭리 안에 자신이 머물고 있음을 깨닫는다. 여기서 비로소 일치의 단계(union) 혹은 완성의 단계(perfection)에 이른다. 완성의 단계에 대한 위 디오니시우스의 원래의 가르침은 하나님과의 신비적인 결합을 의미하는 것이라기보다는 하나님에 대한 영적 지식의 온전함에 이르는 것을 의미한다. 그러나 후기 중세에 이르러 하나님과의 신비적인 연합 관계의 의미로 발전되어 사용되었다. 후기 중세의 영성가들이 이어받은 완성의 단계 혹은 일치의 단계는 '관상 체험'에서 성취되는데, 이 때 얻는 영적 지식이란 모든 감각과 인식 작용이 멈춘 침묵의 심연 속에서 일어나는 것이다.

3) 관상적 체험의 다양성

관상적 상태에서 하나님과의 일치 체험의 주체는 누구인가? 관상적 체험은 하나님이 우리를 만나러 오신 하나님의 일인가? 혹은 우리가 하나님께 나아가는 우리 일인가? 이 논란은 이론적인 차원에서 심심찮게 벌어지고 있다. 이론적인 차원에서라면 양쪽 다 일리가 있다. 그러나 영적 경험의 차원에서 이 문제를 다룬다면 그것은 동시적인 사건일 수밖에 없다. 우리가 하나님 앞으로 나아가지 않는다면 하나님이 우리를 이미 기다리고 있다는 사실조차 인식할 수 없다. 우리가 그분 앞에 먼저 나아가지 않을 때, 그분이 우리를 기다리고 계신다는 것은 아무 의미도 없다. 이런 의미에서 우리는 하나님을 만나기 위해서 하나님께 먼저 나아가야 한다. 예레미야 33:3은 "너는 내게 부르짖으라 내가 네게 응답하겠고 네가 알지 못하는 크고 비밀한 일을 네게 보이리라"고 한다.

그러나 다른 쪽도 생각할 수 있다. 아무리 우리가 하나님 앞에 나아갔다 할지라도 그분이 먼저 그 곳에서 기다림이 없었다면 우리의 나아감 자체가 무의미하다. 그러므로 하나님의 기다림이 우리의 나아감보다 우선이다. 요한복음 6:44은 "나를 보내신 아버지께서 이끌지 아니하면 아무라도 내게 올

수 없다"고 한다. 그러나 요한계시록 3:20에서는 "볼지어다 내가 문 밖에서 두드리노니 누구든지 내 음성을 듣고 문을 열면 내가 그에게 들어가겠다"고 한다. 이 말씀을 자세히 보면 하나님과의 만남의 사건은 무엇이 먼저라고 할 수 없을 만큼 동시적인 사건이다. 이것은 경험적 차원에서의 논리이다.

그렇다면 상징적인 의미에서 하나님과 우리의 만남의 장소가 있다고 해도 좋을 듯하다. 하나님이 기다리는 곳이 있을 것이고 우리가 나아갈 곳이 있다는 말이다. 영성사에서는 이 만남의 장소를 크게 세 가지로 나누어 볼 수 있다. 첫 번째는 중세 영성가의 대표자로 알려진 성 프란체스코의 유형이다. 그는 그 만남의 장소를 다른 무엇보다 자연에 두기를 좋아했다. 두 번째로 종교개혁자들 특히 칼뱅이나 루터는 그 만남의 장소를 성경에 두고 있다. 세 번째로 종교개혁 당시의 또 다른 영성가인 십자가의 성 요한은 그 장소를 '어두운 밤'이라고 했다.

성 프란체스코는 자연을 자신의 한 부분처럼 사랑했다. 자연 그 자체를 사랑한 것이 사실이지만, 그 자체를 사랑해야 할 이유가 있었다. 우정과 사랑에 찬 자연의 관조를 통해서 하나님을 만나게 되고 또 하나님을 찬양할 수 있었기 때문이다. 프란체스코에게 자연은 자신의 형제요, 자매요, 친구였다. 왜냐하면 인간이 하나님의 피조물이라고 한다면, 자연의 만물도 하나님의 피조물이다. 자기 안에서 하나님의 형상을 찾을 수 있다면, 자연 안에서 역시 '형상'(imago)이라고까지는 할 수 없지만 하나님의 '흔적'(vestigo) 혹은 하나님의 '발자취'를 느낄 수는 있다고 믿었다. 그래서 그는 자연 사랑의 마음을 담은 '태양의 노래'를 통해 하나님을 찬양하고 있다.

> 가장 고귀하고 전능하시며 선하신 하나님
> 모든 찬송과 영광과 존귀와 축복이
> 지극히 높으신 오직 당신 한 분께만 합당하나이다!
> 또한 어떤 인간도 당신을 논할 가치가 없나이다.
> 찬양을 받으소서, 나의 주님

당신의 모든 피조물들 특히 태양 형제를 인하여!
그를 통해 당신께서는 저희에게 하루의 빛을 주셨으니
그는 커다란 광채와 더불어 눈부시도록 빛나고 아름답도다!
오 가장 높으신 주님, 그는 곧 당신의 상징이십니다!

찬양을 받으소서, 나의 주님, 달과 별 자매들을 인하여!
당신께서 지으신 그들은 하늘에서 밝고 사랑스럽고 아름답게
빛나고 있나이다.

찬양을 받으소서, 나의 주님, 바람 형제를 인하여!
또한 대기와 구름과 모든 날씨를 인하여!
이들에 의하여 당신께서는 피조물들에게 음식물을 주시나이다.

찬양을 받으소서, 나의 주님, 물 자매를 인하여!
그녀는 매우 유용하고 겸손하며, 사랑스럽고 정숙하나이다.

찬양을 받으소서, 나의 주님, 불 형제를 인하여!
그를 통해 당신께서는 저희에게 빛과 열을 주시나니
그는 매우 아름답고 명랑하며, 힘이 세고 강하나이다.

찬양을 받으소서, 나의 주님, 우리의 어머니인 대지를 인하여!
그는 우리를 지배하고 유지해 주며
아름다운 꽃과 잎과 열매를 맺나이다.

‥‥‥‥

나의 주님께 감사하고 찬양과 축복을 돌릴지어다.
또한 거룩한 순종과 겸손으로 그를 섬길지어다![12]

이 태양의 노래를 통해서 엿볼 수 있는 것은 성 프란체스코와 그의 제자들은 자연을 통해 끊임없이 하나님을 만났고, 그 속에서 하나님의 성품을 배웠다는 것이다. 즉 겸손과 사랑과 정의와 정숙과 기쁨과 순종과 찬양을 배웠다. 프란체스코는 끊임없이 가난을 강조했다. 자기 자신은 '가난'(Lady Poverty)과 결혼했다고 선언했을 정도이다. 그리고 그를 추종하는 이들에게도 철저히 가난을 강조했다. 그것은 감상적인 고행주의로부터 나온 것이 아니다. 우리 자신을 내적으로 외적으로 비울 때만이 자연 속에 숨겨진 하나님의 부요를 맛볼 수 있으며, 부유하신 그분과의 풍성한 만남을 경험할 수 있다는 것을 믿고 경험했기 때문이다. 그렇기에 십자가에 달리신 가난한 그리스도에 대한 헌신이 지극했다. 그에게 있어서 가난은 곧 풍요였다. 그렇게 프란체스코가 자연에서 경험한 하나님으로 말미암아 각성된 심령의 노래가 곧 '평화의 노래'로 알려져 있다.

> 주여, 나를 당신 평화의 도구가 되게 하소서.
> 미움이 있는 곳에 사랑을
> 다툼이 있는 곳에 용서를
> 분열이 있는 곳에 일치를
> 오류가 있는 곳에 진리를
> 의혹이 있는 곳에 믿음을
> 절망이 있는 곳에 희망을
> 어둠이 있는 곳에 광명을
> 슬픔이 있는 곳에 기쁨을
> 주여, 위로를 구하기보다는 위로하고
> 이해를 구하기보다는 이해하며
> 사랑을 구하기보다는 사랑하게 해 주소서.

---

12) 이 노래는 1225-1226년에 걸쳐 완성된 것으로서 프란체스코 자신이 직접 만든 작품이다. Francis and Clare of Assisi, *Francis and Clare* (New York: Paulist Press, 1982), 37-39 참고.

자기를 줌으로써 받고
자기를 잊음으로써 찾으며
용서함으로써 용서받고
죽음으로써 영생으로 부활하리니.13)

이 아름다운 노래는 성 프란체스코의 내면의 영성이 자연으로 인해서 얼마나 풍성해지고, 또 그 안에서 얼마나 풍요로운 하나님의 사랑과 정의와 평화를 맛보고 있었는가를 대변해 주고 있다.

두 번째로 종교개혁자들이 생각하는 하나님과의 만남의 장소를 생각해 보자. 칼뱅은 프란체스코와 마찬가지로 자연을 통한 하나님의 만남을 완전히 부인하지는 않는다. 자연은 하나님의 위대하신 사역 장소이므로 그 곳에서 하나님이 계심과 그의 엄위하심과 지혜를 알 수 있는 곳으로 믿었다. "하나님께서는 모든 창조물 위에 영광의 명백한 표적을 새겨 놓으셨으며 그것은 너무나 뚜렷하고 확실하기 때문에 아무리 무식하고 둔한 사람이라 해도 무지를 구실로 삼을 수 없다."14)고 했다. 특히 그는 자연의 시각적인 측면을 강조하면서 모든 인간은 "창조된 세계의 관객으로 만들어졌으며, 이토록 아름다운 연출을 감상하고 나면, 그 작가에게로 이끌리지 않을 수 없는 눈이 주어져 있다."15)고 했다. "만일 우리가 이러한 작품을 통해 그 작가에게 도달함으로써 유익을 얻지 못한다면, 우리는 이 아름다운 하나님의 작품을 즐기는 것보다 우리의 눈을 빼내어 버리는 것이 나을 것입니다."16)라고 경고하고 있다.

그러나 자연 속에 나타난 명백한 하나님의 흔적에도 불구하고 인간이 그

---

13) 프란체스코 자신이 직접 쓴 기도문은 아니지만 오랫동안 프란체스코의 기도문으로 알려져 오고 있다. 그 중요한 이유는 이 기도문이 프란체스코의 삶과 사상과 전혀 모순점이 없기 때문일 것이다.

14) *Inst.*, I. v. 1.

15) John Calvin, *Calvin's Commentaries, Rom.* 1:19.

16) *Serm.*, No. 48 on Job, 601, quoted in William J. Bouwsma, *John Calvin: A Sixteenth Century Portrait* (New York: Oxford University Press, 1988), 103.

자연을 통해서 얻을 수 있는 하나님의 지식은 지극히 제한되어 있다. 왜냐하면 이것을 인식할 수 있는 자리가 이성인데, "우리 정신 속의 모든 것들은 부패해 버렸기 때문이다."[17] 그래서 인간의 정신은 자연을 보는 데 심각한 제한성과 오류가 있을 수밖에 없으며, 자연으로 하나님을 안다는 것은 상대적으로 아무것도 아니며, 확실하고 견고한 어떠한 지식도 주기 어렵다는 것이 칼뱅의 또 다른 입장이다. 심지어 인간은 그 자연 속에서 스며나오는 하나님의 속성을 느끼고 맛보기보다는 오히려 그 자연 자체를 하나의 '신'으로 왜곡시키는 어리석음과 무지함이 있다고 지적한다. 그는 철학자 중에서 종교성이 가장 풍요로운 플라톤에 대해서 좋은 감정을 표현하면서도 동시에 그는 만물을 하나님과 혼돈하고 있다고 비난했다.[18] 그는 헬라의 시인 버질의 시를 인용하면서 자연을 보는 인간의 눈이 얼마나 부패하고 어리석은 것인지를 설명하고 있다.

> 꿀벌은 하늘나라 마음의 한 부분
> 천상에서 어떤 힘을 빨아들인다.
> 그것은
> 신이 땅과 바다와 하늘
> 그리고 만물에 편재하여 있기 때문이다.
> 그로부터 양과 소
> 사람, 짐승들이 태어날 때
> 실낱 같은 생명을 받는다.
> 그리고 만물이 그에게로 돌아가서 해소되고
> 또 회복된다.
> 다시는 죽음이 없다.
> 그러나 별 많은 하늘나라 높이 올라가 거기서 살리라.[19]

---

17) *Comm., Gen.* 3:6, *Ps.* 119:73, quoted in William Bouwsma, *John Calvin*, 154. 여기서 말하는 칼뱅이 말하는 '정신'이란 일반적 의미의 이성을 말하는 것 같다.
18) *Comm., Rom.* 1:23; W. Bouwsma, 위의 책, 155 참고.

이 시의 어리석음은 여기에 있다. 우주에 드러난 하나님의 지혜와 그 능력에 대해서 초월적인 하나님께 드려야 할 마땅한 경건을 범신론적인 속성으로 바꾸어 마치 인간도 그 한 부분인 양 왜곡하고 있다. 이러한 이유로 칼뱅은 자연을 하나님을 만나는 장소로 보는 것에 대해서 인색해할 수밖에 없다.

뿐만 아니라 칼뱅에게 있어서 가장 중요한 관심사는 인간 구원에 관한 문제였다. 어느 정도 자연을 통해서 하나님 체험이 가능하다 할지라도 그 곳에서 구원에 이를 수 있는 지식을 얻을 수 있는가? 이 물음을 제기한다. 물론 칼뱅에게 있어서 그 대답은 절대 불가이다. 성경은 이미 자연 속에서 보여줄 수 있는 하나님의 자취를 오해 없이 계시하고 있으며, 성육신하신 예수 그리스도를 통해서 구원에 이르는 확실한 지식을 계시하고 있다. 그러므로 모든 영혼은 하나님을 만나기 위해서 성경으로 돌아가야 한다. 성경만이 하나님과의 만남을 체험할 수 있는 가장 확실한 장소라는 것이 칼뱅의 입장이다.

세 번째로 십자가 성 요한은 하나님을 만날 수 있는 장소를 '어둔 밤'이라고 한다. 그에게 있어서 영성 생활의 목표는 하나님과의 연합이며, 사랑의 사귐이며, 하나님의 은혜로 우리 자신이 하나님의 모습으로 변화하는 것이다. 그 사랑의 속삭임은 '고요한 밤, 새벽이 떠오르는 때, 소리 없는 음악, 우렁찬 적막'[20]에서 이루어진다. 소리 없는 침묵과 적막으로 우리 자신이 인도될 때 비로소 진리의 빛, 사랑의 불꽃과 부딪히게 된다. '밤'이란 어떤 상태를 말하는가? 그것은 우리의 감각이 잠든 상태를 의미한다. 감각은 언제나 제한된 세계 속에서 하나님을 상상하게 하고, 그 결과 불완전한 하나님의 형상을 만들어 낸다. 그러나 그것이 아무리 고상한 것일지라도 감각의 세계에서 구성된 하나님의 이미지란 그분 자신에게 이르기에 너무나 큰 간격이 있다. 인간의 감각적인 세계로 하나님을 그려 보고 이해한 것이 아무리 최상의

---

19) Vergil, Georgics IV. 219-227, quoted in *Inst.*, I. v. 5.
20) St. John of the Cross, "The Spiritual Canticle," *The Collected Works of St. John of the Cross*, trans. Kieran Kavanaugh and Otilio Rodriguez (Washington, D.C: ICS Publications, 1979), 410-415 참고.

것일지라도 하나님 그 자신과 비교할 때 유사성보다는 비유사성이 훨씬 더 많다. 모든 피조된 존재는 무한하신 하나님의 그 존재에 비할 때 무(無)에 불과하다. 그러므로 무한하신 하나님과의 사랑의 연합, 사랑의 사귐에 이르려면 감각의 세계는 닫혀야 한다. 이것이 '어둔 밤'이다. 즉 감각이 닫힌 영혼의 세계이다. 이 어두움의 세계를 성 요한은 이렇게 표현한다.

> 모든 것을 맛보기에 다다르려면, 아무것도 맛보려 하지 말라.
> 모든 것을 얻기에 다다르려면, 아무것도 얻으려 하지 말라.
> 모든 것이 되기에 다다르려면, 아무것도 되려고 하지 말라.
> 모든 것을 알기에 다다르려면, 아무것도 알려고 하지 말라.
> 맛보지 못한 것에 다다르려면, 맛없는 거기를 거쳐서 가라.
> 모르는 것에 다다르려면, 모르는 거기를 거쳐서 가라.
> 가지지 못한 것에 다다르려면, 가지지 않는 데를 거쳐서 가라.
> 너 있지 않은 것에 다다르려면, 너 있지 않은 데를 거쳐서 가라.
> 온전이신 당신께 헤살놓지 않는 법
>
> 어느 것에 네 마음을 머물러 두면
> '온전'에게 너 자신을 못 맡기나니
> '온전'까지 온전히 다다르려면
> 모든 것에 온전히 너를 끊어야…
> 온전이신 그분을 얻으려 할 때
> 아무것도 얻을 맘이 없어야 하니
> 모든 것의 무엇을 가지려 하면
> 주님 안의 네 보배를 지니지 못함이다.[21]

---

21) San Juan de la Cruz, *Subida del Monte Carmelo*, 최민순 역, 『갈멜의 산길』 (서울: 성바오로 출판사, 1986), 제1권, 13장, 11, 12.

우리는 하나님을 만나는 각각 다른 세 장소를 생각해 보았다. 그런데 그 다른 장소를 서로 상충된 개념으로 이해하기보다는 강조점이 다르다고 이해해야 할 것이다. 이 세 영의 사람들은 결코 어느 하나를 배타적으로 보기 위해서 자신의 주장을 제시하는 것은 아니다. 오늘 우리는 객관적인 입장에서 이 세 가지의 다른 길을 통해 보다 조화로운 영성 생활에 대한 안내를 받을 수 있다. 하나님은 온 세계에 충만하게 임하여 계신다. 어디에도 제외될 수는 없다. 동방교회에서 주장하는 바대로 온 피조 세계에는 하나님의 본질은 아니지만 하나님의 에너지가 충만해 있다. 그 에너지를 통해 우리는 하나님의 흔적을 경험할 수 있다. 그러나 누구나 그러한 경험이 가능하다는 말은 아니다. 칼뱅이 주장한 대로 성경이 바로 그러한 눈을 가지도록 인도하며, 성경으로 말미암아 정화된 영혼이 향유할 수 있는 특권이다. 프란체스코는 하나님이 허락하신 풍성한 피조물의 세계를 맛보기 위해서 스스로 가장 가난한 사람이 되었다. 마음이 철저히 가난한 사람은 자연을 통해 하나님과의 풍요로운 교제를 누릴 수 있다. 동시에 그 풍요로움을 맛보는 자는 스스로 가난한 자가 될 것이다. 십자가의 성 요한은 그 정화된 영혼의 과정과 상태를 어두운 밤으로 묘사하고 있다. 그것은 왜곡된 감각이 정화될 때 감각의 밤을 맞이하게 되고, 영혼의 기능인 기억, 이해, 의지 등이 정화되어 하나님께 향하도록 하는 과정에서 영혼의 밤을 맞이하게 된다. 따라서 우리의 감각과 영혼이 성경으로 말미암아 정화되어 있다면 자연은 우리의 영성을 일깨워 주는 가장 훌륭한 장소가 될 수 있다.

관상 경험의 실제 제5장

"하나님의 아들 주 예수 그리스도시여,
나를 불쌍히 여기소서."라는
예수 기도의 형식은 이중적인 운동을 암시한다.
"하나님의 아들 주 예수 그리스도"라는 전반부의 기도는
우리의 정신을 그리스도에게로 고양시키고,
후반부의 "나를 불쌍히 여기소서."라는 기도는
자기 자신에게로 돌아오게 한다.
이러한 운동이 거듭되면서 이 둘이 일치를 이룰 때
순수 지성은 신적인 빛을 보게 되는 관상적 체험에 이른다.
그래서 그 순수 지성은 성부, 성자, 성령
삼위일체 하나님에게로 인도를 받는다.

제5장 관상 경험의 실제

1. 침묵과 관상

1) 침묵의 기독교적 전통

기독교 영성은 초기부터 '침묵'과 '고독'을 그리스도인들이 영적으로 성숙해 가는 가장 좋은 환경적 요소로 받아들였다. 침묵과 고독의 구체적인 장소로 초기 교부들은 사막을 선택했다. 그 전통은 성경에서부터 시작되었다. 일찍이 예언자들은 자신들의 정체성을 형성하기 위해서 사막을 찾았고(신 32:10), 그뿐만 아니라 계속적인 영적 갱신을 위한 장소로도 사막을 찾았다(사 35:1-6). 사막은 모든 인간적인 도움과 위로의 부재를 의미하는 가장 주요한 성경적 상징이다. 예수님에게조차 광야는 사탄의 유혹과 투쟁의 장소였다(마 4:1, 막 1:12). 예수님은 자신의 전 사역의 과정에서 사막이나 호젓한 장소와 밀접한 관계를 맺고 계셨다. 그 곳으로부터 예수님의 사역은 시작되었고, 또 그 곳에서 그분의 사역은 무르익고 완성되어 갔다. 예수님이 이 땅에 사람으로 오신 것도 하나님의 깊은 침묵과 더불어 시작되었고, 십자가의 깊은 침묵과 더불어 성육신 사건은 완성되었다. 예수님은 그의 제자들에게도 이러한 삶을 따르도록 가르치셨다(막 6:30). 그 전통을 이어받아 사막의 교부들의 영성은 깊은 헤지키아(hesychia), 즉 내적 침묵이 가장 핵심적인 주

제가 되었다. 수도자들의 작은 독방은 끊임없는 기도와 하나님에 대한 줄기
찬 묵상의 실험실 혹은 작업장이 되었다. 사실 사막 그 자체가 하나의 거대
한 수도자의 독방이었다.

침묵은 고독을 실제적인 것으로 만드는 길이다. 2세기경의 대주교 테오필
루스(Theophilus)가 사막에 살고 있는 영성 지도자 팜보(Pambo)를 방문했
다. 그러나 팜보는 그에게 아무 말도 하지 않았다. 그러나 다른 형제들이 민
망하게 여겨 팜보에게 부탁했다. "대주교님에게 뭐라고 말씀 좀 해 주셔야지
요. 그래야 그분이 변화되지 않겠습니까?" 그러나 팜보는 이렇게 대답했다.
"그가 내 침묵에 의해서 변화되지 않는다면, 내 말에 의해서도 변화되지 않
을 걸세."1) 이러한 교부들의 금언에 의하면 침묵은 이미 변화를 시작하는
능력을 지니고 있다는 것을 시사하고 있다. 끊임없이 쏟아지는 말의 홍수 속
에 묻혀 살아가는 사람들은 결코 그 말의 능력을 맛보기 어렵다. 그들은 그
무수한 말을 듣는 동안 자주 "그건 말뿐이야. 그것은 마음만 혼란케 하는 하
나의 말장난일 뿐이다."라는 공허한 경험을 할 수 있다. 더 이상 말이 진정
한 의사 소통이 될 수 없음을 경험한다. 신학이 수도원에서 생겨났다는 말은
일리가 있다. 말은 침묵에서 생겨났다. 침묵의 세계 속에서 생겨난 말은 그
말을 듣는 사람들을 더 깊은 침묵으로 인도하게 된다. 진리의 말씀이 깊은
침묵을 뚫고 나오고 있다는 의미로 요한복음의 '태초의 말씀이 계셨다'라는
말을 이해할 수 있다. 따라서 우리는 다시 이 진리의 말씀을 통해서 하나님
의 깊은 침묵으로 들어가게 된다. 그래서 토마스 아퀴나스는 하나님은 침묵
(Silence)2)이라고 했다.

침묵은 영혼의 불꽃을 지켜 주고 일깨운다.3) 침묵은 내면에 흐르는 영적
인 감정을 일깨워 준다. 내면의 영적인 열기는 침묵 가운데서 보존된다. 포

1) Trans. Benedict Ward, *The Sayings of the Desert Fathers* (London & Oxford: Mowbrays, 1975),
   69, Henry Nouwen, *Desert Spirituality and Contemporary Ministry*, 신현복 역, 『사막의 영성』
   (서울: 아침영성지도연구원, 2002), 77 에서 재인용.
2) G.K.Chesterton, *St Thomas Aquinas*(Garden City, N.Y. : Image Books, 1956), 142-43
3) 사람의 영혼은 여호와의 등불이라 사람의 깊은 속을 살피느니라 (잠 20:27)

티키의 디아도쿠스(Diadochus of Photiki)는 침묵의 세계를 이렇게 묘사하고 있다. "증기탕의 문이 계속 열려 있으면 안에 있는 열은 급속히 그 문을 통해 나가 버립니다. 마찬가지로 영혼도 많은 것을 말하고 싶은 욕망 때문에 말문을 통해 하나님에 대한 기억을 상실하게 됩니다. 가치 있는 생각이란 언제나 수다를 피하는 것입니다. 그래서 때 맞은 침묵은 매우 귀중합니다. 침묵은 가장 지혜로운 생각의 어머니와 같기 때문입니다."[4] 말을 많이 하는 사람들은 결국 탈진하게 된다. 때때로 우리의 많은 말들은 우리의 신앙을 표현하기보다는 우리의 의심을 내보이곤 한다. 무엇보다도 중요한 것은 내면의 불꽃을 충실하게 돌보는 것이다. 섬기는 일에 뛰어든 사역자나 목회자에게 가장 큰 유혹이 있다면, 그것은 너무 많은 말을 해야 한다는 것이다. 말을 통해 자신의 능력을 드러내려 하기 때문이다. 자주 말하는 동안 모락모락 피어나오는 연기만 볼 수 있을 뿐, 내면의 불꽃의 기운을 느낄 수 없게 된다. 반면에 침묵은 진정한 능력이 담긴 말을 가르쳐 준다.

2) 침묵과 소통

힘있는 말은 깊은 침묵으로부터 나온다. 열매를 맺는 말은 침묵으로부터 나와서 침묵으로 돌아가는 말이다. 침묵으로부터 나와서 우리를 다시 그 침묵으로 이끄는 침묵, 바로 그 침묵을 우리에게 상기시키는 것이 침묵으로부터 나온 말이다. 침묵에 뿌리를 두지 않는 말은 약하고 힘이 없는 말이다. "울리는 징이나 요란한 꽹과리"(고전 13:1)와 같다. 하나님의 말씀은 하나님의 침묵을 깨뜨리지 않는다. 오히려 헤아릴 수 없을 정도로 풍요로우신 그분의 침묵을 드러내신다. 그러나 우리 자신을 방어하거나 다른 이들을 공격하는 수단으로 말을 사용하고자 한다면, 그 말은 더 이상 침묵으로 이끌지 않

---

4) Diadochus of Photiki, "On Spiritual Knowledge and Discrimination: One Hundred Texts," St. Nikodimos of the Holy Mountain and St. Makarios of Corinth, eds., *The Philokalia*, vol. 1 (London & Boston: Faber & Faber, 1979), 276, Henri Nouwen, 「사막의 영성」, 95 에서 재인용.

는다. 잠시 침묵을 지키자고 제안하면 곧 불안해지고, 언제 그 상황이 끝을 맺으려나 하는 생각에 몰두하게 된다. 입술의 침묵이 아니라 마음의 침묵이 안 되기 때문이다. 잠시 자신의 존재가 잊혀지는 고통을 받아들이기 어렵기 때문이다. 그것이 바로 사막을 경험하는 것인데, 그 사막을 받아들이지 않으면 순례자의 길은 걸어갈 수 없다. 성경 말씀을 읽거나 들을 때 우리는 하나님의 침묵 속으로 인도받아야 한다. 사랑과 돌봄의 친절이 가득한 모습으로 다가오시는 하나님의 음성에 귀를 기울이고자 한다면 침묵으로 인도하는 말을 사용해야 한다.

침묵이란 모든 관심을 잠재우고 언어를 멈추는 세계라고 이해할 수 있다. 그러나 침묵이란 그것과는 정반대의 의미를 지니고 있다. 외적으로 분산되어 있는 관심을 한 곳으로 집중시키고, 그 관심의 초점을 외부로부터 내면으로 향하게 하는 것이다. 침묵은 언어의 멈춤이라기보다는 외적인 언어로부터 내면의 언어를 찾아 떠나는 행위이다. 초점을 하나로 모으고 내면의 심연으로 들어갈 때 그 곳에서 참된 언어, 살아 있는 언어를 만나게 되고, 그 곳에서 하나님과 진실한 교제가 시작된다. 그러므로 진실한 기도는 그 언어를 찾음으로부터 비롯된다.[5] 여기서 일어나는 내면의 이미지는 혼란된 외적 이미지를 정리하고 소화시키면서 심연의 고요함과 평화를 회복하게 된다.

침묵이란 다양한 영적인 실체를 지니고 있다. 우선 침묵은 일상 생활 속에서 익숙해 있지 않기 때문에 그것은 일종의 금욕 수련의 성격을 띠게 된다. 우리는 매순간 소음과 소리로 가득 찬 세상에 익숙해 있기 때문에 조용한 순간을 맞이하면 불안을 느끼기 마련이다. 현대인은 침묵으로 인해 두려움과 불안을 느껴서 잠을 이루지 못하는 경우도 있다. 오히려 소음으로부터 편안함과 자연스러움을 느끼기도 한다. 오늘 우리는 지나치게 자극적인 세계 속에 살고 있다. 우리의 감각은 끊임없이 농도 짙은 자극을 요구하고 있다. 이러한 소란과 자극이 자기 자신의 내면의 소리와 타자를 향한 공감과 하나님

---

5) Ann Ulanov and Barry Ulanov, *Primary Speech: A Psychology of Prayer* (Atlanta: John Knox Press, 1982), 2.

의 소리에 귀를 기울이는 데 어려움을 겪게 한다.

그러나 침묵 가운데 외부의 세계가 잠잠해지고 내면의 세계가 열릴 때 우리 영혼의 눈은 자신과 다른 사람들의 마음을 깊이 들여다볼 수 있다. 그것이 진실한 마음과 마음이 부딪치는 친밀한 대화의 한 방식이다. 그러므로 일체의 혼란된 외적인 세계와는 침묵하고 내면의 소리에 귀를 기울일 때 타자와 진정한 대화가 가능하게 된다. 이것이 곧 영적 여행의 시작이다. 영성가들은 일반적으로 영적 여행은 자아의 지식으로부터 비롯된다고 이해하고 있다. 자기 자신의 성격(인격)에 대한 근본적인 인식이 없다면 자기 자신이 쓰고 있는 마스크가 무엇인지를 구분해 낼 수 없다. 그래서 침묵을 통해서 자신의 내면의 소리를 들을 때만이 자아와 진정한 대화가 시작되고 하나님과 대화를 용이하게 한다.6) 깊은 침묵 가운데 있는 동안 자기 내면 깊이에로 들어가게 되는데, 그것을 생각의 수원지에 도달했다고 말할 수 있다. 그 곳에서 우리는 공감(compassion)과 이해와 용서에 대해 민감하게 된다. 왜냐하면 모든 사람들과 공유할 수 있는 수원지를 만났기 때문이다. 겉으로 보기에는 마치 각각 다른 우물처럼 보이지만 그 우물 깊이에로 내려간다면 그 우물의 근원인 수맥을 만나는 원리와 같다.

외부적인 불협화음이 잠잠해질 때, 우리는 유감스럽게도 내부에 소요가 있는 것을 발견하게 된다. 즉 외적으로 잠잠하게 될 때, 내적인 소요와 직면할 수밖에 없다. 영적인 여행은 이러한 고통과 갈등을 대면하는 것이다. 용기 있게 내적인 소요와 고통에 직면해서 마침내 치유와 평화를 발견하려는 것이 침묵을 통한 영성 수련의 한 방식이다. 감정의 동요를 침묵시키고 평화

---

6) 성경은 우리의 내면이 하나님의 성전이며 하나님의 성령이 거하시는 곳이라고 말씀한다(고전 3:16, 6:19). 아우구스티누스는 영적 여정에 관하여 그의 『고백록』에서 자기 내면 안에 계시는 내재적인 하나님 경험을 말하고 있다. "오, 주님 내가 당신을 찾고 있을 때 나는 어디에 있었습니까? 당신은 내 앞에 바로 계셨습니다. 그러나 나는 내 자신으로부터 떠나 있었으므로 나 자신을 찾을 수 없었으니 하물며 당신을 어떻게 찾을 수가 있었겠습니까?"(제5권, 2장, 2) "어릴 때부터 나의 희망되신 하나님, 그 동안 당신은 어디에 계셨습니까? …나는 어둠 속에서 미끄러운 길을 걸어다니며 나 자신 밖에서 당신을 찾고 있었습니다. 그러므로 나는 내 마음의 하나님을 찾지 못했습니다. 내가 바다의 깊은 밑바닥까지 내려가 보았어도 진리를 발견할 수 있다는 희망과 확신을 잃어버리고 말았습니다."(제6권, 1장, 1) Augustine, *Confessions*, 『고백록』, 제10권, 25장 참고.

를 얻으려면 지나친 욕망, 분별 없는 열심, 과장된 열정이 수정되어야 한다. 이러한 것들은 감정에 대한 불균형에서 비롯된 것이다. 균형 잡히지 못한 감정은 건강치 못한 욕망과 인간의 욕구에 사로잡히게 된다. 침묵으로 깊이 들어가면 들어갈수록 우리 존재의 다양한 층을 발견하고, 소요, 강박 관념, 억누름, 갈등, 내면적인 고통 등과 싸움을 하게 된다. 각 내면의 층이 균형과 조화를 이룰 때까지 싸움은 치열하게 지속된다. 사실 고독과 침묵은 우리 자신을 아무것도 아닌 것으로 만드는 순간이다. 즉 사로잡혀 있는 자기 자신의 중요성을 다 상실하는 순간이다. 걸려 오는 전화도 없고, 참석할 모임도 없고, 만날 친구도 없고, 즐길 오락도 없고, 발가벗고, 상처입기 쉽고, 약하고, 부서지기 쉬운 존재만이 남는 순간이다. 이 순간을 자기 힘으로 벗어나고자 한다면 깊은 좌절감에 빠지게 된다. 사막의 지혜는 그 극한의 고독 속에서 자신이 철저히 무(無)가 되었다는 사실을 인정하면서, 온갖 거짓 자아 즉 세속적인 가치관, 욕망, 탐욕, 분노, 정욕 등의 옷을 입고 도전해 오는 마귀와 치열한 전투에 직면하게 된다. 그리고 전투 후에는 비로소 그리스도께 완전하게 복종을 할 수 있는 지혜를 얻게 된다. 고독과 침묵은 바로 이러한 투쟁을 제공해 준다. 침묵은 이러한 사막이 수동적으로 다가오기 전에 능동적으로 내적 사막(고독)을 만들어서 능동적으로 마귀의 공격에 대처하는 것이다.[7]

3) 침묵과 하나님

하나님과의 조용한 침묵의 대화를 이해하기 위해서 침묵 가운데 조용히 앉아 있는 한 노인 부부를 상상해 보라. 오랜 갈등과 나눔과 대화와 투쟁 후에 그들 부부는 이제 침묵에 이르게 된다. 더 이상 말이 없어도 서로를 읽을 수 있고 평화를 누릴 수 있다. 하나님 그분은 침묵 자체시요 영원한 고요

---

7) H. Nouwen, 『사막의 영성』, 49-51.

(Silence and eternal Quiet)이시다. 그러한 깊은 침묵 속에서 하나님의 현존과 그분의 평화와 따스함을 느끼게 된다. 토마스 아퀴나스는 말을 사용하면서 말과 씨름하면서 평생을 보낸 사람이다. 갖가지 신학적인 주제와 씨름하면서 하나님과 대화하면서 살아왔다. 그러나 그가 죽기 직전에 자기를 침묵으로 이끄시는 침묵이신 하나님을 경험했다. 그리고 그는 이렇게 말했다. "나는 더 이상 쓸 수 없다. 나는 그 침묵 속에서 나의 모든 글이 지푸라기처럼 되는 것을 보았다."8) "여러 책을 짓는 것은 끝이 없고 많이 공부하는 것은 몸을 피곤케 하느니라"(전 12:12) 이것은 영적 순례자라면 누구나 자신의 생각과 욕망으로부터 해방을 얻어야 한다는 것을 의미한다. 여기에서 하나님의 침묵으로 들어갈 수 있는 준비 단계를 맞이한다.

침묵이란 단순히 지나친 말에서의 해방일 뿐만 아니라 내면 생활에 대한 조화요 하나님과의 교제이다. 소란스러운 세상에서도 평정함을 경험하면서 사는 삶이다. 즉 침묵의 삶이란 세상 안에서 살지만 세상에 속해서 사는 것이 아니다(to be in the world but not of the world). 그러므로 침묵은 늘 소란스럽고 분주한 자아의 내면을 훈련시키는 것이며, 내면 세계에 귀를 기울이는 삶이다. 또한 침묵은 하나님과 만남(대화)을 위한 필연적인 환경이다. 침묵은 어두움과 밀접한 관계가 있다. 구약은 하나님의 현존을 구름과 어두움이라는 은유와 유추(analogy)에 의해 묘사하고 있다. 여기에서 하나님과 우상 사이에 존재하는 분명한 차이점을 보게 된다. 우상은 직접적으로 볼 수 있고 개념화할 수 있다. 그러나 하나님은 이런 방식으로는 하나님 그 자신을 경험할 수 없다. 그래서 유대 기독교 전통에서는 신적 계시의 핵심을 침묵과 어두움으로 묘사한다. 동방의 교부들 역시 '거룩한 어두움'(divine dark-ness)과 '알 수 없음'(unknowing, agnosia)을 통한 앎(knowing)을 언급한다. 익명의 신비가가 쓴 『무지의 구름』에서는 "가능한 한 자주 어두움으로 되돌아오라. 왜냐하면 네가 현세의 삶 속에서 하나님을 하나님 그분 그대로

---

8) G. K. Chesterton, St. Thomas Aquinas (Garden City, NY: Image Books, 1956), 142-143.

느끼고 보기를 희망한다면, 오직 그것은 이 같은 어두움과 구름 안에서만 가능한 것임에 틀림없기 때문이라."고 한다. 오직 침묵과 고독을 통해서만이 사고와 개념의 포로로부터 초월하여 거룩한 어두움이신 그분에게 도달하게 된다.

차원 높은 침묵9)에 이르면 우리는 그것을 순금이나 특별한 보화처럼 귀하게 여기고 그것을 보존하고 지키려 한다. 그 곳이 신랑 되신 주님을 만날 가장 적합한 장소가 되기 때문이다. 토마스 머튼은 침묵 속에서 하나님의 말씀이 방문한다고 한다. 말씀 속에서 응답을 받는다는 것은 침묵을 뚫고 나오는 어떤 말이 아니다. 하나님의 소리로 가득 찬 어떤 말씀 그 자체가 갑작스럽고 신비스럽게 드러나는 것이 바로 침묵의 능력이다. 침묵은 하나님의 말씀이 우리의 영혼을 가로지르도록 하는 매개체이다. 우리는 침묵 속에 이런 전능하신 하나님의 능력을 기대한다.10)

2. 동방정교회의 영성과 '예수 기도'

동방교회의 신학은 매우 정교하고 복잡하여 사변적인 논쟁을 일으키기 쉬운 매우 이론적인 신학처럼 보인다. 그러나 그들의 신학이 지성과 과학이 활짝 열린 오늘까지도 여전히 적지 않은 영향력을 행사하는 것은 "실제적인 것이 아니면 결코 신학이 될 수 없다."라는 동방교회의 구호에서 보듯이 그들의 신학은 철저히 실천적인 목표에 뿌리를 두고 있기 때문이다. 그들의 인간 이해는 서방교회보다 훨씬 정교하고 미묘하다. 동방정교회 영성은 이분법적

9) Robin Maas and Gabriel O'Donnell, *Spiritual Traditions for the Contemporary Church* (Nashville: Abingdon Press, 1990), 75-76. 한 Carthusian 수도자는 침묵의 12단계를 이렇게 말하고 있다. ① 피조물과 말을 멈추고 하나님과 많은 대화를 하는 단계 ② 일과 외면적인 움직임에 대해서 침묵하는 단계 ③ 상상의 침묵 ④ 기억의 침묵 ⑤ 피조물에 대한 침묵 ⑥ 감성(heart)의 침묵 ⑦ 인간 본성에 대한 침묵 ⑧ 마음의 침묵 ⑨ 판단의 침묵 ⑩ 의지의 침묵 ⑪ 자신과의 침묵 ⑫ 하나님과의 침묵
10) Thomas Merton, *Contemplative Prayer* (New York: Image Books, 1971), 90.

인 인간 이해를 용납하지 않는다. 즉 영혼과 육체, 지성과 마음은 육체의 기관과 매우 일치하고 있으며, 초월적인 빛도 정화된 육체적 감각 기관과 밀접한 관계가 있다. 동방정교회 영성은 이론과 실천이 긴밀하게 관계되어 있으며, 영혼과 육체의 통합을 강조함으로써 사변적이 아니라 실제적이다. 이러한 영성의 토대는 그리스도의 성육신에 있다. 그러한 인간론 역시 신학적 논쟁을 위한 이론 체계라기보다는 그 다음에 따라오는 실천적 방안에 대한 이론적 기초일 뿐이다.

1) 동방정교회에서 바라본 인간론

사막의 교부들이나 관상 생활에 투신하는 동서방 영성가들이 공통적으로 지향하는 영성 생활의 두 가지 목표가 있다. 근거리 목표로는 마음의 청결이요, 궁극적 목표로는 하나님을 봄이다. 이러한 목표에 근거를 제공하는 가장 기본적인 말씀은 "마음이 청결한 자는 복이 있나니 그들이 하나님을 볼 것임이요"(마 5:8)와 "하늘에 계신 너희 아버지가 온전하심과 같이 너희도 온전하라"(마 5:48)는 산상수훈의 말씀이다. 이런 궁극적인 목표 즉 하나님을 향한 지복직관(至福直觀, beatific vision)에 이르지 못하는 이유는 마음 안에 담긴 정념(passions) 때문이다. 이것을 극복하면 하나님의 비전에 이르게 된다.[1] 동방교회에서는 특별히 정념의 근원을 무엇보다도 타락된 내면의 상태

---

1) John Cassian, *John Cassian: Conference One*, 4, trans. Colm Luibheid (New York: Paulist Press, 1985), 39-40: 본격적으로 서방 수도원의 규범을 세우는 데 구체적인 기여를 한 인물은 카시안 (John Cassian: 365-435?)이다. 그는 수도자로서 이집트 사막에 흩어져 있는 여러 수도원들을 순방하면서 영적인 대가인 '압바'(Abba)들과의 영적인 담화를 나누면서 일생을 보냈다. 그 결과로 내놓은 저서가 수도원을 세우고자 하는 사람이나 수도 생활의 초심자들을 위한 『수도원 강요』(*Institutes*)라는 책과 이집트의 수도자들의 이상(理想)에 대한 연구서인 『영적 담화』(*Conferences*)라는 책이다. 카시안은 수도원 제도를 기독교의 이상일 뿐만 아니라 건전한 세속 사회를 건설하는 이상적인 제도로 보았다. 카시안은 수도 생활의 목표를 근거리 목표와 궁극적인 목표로 나누어 설명한다. 근거리 목표는 마음의 청결이다. 이것은 주로 도덕적인 정화를 의미한다. 특별히 그가 강조하는 덕목은 겸손과 신중함이다. 이 덕목이 하나님의 삶에 참여하기 위한 기본 요건이 되기 때문이다. 궁극적인 목표로는 하나님 나라를 이루는 것이고 하나님과 연합되는 삶을 성취하는 것이다. 하나님과의 연합된 삶의 형태는 사랑과 자비로 넘치는 관상 생활에서 경험된다.

로 규정하고 있다. 내면에서 일어나는 정념이 바로 영혼의 눈인 순수 지성
(nous)[2]을 어둡게 함으로써 초월적이면서 내재적인 하나님의 비전을 가로막
는다.

동방 교부들에게 있어서 영혼이란 육체와 구분된 어떤 보이지 않는 구성
요소나 별개의 실체를 의미하기보다는 더 많은 경우에 있어서 전인을 일컫는
말로 사용되고 있다. 다마스커스의 요한(St. John of Damascus)은 "영혼은
살아 있으며, 육안으로 볼 수 없는 단일하며, 비육체적인 실체이다. 영혼은
몸의 유기체적인 기관으로서 육체를 사용하며, 그 육체에 의지가 부여된 생
명을 불어넣어 준다. 영혼은 행동할 수 있는 능력과 의지를 부여받은 자유로
운 존재이나 그것은 여전히 피조물이기 때문에 변화할 수밖에 없다."[3]고 했
다. 다마스커스의 요한 이전의 사람인 닛사의 그레고리(St. Gregory of
Nyssa)도 "영혼은 창조되었고, 살아 있는, 순수 지성적인 실재이며, 감각적
인 육체에 살아 움직이는 능력과 감각의 대상을 파악하는 능력을 전달해 주
는 실재이다."[4]라고 했다.

그레고리 팔라마스(Gregory Palamas)는 영혼은 불멸하다고 한다. 그러나
그것은 플라톤적 사상으로부터 비롯된 영혼 불멸과는 근본적으로 다르다고
역설한다. 플라톤의 영혼 불멸설은 영혼이 본성상 신적 기원을 지니고 있기
때문에 불멸하다고 믿지만, 기독교 신학에서는 영혼 자체가 불멸일 수는 없
다. 왜냐하면 영혼도 피조물이기 때문이다. 더욱이 영혼은 결코 인간과 동일
시될 수 없다. 영혼은 심리적이지 않고 육체적이지도 않기 때문이다. 그러므
로 인간이 영원 불멸하다고 하는 것은 죽음 후에 지속될 영혼의 생명성에 근

---

2) 앞으로 계속해서 nous를 순수 지성으로 번역하여 사용하겠다. 왜냐하면 정교회에서 nous는 하나님의
형상을 언급함에 있어서 가장 특징적인 형태이며, 전통적으로 많은 교부들이 하나님의 형상은 하나님
과 그가 창조한 인간의 지적 본성과 변할 수 없는 연결성을 지니고 있다고 주장한다. Bernard
McGinn, *The Foundation of Mysticism: Origin to the Fifth Century* (New York: Crossroad,
1992), 243-244.
3) The Orthodox Faith, *Fathers of the Church*, vol. 37 (Washington, DC: Catholic University),
236, quoted in Bernard McGinn, *The Foundation of Mysticism*, 100.
4) On the Soul and Resurrection, *Fathers of the Church*, vol. 58, 205-206, PG 46, 29, quoted in
Bernard McGinn, *The Foundation of Mysticism*, 101.

거를 두고 하는 말이 아니고, 그리스도의 은혜와 부활로 인해서 죽음이 파해 졌다는 사실과 다가오는 육체의 부활에 근거를 두고 하는 말이다.[5] 이런 의 미에서 인간은 하나님의 본질을 공유하지 않으며, 하나님의 에너지를 부여받 았을 뿐이다. 하나님은 육체를 창조하는 순간 영혼도 창조하신다. 시나이의 아나스타시오스(St. Anastasios of Sinai)는 "영혼 전에 육체가 결코 존재하 지 않으며 육체 전에 영혼이 결코 존재하지 않는다."고 말한다.[6]

이 땅에서 전인적 인간으로서 영혼이 겪어야 할 영적 여정에 가장 독특한 목적이 있다면 그것은 신화(deification)이다. 대 바질(Basil the Great)은 "그대 인간은 신화(神化)되어야 할 유일한 존재이다."라고 했다.[7] 진정한 인 간이 되기 위해서 인간은 생물학적으로 한 번 태어날 뿐만 아니라, 성령으로 다시 태어나야 하는 존재이다. 즉 신화되기 위해서 인간은 생물학적 탄생뿐 만 아니라, 하나님의 은혜를 덧입은 자로서 다시 태어나야 한다. 동방교회의 교부들은 신화가 인간의 영혼 안에서 어떻게 진행되어 가고 있는가를 묘사함 에 있어서, 마치 내과 의사가 육체적 기관을 해부학적으로 들여다보듯이, 인 간의 내면 세계를 다루고 있다. 동방교회에서는 구원을 영혼의 치유 개념으 로 이해한다. 인간은 유전된 죄로 말미암아 하나님의 은혜를 상실하고 인간 의 순수 지성이 무감각하게 되어 전 본성이 병들게 되었다. 이것은 법적인 의미로서가 아니라 의학적인 의미이다.[8] 우리의 영혼이 정화되고 치유되기 위해서 순수 지성과 마음(heart)이 정화되어야 한다.

그레고리 팔라마스는 마음(heart)과 순수 지성을 분석적으로 이해하면서 마음은 영혼의 본질이며 생각과 개념적 이미지를 구성하는 순수 지성의 활동 이라고 한다.[9] 그래서 순수 지성은 때로 본질을 의미하기도 하고, 때로는 에

---

5) Metropolitan of Nafpaktos Hierotheos, *Orthodox Psychotherapy: The Science of the Fathers*, trans. Esther Williams (Levadia Hellas: Birth of the Theotokos Monastery, 2002), 101-102.
6) 위의 책, 103.
7) Metropolitan of Nafpaktos Hierotheos, *The Person in the Orthodox Tradition*, trans. Esther Williams (Levadia Hellas: Birth of the Theotokos Monastery, 2002), 76.
8) Metropolitan of Nafpaktos Hierotheos, *Orthodox Psychotherapy*, 37.
9) 위의 책, 121.

너지나 활동을 의미하기도 한다. 그것은 영혼의 순전한 파트너이며 영혼의
눈이기도 하다. 영혼은 영혼 그 자체와 완전히 별개의 것으로서 순수 지성을
가지는 것은 아니다. 눈이 육체에 해당하는 것처럼, 순수 지성과 영혼의 관
계도 그러하다. 그리고 교부들의 가르침에서는 자주 순수 지성과 마음을 일
치하는 것으로 이해하기도 한다. 그것은 성경의 가르침에 근거하는 주장이기
도 하다. 예를 들면 마태복음 5:8의 "마음(καρδία)이 청결한 자는 복이 있
나니 하나님을 볼 것임이요"라는 말씀에서 'καρδία'는 로마서 12:2의 "너
희는 이 세대를 본받지 말고 오직 마음(νοὸς)을 새롭게 함으로 변화를 받
아"라는 말씀에서 νοὸς와 서로 호완적인 의미로 사용되고 있다. 이런 용례
에서 보듯이 순수 지성은 마음이라고 할 수 있으며, 순수 지성과 마음은 상
호 교환적인 의미를 지니고 있다.

니케타스 스테타토스(Nicetas Stethatos)는 "하나님은 피조물의 모든 순
수 지성과 모든 무정념(dispassion)을 초월하는 무정념의 순수 지성
(dispassionate nous)이다. 하나님은 빛이요, 모든 선한 빛의 원천이시다.
그는 지혜와 말씀과 지식이면서 동시에 지혜와 말씀과 지식을 수여하시는 분
이시다."[10]라고 말한다. 그러므로 하나님의 형상으로 지어진 인간이 타락
이전의 그 본래적인 상태에 있었을 때 인간의 순수 지성은 무정념의 순수 지
성이다. 그것이 인간으로 하여금 하나님을 갈망하게 하며, 하나님과 하나가
되고자 하게 한다. 하나님은 순수 지성에게 당신 자신을 드러내며 그로 인하
여 순수 지성은 하나님의 순수 지성 즉 하나님과 일치를 이루게 한다. 순수
지성이 관조한 것에 따라서 영혼은 변화를 겪는다. 순수 지성이 본래 지어진
본성을 따라 움직이려면 영적인 것에 대한 이미지를 받아들이는 것이 무엇인
지 배우는 것이 필요하다. 그러므로 영적 지식에 대한 조명이 순수 지성의
생명이며, 이 조명은 하나님의 사랑에 의해서 생성되는 것이기 때문에 하나
님을 향한 사랑보다 더 위대한 영적 지식은 없다.[11]

---

10) Gnostic chapters, 1. Gk. *Philokalia*, vol. 3, 326, 1, quoted in Metropolitan of Nafpaktos
Hierotheos, *Orthodox Psychotherapy*, 126.

순수 지성이 정화되어 제 기능을 할 때 순수 정신은 끊임없이 마음으로 돌아간다. 순수 지성은 끊임없이 마음으로 복귀하려는 특징을 지닌다. 거기서 비로소 본성대로 작용을 할 수 있기 때문이다. 그러나 타락한 존재의 순수 지성은 마음 안에 존재하는 대신 피조물의 노예가 되어 주변 환경을 배회한다. 동방정교회의 금욕 수련 중의 하나인 헤지카즘(hesychasm)은 순수 지성이 배회하는 것으로부터, 그리고 지성의 혼돈 상태로부터 마음으로 돌아오도록 하는 운동이며 시도이다.12) 왜냐하면 마음은 그리스도의 은혜로 말미암아 그리스도가 나타나는 곳이며, 성령이 거하는 곳이기 때문이다.

은둔자 테오판(St. Theophan the Recluse)은 순수한 기도를 위해 지성에서 마음으로 내려가라고 하면서 동시에 그것은 마음에서 지성(mind)으로 집중하라는 의미로 말하기도 한다. 이것은 마음(heart) 안에서 주의력을 기울이는 것이며, 보이지는 않지만 항상 계시는 하나님을 정신적으로 보는 것을 의미하는 것이다.13) 필라델피아의 테오렙토스(Theoleptos of Philadelphia)는 순수 지성(nous)을 주의력과 관련시켜 설명한다. 예를 들어 기도할 때 말로 기도하지만, 순수 지성은 따라가지 않을 수 있다. 즉 지성은 습관적으로 입을 사용하여 말하지만, 순수 지성은 주의력을 기울이지 않음으로써 하나님의 지식으로부터 멀리 떨어져 있는 기도가 있을 수 있다. 여기서 순수 지성이란 단순히 어떤 생각이 아니고 아주 미묘한 주의력(attention)이라고 말할 수 있으며, 그 주의력이 활동을 할 때 지성은 마음으로 내려간다.14) 그러므로 동방정교회에서 전인으로서의 영혼(soul)은 순수 지성(nous), 마음(heart), 지성(mind)이라는 세 기능을 동시에 언급해야 한다. 이 세 기능이 서로 유기적으로 긴밀하게 연결될 때만이 전인으로서의 영혼이 가능하다. 그

---

11) 『필로칼리아』, vol. 2, 72, 9.

12) Metropolitan of Nafpaktos Hierotheos, *St. Gregory Palamas as a Hagiorite*, trans. Esther Williams (Levadia Hellas: Birth of the Theotokos Monastery, 2000), 310.

13) Compiled by Igumen Chariton of Valamo, *The Art of Prayer: An Orthodox Anthology*, trans. E. Kadloubovsky and E. M. Palmer (London: Faber and Faber, 1997), 183-184.

14) Metropolitan of Nafpaktos Hierotheos, *Orthodox Psychotherapy*, 123-124.

러므로 인간이 하나님의 형상대로 지어졌다는 말은 구체적으로 우리의 영혼
이 삼위일체 하나님의 형상을 띠고 있다는 의미이다.[15]

2) 관상적 삶의 장애물로서의 정념

변증가 저스틴(Justin)은 그의 저서 『트리포와의 대화』(*Dialogue with Trypho*, 150년경)에서 "플라톤주의자들은 하나님을 직접적으로 보기를 원했다. 그것이 그들 철학의 목적이었다."라고 말하면서 그들이 그릇된 가르침을 전하고 있다고 비판했다. 왜냐하면 그들은 "영혼은 불멸하며 본질적으로 신적이므로 자신의 능력으로 하나님을 볼 수 있다."고 가르쳤기 때문이다.[16] 이미 앞에서 지적한 대로 동방정교회의 가르침과 일치하는 주장이다. 그럼에도 불구하고 동방정교회에서는 비록 그 동기는 그릇되었다 할지라도 "하나님을 뵙는다는 것을 영성 생활의 목표로 삼는다는 것이 과연 무리한 일인가?"라는 질문을 던진다. 사막 교부들의 금언집에는 이런 이야기가 전해 온다. 한 이방 사제가 올림피우스라는 수도자와 하루 밤을 지낸 후에 그에게 "이러한 수도 생활을 해 오면서 당신의 신으로부터 아무런 환상도 받지 못하였습니까?"라고 묻는다. 올림피우스가 아무것도 받지 못하였다고 말하자, 그 이교 사제는 "당신의 마음 안에 순수하지 못한 생각이 당신과 당신의 하나님 사이를 가로막기 때문이오."라고 말한다. 이교 사제의 충고지만, 이 사막의 수도자는 이러한 판단을 인정한다.[17] 즉 하나님과 마음을 가로막고 있는 그 장애물이 정념(passions) 때문이라는 것을 인정하는 이야기이다.

정념이란 헬라어의 πάσχω라는 동사로부터 유래한 어휘이다. 그것은 '외

---

15) 아우구스티누스는 그의 삼위일체론에서 하나님의 형상을 기억, 이해, 의지(사랑)이라는 삼중적 심리학적 구조를 제시하고 있다. 정신이 스스로를 기억하고 이해하고 사랑하기 때문이 아니라 자신을 지으신 자를 기억하고 이해하고 사랑하는 능력을 가지고 있기 때문에, 정신의 삼위일체는 하나님의 형상이다. 그렇게 함으로써 정신은 지혜를 얻는다. Augustine, *On the Trinity*, 14, 12, 15.

16) B. McGinn, *The Foundation of Mysticism*, 23.

17) 위의 책.

부로부터 들어온 무엇을 경험하다.'라는 의미인데, 이 말은 보통 '나쁜 일을 경험하다.'라는 개념이 강하게 담긴 용어이다. 특히 병이 들 때 내적으로 고통을 겪는 경우를 의미하는 용례가 있다.[18] 동방정교회에서는 구원을 치유의 개념으로 이해하는 것처럼, 정념을 영혼 안에 품고 있는 질병, 즉 만성적인 영혼의 질병으로 이해한다. 시나이의 필로테오스(Philotheos of Sinai)는 "정념이란 엄밀히 말해서 오랫동안 영혼 안에서 무감각할 정도로 잠복되어 있는 것으로 정의된다."[19]고 말한다. 동방 교부들은 정념과 죄를 이렇게 구분하기도 한다. "정념은 영혼 안에서 일어나는 움직임인 반면에, 죄는 육체 안에서 드러난 것이다."[20]

어두움은 어떤 실재가 아니고 빛의 결여로 이해하는 것처럼 정념도 어떤 실재나 본질을 가진 것으로 이해하지 않는다. 정념은 영혼의 기능 왜곡이다. 그레고리 팔라마스는 영혼은 하나이지만, 그 기능은 지성적 능력(intelligent power), 미각적 능력(appetitive power), 분개하는 능력(incensive power)이 있다고 한다. 우리의 영혼이 타락되지 않은 본래적 상태라면, 이러한 기능이 자연스럽게 하나님을 향하게 된다. 그래서 하나님의 지식을 추구하고, 그리스도의 인격에 합치되는 덕목을 추구하기 위해서 자기를 절제하고, 진리를 지키기 위해서 의분을 일으킨다. 그러나 타락되어 오용된 지성은 무지와 어리석음 그리고 교만을 낳고, 오용된 감각적 욕구는 방탕과 증오를 낳는다.[21] 지식욕이 악한 것이 아니고, 그 지식이 교만하게 하고, 그 교만이 어리석게 몰아가는 것이 악한 것이다. 음식에 대한 맛을 갈구하는 것이 악한 것이 아니라 그것이 왜곡되어 탐식을 일으키게 하는 것이 악한 것이다. 사랑하고자 하는 욕구가 문제가 아니고, 그 사랑의 욕구가 감각적인 것에 기울어져 부주의한 애착을 일으키는 것이 악한 것이다. 분개하는 능력이 무분별한

18) Gerhard Friedrich, ed., *Theological Dictionary of the New Testament*, vol. V, trans. Geoffrey W. Bromiley (Grand Rapids: William B. Eerdmans Publishing Co., 1983), 904-923 참고.
19) *Philokalia*, vol. 3, 29, 35.
20) Metropolitan of Nafpaktos Hierotheos, *Orthodox Psychotheraphy*, 245.
21) 위의 책, 247-248.

증오로 바뀔 때 악하게 된다. 이러한 과정 속에서 다양한 정념이 배태된다.

왜곡된 영혼의 기능으로부터 배태된 정념은 다양한 이름을 지닌다. 바울은 로마서 7:5에서 "우리가 육신에 있을 때는 죄의 정욕이 우리 지체 중에 역사하여 우리로 사망을 위하여 열매를 맺게 한다"고 하는데, 이 말씀에서 '죄의 정욕'(τά παθήματα των ἀμαρτιων)이라는 말은 어원적으로나 개념적으로 동방정교회의 정념과 같은 의미이다. 죄로 열매를 맺기 전에 일어나는 내적인 움직임을 암시하는 말이다. 메트로폴리탄(Metropolitan of Nafpaktos Hierotheos)은 이러한 이해를 바탕으로 바울 서신으로부터 그 정념의 원인과 이름을 제시한다. "그들이 마음에 하나님 두기를 싫어하매 하나님께서 그들을 상실한 마음대로 내버려 두사 합당하지 못한 일을 하셨으니 곧 모든 불의, 추악, 탐욕, 악의가 가득한 자요 시기, 살인, 분쟁, 사기"(롬 1:28-31) 등이다.[22] 이러한 다양한 정념의 이름을 다마스커스의 요한(St. John of Damascus)은 영혼의 기능에 따라서 지성의 왜곡으로 인한 정념과, 분개하는 능력의 왜곡으로 인한 정념과, 미각의 왜곡으로 나타난 정념으로 분류한다.[23]

이렇게 다양한 이름을 가진 정념을 카시안(John Cassian)은 탐식, 부정함, 탐욕, 분노, 낙담, 태만, 자만심, 교만 등의 8가지로 집약하고 있다.[24] 정념은 이렇게 각각 다른 이름을 가지고 있지만, 각각 독립적으로 다룰 수 없을 만큼 서로서로가 밀접하게 연결되어 있다. 막시무스(St. Maximus the Confessor)는 이 모든 정념의 근본 뿌리는 자기 사랑 즉 하나님이나 이웃에 대한 관심 이전에 자기 자신에게 몰두해 있는 자기 사랑에서 비롯된다고 한다.[25] 자기 자신에 대한 무분별한 집착과 애착이 갖가지 정념을 만들어 낸다. 모든 정념의 근본 뿌리인 무분별한 자기 사랑이 순수 지성을 왜곡시키고

---

22) 위의 책, 252-253. 다마스코스의 피터(St. Peter of Damaskos)는 성경 곳곳에 흩어져 있는 정념을 정리하여 298가지의 정념을 제시하고 있다. *Philokalia*, vol. 3, 205-206.
23) 『필로칼리아』, vol. 2, 560-561.
24) 『필로칼리아』, vol. 1, 95.
25) 『필로칼리아』, vol. 2, 113, 59.

잘못 인도하기에 영혼은 하나님과의 만남을 방해받을 수밖에 없다. 동방정교
회에서는 이 정념에 대항하는 가장 위대한 무기를 헤지키아(hesychia)라고
한다. 그래서 일반적으로 정교회의 특징적 영성을 헤지키아 영성(hesycha-
stic spirituality)이라고 한다.

3) 헤지키아와 관상적 체험

헤지키아란 헬라어의 ἡσυχια로부터 온 말인데, 고요, 침잠, 내적 평화 등
을 의미하는 말이다. 영혼이 정념으로부터 자유롭게 되어 하나님과 거룩한
친교를 이루기 위해서는 참된 헤지키아가 절대적으로 필요하다. 탈라시오스
(St. Thalassios)는 "헤지키아와 기도는 덕목을 실천하고 내면화하는 데 있
어서 가장 위대한 무기이다."라고 한다. 왜냐하면 그것들은 순수 지성(nous)
을 정화하고, 그것에게 영적 통찰력을 주기 때문이다.[26] 요한 클리마쿠스
(St. John of the Ladder)는 "영혼의 침묵은 우리의 생각에 대한 정확한 지
식을 가지게 하고, 그것들을 바르게 경영하게 한다. 그리고 침묵은 마음의
문을 지키는 파수꾼이며, 다가오는 생각들을 몰아내고 사라지게 한다."고 한
다.[27] 신(新) 신학자 시메온(St. Symeon the New Theologian)은 "헤지키
아는 정신이 방해받지 않고 환희에 사로잡힌 상태이며, 자유롭고 즐거운 영
혼의 고요함이며, 요동하지 않고 흐트러지지 않는 마음의 근원이며, 하나님
의 신비에 대한 빛과 지식에 대한 비전이며, 하나님과의 순수한 교제이며,
하나님과의 일치의 상태다."라고 말한다.[28] 헤지키아를 추구하는 일차적인
목적은 정념을 근본적으로 제거하기 위한 것이라기보다는 정념으로부터 방
해를 받지 않고 자유롭게 되는 상태를 의미하며, 영혼의 기능을 제자리로 돌
려 놓고자 하는 데 그 목적이 있다.

---

26) 『필로칼리아』, vol. 2, 505, 67.
27) Metropolitan of Nafpaktos Hierotheos, *Orthodox Psychotherapy*, 315.
28) 위의 책.

헤지키아를 성취함으로써 얻어진 또 다른 표현은 무정념(dispassion)의 상태이다. 무정념은 문자 그대로 정념으로부터 자유함을 얻는 상태이며, 그 결과로 정신이 자유함을 누리게 되는 상태이다. 여기서 말하는 무정념은 고대 스토아 학파들이 극단의 고행을 통해 얻은 무정념(apatheia)의 상태와는 구별된다. 막시무스에 따르면 "무정념은 영혼이 악에로 쉽게 움직이지 않는 평화로운 상태이며, 피조물이 전해 주는 개념적인 이미지로 영향을 받지 않으며, 따라서 그것에 의해서 고통을 겪지 않는 상태를 의미한다."29)고 한다. 그 결과로 영혼의 세 기능인 지성의 능력, 미각적 능력, 분개의 능력 등이 본래대로 회복되는 영혼의 상태를 무정념이라고 한다. 그래서 영혼이 악한 충동에 굴복당하지 않으며, 하나님 없이는 그러한 일이 불가능함을 받아들이는 상태를 의미한다.

그레고리 팔라마스는 바울이 "정욕(passions, παθήμασι)과 탐심을 십자가에 못 박는다"(갈 5:24)고 말하는 것은 육체가 지니고 있는 감각적인 에너지나 영혼의 능력을 억제하고 죽이는 것이 아니라, 타락한 맛과 행동으로부터 물러나는 것을 의미한다고 보았다. 즉 십자가에 못 박힌 무정념이란 영혼이 지니고 있는 각각의 능력이 억제되어 죽어 있는 상태가 아니고, 그것들이 제대로 기능을 하도록 살리고 최상의 것으로 회복되는 상태를 말한다.30) 그러므로 무정념의 상태는 사랑과 생명, 그리고 정상적인 활동이 가능하도록 해 주는 것과 관련이 있다. 그래서 막시무스는 무정념에 이르는 네 단계를 이렇게 말한다. 그것은 헤지키아에 이르는 단계이기도 하다. 첫째는 실제적으로 죄를 짓는 행위로부터 완전히 물러나는 단계이다. 둘째는 악한 생각을 의지적으로 단호히 거절하는 단계이다. 셋째는 정념적인 욕구를 완전히 잠잠하게 하는 단계이다. 넷째는 정념과 관련이 없는 심상까지도 완전히 제거하는 단계이다.31)

---

29) 위의 책, 298-299.
30) St. Gregory Palamas, *Triads*, 2, 19, quoted in Metropolitan of Nafpaktos Hierotheos, *Orthodox Psychotherapy*, 299.

이미 획득된 무정념이 기독교 영성적인 측면에서 진정한 무정념인가 거짓 무정념인가에 대한 구별은 사람들(형제들)을 향한 태도에 달려 있다. 가장 높은 차원의 무정념은 보다 완전한 사랑을 획득하고 끊임없는 관상적 삶(하나님을 봄)을 통해 왜곡된 감각적 차원을 극복하고 육체적 한계를 초월한 사람 안에서 이루어진다. 최고의 무정념 상태에 이른 사람들의 순수 지성은 세상의 모든 피조물에 대한 애착으로부터 자유롭게 되고, 그래서 그들의 지성은 기도하는 동안 일어나는 어떠한 개념적 이미지에 의해서도 혼란을 겪지 않는다. 그리고 일반적으로 무정념의 사람들은 성령의 은사로 가득 차게 된다.[32] 헤지키아를 통해서 정념으로부터 정화되어 무정념을 성취한 순수 지성은 마음으로 내려가서 맑은 시선(vision)을 회복하고, 빛으로 하나님을 만나게 된다.

헤지키아의 영성이 소피아 공의회(The Council of Sophia, 1368)에서 동방정교회의 공식적인 가르침으로 선포되도록 결정적인 역할을 한 사람은 그레고리 팔라마스(St. Gregory of Palamas, 1296-1359)이다. 헤지키아 영성이 자리를 잡기까지 반대자들(대표적인 사람은 발라암 Barlaam)과 심각한 논쟁을 겪어야만 했다. 여기서 논란이 된 핵심적인 주제는 세 가지로 압축된다. 첫째는 세속적인 것과 거룩함 사이에서의 연속성의 문제이다. 둘째는 마음 안에서의 순수 지성적인 기도의 문제이다.[33] 셋째는 창조되지 않는 빛에 대한 이해와 신적인 실재(essence)와 에너지를 구분하는 일이었다.[34] 이러한 치열한 신학적 논쟁에서 그레고리는 전통적으로 동방 교부들이 실천해 오고 있었던 헤지키아 영성을 지키고 옹호하는 데 심혈을 기울였다.

---

31) 『필로칼리아』, vol. 2, 360, 51.

32) Metropolitan of Nafpaktos Hierotheos, *Orthodox Psychotherapy*, 304.

33) 여기 정신 안에서 이루어지는 순수 지성이란 단순히 추론적인 이성을 의미하는 것이 아니라, 직관 혹은 내면의 시각을 통해서 영적 진리를 직접적으로 이해하는 것을 의미한다. 현대 지성주의자들이 사용하는 의미와는 매우 다른 용어이다. Bernard McGinn, John Meyondorff, and Jean Leclercq, eds., *Christian Spirituality: Origin to the Twelfth Century* (New York: Crossroad, 1987), 400.

34) Metropolitan of Nafpaktos Hierotheos, *St. Gregory Palamas as a Hagiorite*, 65.

발라암과 그의 추종자들은 순수 지성이 육체와 깊이 관계를 맺는 것은 옳지 않다고 생각했다. 왜냐하면 육체는 영혼의 감옥이며, 따라서 인간의 구원은 육체로부터의 해방을 의미한다고 말하는 플라톤 철학을 심각하게 받아들였기 때문이다. 이에 대해서 그레고리는 바울 서신의 말씀을 통해 반박한다. "세례를 통해 몸은 성령이 거하는 전이 되었고, 몸은 하나님의 집이 되었으며, 그리고 하나님은 '나는 너희와 함께 거하고 행하며, 너희의 하나님이 될 것이다.'라고 약속했다. 그러므로 몸은 결코 악이 아니며 단지 육체적 태도가 악일 뿐이다."35)라고 했다. 그는 인간의 순수 지성을 육체와 관련하여 이렇게 이해하고 있다. 심장(heart)은 육체의 첫 이성적 기관이며 이성적 능력을 발휘하는 장소이다. 순수 지성은 용기(用器)로서가 아니라 전 육체를 안내하는 육체의 유기체적 기관(器官)으로서 심장 안에 존재한다고 믿었다.36)

또 다른 주된 논쟁은 기도의 열매로서 획득되는 창조되지 않는 빛(the uncreated Light)과 신적인 지식의 문제였다. 발라암과 그레고리와의 신학적인 논쟁은 인간이 과연 창조되지 않는 빛을 경험할 수 있는가에 관한 것이었다. 발라암은 감각적으로 접근할 수 있는 모든 빛은 창조된 자연적인 빛이며, 이 빛은 인간의 이성적 능력으로부터 비롯된 사고보다 열등한 것이라고 주장한다. 발라암은 이러한 생각이 발전되어 창조되지 않는 빛을 경험했다는 선지자나 사도보다 철학자가 더 우월한 존재라고까지 생각했다.37) 그레고리는 이러한 주장은 동방 교부들의 전통적인 입장을 역행하는 것이라고 했다. 그는 자연적인 지식으로부터 비롯된 빛과 성령으로부터 비롯된 창조되지 않은 에너지를 발산하는 빛을 구분했다. 사도들이나 성인들이 경험한 신적인 빛은 결코 상징적인 것이나 자연적인 빛이 아니다. 그레고리는 제자들이 변화산상에서 경험한 "광채가 나서 아무리 빨래를 해도 희게 할 수 없을 만큼 흰 빛"(막 9:3)을 예로 제시한다. 그와 논란을 벌였던 발라암은 이것

35) 위의 책, 67.
36) 위의 책.
37) 위의 책, 308.

은 현재적으로 경험할 수 없는 환영이든지 외적인 상징이라고 주장한다. 그
빛은 순수 지성에 의해서 조명된 에너지에 불과하다고 말한다. 그러나 그레
고리는 예수님의 이 영광의 빛은 전에 없었던 어떤 것이 비로소 변모되어 나
타난 것이 아니고, 오히려 제자들이 그 순간 눈이 열려서 이전에 육안으로
볼 수 없었던, 예수님이 본래적으로 지니고 있던 빛을 보게 된 것이라고 한
다. 이 빛을 통해 하나님과의 교제가 일어나고 인간이 신화(deification)된다
고 했다.38)

그런데 이 창조되지 않은 하나님의 빛은 창조되지 않은 하나님의 에너지
(divine energy)로부터 비롯된다. 이 에너지는 삼위일체에 속한 것이며, 삼
위일체와 피조 세계를 이어 주는 원동력이다. 즉 삼위일체의 활동은 하나
님의 에너지에 의해서 알려지고 그 효과를 나타낸다. 이 에너지가 창조되
지 않았다는 것은 그 속성을 직접적으로 하나님에게 돌리려는 데 그 의미가
있다.39) 창조되지 않은 하나님의 에너지는 하나님의 실재(essence)로부터
비롯된 것이며, 그 에너지를 통해 하나님이 활동하심으로 인해서 하나님의
초월성과 불가해적인 단순성과 삼위일체성을 훼손시키지 않는다. 하나님
의 실재가 신성을 지니고 있듯이, 그의 에너지 역시 신성이다.40) 하나님의
에너지는 스스로 존재하지 않지만 본질적(hypostatic)이다. 그것은 하나님
의 에너지와 실재가 동일하지 않음에도 불구하고 신적인 본질과 연결되어
있는 것이며 에너지는 본질로부터 비롯된 필연적인 움직임이기 때문이
다.41) 헤지키아를 통해 정화된 순수 지성은 마음 안으로 돌아와, 하나님의
은혜로, 감각적 시각을 초월하는 창조되지 않은 하나님의 빛을, 감각적인 시
각으로 볼 수 있게 한다. 육체는 하나님의 은혜로 순수 지성을 통해 신화되

---

38) 위의 책, 309-310.
39) 위의 책, 305. 구체적인 예로서 goodness, blessedness, holiness, immortality 등은 하나님의 에너
지이며, 그것은 영원하며, 창조되지 않은 것이다. Goodness는 창조되지 않은 하나님의 에너지이지
만, the good things는 창조된 것이다. 생명은 하나님의 창조되지 않은 에너지이지만 살아 있는 것
들은 피조물이며, 창조되지 않은 에너지의 결과이다.
40) 위의 책, 306.
41) 위의 책, 308.

어야 하기 때문에 육체와 순수 지성은 떼어 낼 수 없는 필연의 관계이다.42)

4) 예수 기도

동방정교회는 헤지키아적 영성을 실현하는 구체적인 수련 방안으로 예수 기도(The Jesus Prayer)를 제시하고 있다. 헤지키아적 분위기에서 예수 기도가 발전되어 왔기 때문에 보통 그 기원은 14세기 비잔틴 시대 동방정교회의 신비가들에게 초점이 맞추어지고 있지만, 적어도 5세기부터 18세기에 걸쳐 지속적으로 발전되어 왔다. 예수 기도의 실제적인 초기 기원은 시나이의 헤지카즘(Sinaite Hesychasm)에서 찾는다. 예수 기도에 대해서 언급한 문헌 중에서 가장 오래 된 것으로는 포티케의 주교인 디아도쿠스(St. Diadochus, 458년경)의 『완덕에 대한 100편의 글』(*Hundred Chapters on Perfection*)이다. 여기서 그는 "예수의 이름을 기억"함으로써 마음을 정화할 것을 권하고 있다. 예수의 이름은 순수 지성이 오직 주 예수님께만 관심을 갖게 하도록 지성을 정화시키고 불을 붙게 만든다고 한다.43)

그 이후 시나이 영성의 대표적인 사람으로 예수 기도에 대해서 가장 분명하고 아름다운 문서를 남긴 사람은 바르사누피우스(Barsanuphius, 약 540년경)이다. 그는 자신의 의지를 포기하고, 영적 지도를 받으면서 양심 성찰을 하고, 예수의 이름을 부를 것을 권하고 있다. 그리고 연약한 우리가 피할 유일한 피난처는 예수 이름이라고 한다.44) 요한 클리마쿠스(649년경)도 그의 저서 『낙원의 사닥다리』(*Ladder of Paradise*)에서 "예수라는 이름이 당신의 호흡에 달라붙도록 하라. 그러면 헤지키아의 가치를 알게 될 것이다."라고 했다.45)

---

42) 위의 책, 321.
43) A Monk of the Eastern Church, *The Jesus Prayer* (New York: St. Vladimir's Seminary Press, 1997), 36-37. 『필로칼리아』, vol. 1, 351-407(특히 375, 59) 참고.
44) 위의 책, 37-38.
45) 위의 책, 39.

이러한 예수 기도의 전승은 지금까지 동방정교회의 성지로 알려진 아토스의 헤지카즘(Athonite Hesychasm)에서 전성기를 이루게 된다. 이전 시나이의 헤지카즘에서는 예수 기도와 시편 기도가 동시에 중요성을 지니고 있었는데, 아토스의 헤지카즘에서는 모든 기도를 예수 기도에 흡수시킬 만큼 예수 기도의 가치가 급진적으로 부상했다. 46) 아토스에서의 예수 기도의 발달은 그레고리 팔라마스의 명성 때문에 이름이 가려졌지만 그레고리의 스승인 테오렙투스(Theoleptus, 1310-20년 사이에 죽음)의 역할이 크다. 그는 로고스와 영을 말하는데, 이 말은 인간의 존재론적 측면을 묘사한 말일 뿐만 아니라, 인간을 하나님의 말씀과 성령이라는 삼위일체 신비에 연결시키고자 하는 유비적인 용어이기도 하다. 그런데 이 존재론적 유비가 인간과 하나님이 생래적으로 연결되어 있다는 것을 의미하지 않는다. 오직 기도로서 그 연결이 현실화된다. 그래서 테오렙투스는 "순수한 기도는 로고스인 마음과 영이 연합되는 기도이다. 로고스를 통해 하나님의 이름을 부르는 것이 기도이다. 순수 지성을 통해 우리는 기도 속에서 부르는 하나님에게 집중하고, 영을 통해 우리는 양심의 찔림과 겸손한 사랑을 경험한다."47)고 했다. 하나님의 이름 즉 예수라는 이름을 부름으로 인간의 순수 지성은 성부, 성자, 성령 삼위일체 하나님에게로 인도받는다.

이러한 가르침은 그레고리 팔라마스가 논쟁에서 승리하고 헤지카즘이 동방정교회의 공식적인 가르침으로 선포되면서 더욱 구체화된다. 센츄리의 칼리스토스(The Kallistos)48)는 헤지카스트(헤지키아적 삶을 추구하는 수도자)를 위한 생활 규범을 만들었는데 이 규범의 핵심이 예수 기도이다. 그는 여기서 "하나님의 아들 주 예수 그리스도시여, 나를 불쌍히 여기소서."(Lord Jesus Christ, Son of God, have mercy on me.)라는 예수 기도의 형식을 제시한다. 이 형식은 이중적인 운동을 암시한다. "하나님의 아들 주 예수 그

---

46) 위의 책, 38.
47) 위의 책, 58.
48) 그는 1397년에 콘스탄티노플의 대주교였다.

리스도"라는 전반부의 기도는 우리의 정신을 그리스도에게로 고양시키고, 후반부의 "나를 불쌍히 여기소서."라는 기도는 자기 자신에게로 돌아오게 한다.[49] 이러한 운동이 거듭되면서 이 둘이 일치될 때 순수 지성은 신적인 빛을 보게 되는 관상적 체험에 이른다.

비잔틴 시대의 멸망으로 일부 제한된 지역 외에는 예수 기도가 활발하게 역할을 하지 못하다가 18세기에 이르러 성산[50]의 니코데머스(Nicodemus of the Holy Mountain)로 말미암아 정교회의 헤지키아적 삶과 예수 기도의 중요성이 다시 일어나게 되었다. 니코데머스 이전부터 꾸준히 헤지카스트들의 삶과 예수 기도에 관련된 중요한 문헌들이 수집되어 왔는데, 그것이 바로 오늘 우리에게 전해지고 있는 필로칼리아(Philokalia)[51]이다. 니코데머스는 바로 이 책의 중요성을 일깨워 주는 데 중요한 역할을 하였다. 이 필로칼리아로 말미암아 예수 기도는 오늘까지 전수되고 발전되어 왔다.[52]

예수 기도가 추구하는 중요한 목적은 마음의 단순성과 예수라는 이름의 능력을 힘입어 정화된 순수 지성이 마음 안으로 돌아오게 하는 데 있다. 단순한 기도를 통해서 정념으로 인해 배회하고 있는 순수 지성을 오직 주 예수 그리스도에게로 집중하게 한다. 그리고 예수 이름 자체가 그 정념을 극복하게 하고 마음으로 돌아가게 하는 능력으로 작용한다. 예수 기도는 복음서를 매우 간결하게 내면화시킨 기도라 할 수 있다. 예수 기도는 첫째, 하나님-인간이라는 그리스도의 두 본성을 선언하고 있다. 마리아에게서 낳은 예수와 하나님의 아들 되시고 주님 되시는 그리스도이시다. 둘째, 삼위일체 세 위격을 말하고 있다. 두 번째 위격인 예수 그리스도를 말하면서 동시에 예수는 하나님의 아들이라는 말에서 성부 하나님에게로 돌아가고 있다. 셋째, 성령을 암시하고 있다. "성령으로 말미암지 않고는 누구도 예수를 주라 시인

---

49) 위의 책, 62.
50) 여기 성산(Holy Mountain)은 그리스 정교회의 수도성지인 아토스(Athos) 산을 일컫는다.
51) 이 말의 원래 의미는 미의 사랑이다. 헬라적 전통에 의하면 미와 선은 일치된다. 이 책은 진정한 미와 선을 안내하고 추구해 왔던 지혜의 모음서라는 의미이다.
52) A Monk of the Eastern Church, *The Jesus Prayer*, 67-69.

할 수 없다."(고전 12:3)라는 의미에서 그렇다. 그러므로 '주 예수 그리스도'
라고 부름은 곧 신앙고백적 의미를 지닌다. 여기서 예수 기도는 기독론 중심
적이면서 삼위일체적이라고 말할 수 있다.53) 예수 기도를 드린다는 것은 자
기 존재를 그 이름 아래에 두며, 자신을 그분에게 희생 제물로 내놓는다는
것을 의미한다. 그리고 하나님의 에너지를 향하여 자기 자신의 영혼을 개방
시킨 상태를 말한다. 이런 의미에서 예수 기도는 성례전적인 의미를 지닌
다.54) 또한 이 기도는 소리를 내어 반복하는 육체적 기도라는 점에서 외향
적인 성격을 지니면서 동시에 내향적인 성격을 지니고 있다. 한쪽으로 편향
되기 쉬운 외향과 내향 그리고 지성과 마음의 통합을 지향하는 묘미를 지닌
기도, 전인을 아우르는 기도이다.

예수 기도는 반복적인 훈련을 통해 순수 지성을 한 곳으로 집중하게 하며,
기도가 자신의 존재의 한 부분이 되게 한다. 기도를 할 때 보통 기도자와 기
도가 서로 다른 두 대상으로 분리되곤 하는데, 이것을 막고 두 대상이 하나
가 되도록 하는 데 예수 기도가 기여를 한다. 기도하는 사람이 기도를 소유
하는 것으로 충분하지 않고, 기도가 육화되어 기도자가 곧 기도가 되는 것을
목표로 하는 것이 예수 기도이다. 시나이의 그레고리(1346년경)는 "왜 기도
는 길게 해야 하는가?"라고 물으면서 이렇게 말한다. "기도는 하나님이시다.
기도란 내가 시작하는 어떤 것이 아니고, 내가 나누는 어떤 것이다. 일차적
으로 기도는 내가 행하는 어떤 것이 아니고 하나님이 내 안에서 행하고 계시
는 어떤 것이다. 이런 의미에서 기도는 무엇보다 침묵하는 것이다."라고 한
다.55) 입술로 움직이는 반복되는 예수 기도는 시간이 흘러가면서 하나님의
은혜로 기도가 내면화되고 마음의 참여가 점점 강렬해지면서 예수 기도는
마음의 움직임으로 바뀐다. 결과적으로 예수 기도는 침묵 속에서 드려지는

53) Kallistos Ware, *The Power of the Name: The Jesus Prayer in Orthodox Spirituality* (Fairacres, Oxford: SLG Press, 2002), 10.
54) K. Ware, *The Power of the Name*, 12.
55) 위의 책, 2.

기도로 바뀌며, 이것을 마음의 기도(the prayer of the heart)라고 한다.

마음의 기도는 입술이나 지성의 기도와는 달리 내면 깊은 곳에 자리하고 있는 본능적 차원과 감정적이고 정서적인 차원 모두가 기도 안에서 하나가 되는 작용을 의미한다. 여기서 비로소 깊은 참회가 동반되는 마음의 아픔을 경험한다. 동시에 양심의 가책과 무가치한 자신의 느낌이 여전히 존재하지만 여전히 용서하시고 사랑하시는 하나님의 에너지로 느껴지는 따스함과 기쁨을 맛본다. 무엇보다도 여기서 중요하게 여겨지는 것은 따스한 영적 감정이다. 우리 안에서 일어나는 영의 타오름, 마음 안에서 붙여진 은혜의 불꽃과 같은 감정이다. 정교회의 교부들은 마음의 기도의 경험을 변화산상에서 나타났던 찬란한 빛에 비유하여 설명한다.56) 이 기도는 곧 마음과 지성의 일치 경험이고, 이것은 분열된 본성을 재통합하여 전인적인 회복을 이루는 것을 의미한다. 지성 안에서의 마음의 기도는 불완전하기는 하지만, 그것은 기도 안에서 내가 말하는 기도라기보다는 내 안에서 그리스도가 말하는 기도이다.

러시아에서 1855-1861년 사이에 익명의 사람이 쓴 『이름 없는 순례자』 (The Way of a Pilgrim)는 예수 기도를 실천해 가면서 마음의 기도로 자리잡아 가는 과정을 잘 묘사해 주는 고전으로 알려져 있다. 이 책에서 순례자는 예수 기도를 통해서 성취된 마음의 기도에 대해서 이렇게 말하고 있다. "이른 아침에 기도가 나를 깨운다." 그는 자기도 의식하지 않은 채 예수 기도가 심장 박동과 더불어 지속되는 경험을 한다. 이 책은 순례자가 예수 기도를 드리는 동안 경험되는 것을 이렇게 서술한다. "예수 기도는 배고플 때 음식이 되었고, 목마를 때 음료가 되었고, 지칠 때 힘이 되었다. 그리고 여우들과 다른 위험에 처할 때 방패가 되었다." 다른 사람과 대화하는 동안에도 예수 기도는 그의 마음을 움직였다. 특별히 주목할 만한 문장은 "나는 어느 날 순전히 기도 때문에 깨어난 사람처럼 일찍이 일어나는 즉시 아침 기도를 바쳤습니다.…입술은 저절로 아무런 힘도 들이지 않고 움직였습니다. 이렇

---

56) Compiled by Igumen Chariton of Valamo, *The Art of Prayer*, 25-26.

게 온종일을 지내는 동안 나는 온갖 것에서 동떨어져 있는 것 같았고, 아주
딴 세상에 있는 느낌이었습니다."57) "(내 마음과 생각이) 예수님에 대한 사
랑으로 충만하여 이것이 점점 불꽃이 되어 피어 타오른다는 느낌을 금할 수
가 없었습니다. 만약 이 때 어디선가 주 예수 그리스도께서 나의 이 같은 마
음을 숨어서 지켜보셨다고 한다면, 나는 그 즉시로 그분의 발아래 엎드려 그
발에 입맞춤을 하면서, 죄 많은 자신을 속죄하고, 그 넘치는 은총에 어떻게
감사해야 할지 그것조차 깨닫지를 못했을 겁니다. 그 때 나의 심장은 그 어
떤 즐거움이 가득 차 오르기 시작했습니다. 그 가득 찬 즐거움과 따스함은
이윽고 내 가슴 전체에 모닥불처럼 번져 갔습니다. 나는 이런 놀라운 사실
앞에 일종의 두려움마저 느끼지 않을 수가 없었습니다."58) 그 때부터 "하나
님 나라가 너의 안에 있다."59)라는 말의 의미를 알게 되었다고 한다.

3. 거룩한 독서와 관상

1) 거룩한 독서(Lectio Divina)란 무엇인가?

일반적으로 문자적 번역을 한 '거룩한 독서'라는 명칭을 사용하고 있지만,
그것이 본디 Lectio Divina가 지니고 있는 뜻을 충분히 반영했다고 할 수는
없다. 그래서 그것을 고유명사로 취급하여 '렉시오 디비나'라는 용어로 사용
하기도 한다. 그런데 이 말이 영어권에서는 Spiritual Reading, Sacred
Reading, Meditative Reading 등으로 번역하여 사용하기도 한다. 그 표현
이 어떠하든지 이런 말이 모두 품고 있는 공통적인 의미는 '읽기'와 관련되

---

57) 작자 미상, *The Way of a Pilgrim*, 최익철 역, 「이름 없는 순례자」 (서울: 가톨릭 출판사, 1994),
   28-29.
58) 위의 책, 38-39.
59) *The Way of a Pilgrim*, quoted in A Monk of the Eastern Church, *The Jesus Prayer*, 82.

어 있다. 그리고 '읽기'를 수식하는 '거룩한'이라는 말은 읽는 방법을 말하는 것이다. 읽기는 하되 거룩한 목적을 향한 거룩한 태도로 읽는 방법을 말하는 것이다. 거룩한 목적이란 독서의 목적인 흥미나 정보를 얻기 위한 것이 아니고, 거룩한 실존 즉 하나님과의 만남을 위한 존재론적인 읽기를 말한다. 이 독서 목적이 정보적인 차원이 아니고, 경험적이고 영적 양식을 얻기 위한 것이다. 그리고 여기서 읽기의 대상물은 거룩한 책이다. 고대에는 교부나 영성가가 남겨 놓은 저술이나 성경이 바로 렉시오 디비나의 대상물이었다. 그들은 저자가 경험한 것을 인격적으로 만나기 위해서 전인적인 읽기를 시도했다. 즉 소리내어 읽고, 귀로 듣고, 지성으로 이해하고 인식하고, 마음으로 깊이 느끼고 경험하기 위해서 온 감각 기관을 사용한다. 이러한 렉시오 디비나가 역사적 과정을 거치면서 읽기의 대상물이 성경으로 좁혀지고, 그 목적 역시 말씀으로 어떻게 기도해야 하느냐는 기도의 방법으로 발전해 갔다.

2) 렉시오 디비나의 성경적 유래

렉시오 디비나는 일찍이 그 근원을 성경에서 찾아볼 수 있다. 성경은 하나님이 그의 백성들과 소통하기 위한 매개체이다. 하나님의 백성들이 말씀에 귀를 기울이면서 하나님의 의도를 알아차리고 그것에 반응하는 과정에서 렉시오 디비나의 형식을 취하고 있는 것을 성경 곳곳에서 보게 된다. 모세를 통해서 당신의 백성들에게 전해 준 신명기 6장의 말씀을 보자.

> 이스라엘아 들으라 우리 하나님 여호와는 오직 유일한 여호와시니 너는 마음을 다하고 뜻을 다하여 네 하나님 여호와를 사랑하라 오늘 내가 네게 명하는 이 말씀을 너는 마음에 새기고 네 자녀에게 부지런히 가르치며 집에 앉았을 때든지 길을 갈 때든지 누워 있을 때든지 일어날 때든지 이 말씀을 강론할 것이며 너는 또 그것을 네 손목에 매어 기호를 삼으며 네 미간에 붙여 표로 삼고 또 네 집 문설주와 바깥문에 기록할지니라 (신 6:4-9)

이 '쉐마'(שְׁמַע 들으라)는 하나님의 말씀을 어떻게 읽어야 하는지를 보여 주는 대표적인 렉시오 디비나의 형태를 말하고 있다. 그것은 단순히 귀로만 듣는 것이 아니고 온몸으로 받아들이는 태도를 말한다. 당대에는 각자가 성경을 가질 수 없었고, 오직 돌판에 새겨진 말씀이나 두루마리로 만든 얼마 안 되는 복사본이 있을 뿐이었다. 그러므로 백성들이 기록된 하나님의 말씀을 접하기 위해서는 지도자가 읽어 주는 소리를 귀로 듣게 되고, 그 들은 말씀을 마음 깊이 새기게 된다. 즉 기억을 통해서 이해하고 그리고 마음에 느껴 오면서 마음에 저장하고 곱씹는다.

구체적으로 렉시오 디비나를 실현했던 곳은 에스라와 느헤미야에서 찾아볼 수 있다. 에스라와 느헤미야는 무너진 예루살렘의 성벽을 재건하기 위해서 바벨론으로부터 빼앗긴 땅 이스라엘로 돌아왔다. 에스라와 느헤미야는 그 곳에 남아 있던 백성들과 더불어 난관을 극복하고 성벽을 재건한 후, 유대인들은 수문 앞에 모여서 에스라가 읽어 주는 율법의 말씀을 경청한다. 여기서 우리는 렉시오 디비나의 과정을 본다.

> 이스라엘 자손이 자기들의 성읍에 거주하였더니 일곱째 달에 이르러 모든 백성이 일제히 수문 앞 광장에 모여 학사 에스라에게 여호와께서 이스라엘에게 명령하신 모세의 율법 책을 가져오기를 청하매 일곱째 달 초하루에 제사장 에스라가 율법 책을 가지고 회중 앞 곧 남자나 여자나 알아들을 만한 모든 사람 앞에 이르러 수문 앞 광장에서 새벽부터 정오까지 남자나 여자나 알아들을 만한 모든 사람 앞에서 읽으매 뭇 백성이 그 율법 책에 귀를 기울였는데 그 때 학사 에스라가 특별히 지은 나무 강단에 서고…에스라가 모든 백성 위에 서서 그들 목전에 책을 펴니 책을 펼 때에 모든 백성이 일어서니라 에스라가 위대하신 하나님 여호와를 송축하매 모든 백성이 손을 들고 아멘 아멘 하고 응답하고 몸을 굽혀 얼굴을 땅에 대고 여호와께 경배하니라…하나님의 율법책을 낭독하고 그 뜻을 해석하여 백성에게 그 낭독하는 것을 다 깨닫게 하니 백성이 율법의 말씀을 듣고 다 우는지라 총독 느헤미야와

제사장 겸 학사 에스라와 백성을 가르치는 레위 사람들이 모든 백성에게 이
르기를 오늘은 너희 하나님 여호와의 성일이니 슬퍼하지 말며 울지 말라 하
고 느헤미야가 또 그들에게 이르기를 너희는 가서 살진 것을 먹고 단 것을
마시되 준비하지 못한 자에게는 나누어 주라 이 날은 우리 주의 성일이니
근심하지 말라 여호와로 인하여 기뻐하는 것이 너희의 힘이니라 하고 레위
사람들도 모든 백성을 정숙하게 하여 이르기를 오늘은 성일이니 마땅히 조
용하고 근심하지 말라 하니 모든 백성이 곧 가서 먹고 마시며 나누어 주고
크게 즐거워하니 이는 그들이 그 읽어 들려 준 말을 밝히 앎이라 (느
8:1-12)

　에스라는 새벽부터 정오까지 말씀을 낭독하고, 레위인들은 백성들에게 그
말씀을 해석해 주었다. 그리고 백성들은 그 말씀이 무엇을 의미하는지 알아
듣고 감동하여 통회하면서 울기 시작한다. 제물 대신에 말씀으로 드린 희생
제사가 이루어지고 있는 사건이다.[1] 렉시오 디비나가 목표로 하는 예를 보
여 준 것이다. 마음 깊이 들으면 반드시 깊은 슬픔이나 갈등이나 감동이나
기쁨의 반응을 보이게 된다.
　예수님 자신도 렉시오 디비나를 경험하고 계신다. 가버나움과 갈릴리 그
리고 나사렛 회당에서 말씀을 낭독하셨다. 다음의 말씀은 그 중에 하나를 예
로 제시한 것이다.

　예수께서 그 자라나신 곳 나사렛에 이르사 안식일에 늘 하시던 대로 회당
에 들어가사 성경을 읽으려고 서시매 선지자 이사야의 글을 드리거늘 책을
펴서 이렇게 기록된 데를 찾으시니 곧 주의 성령이 내게 임하셨으니 이는
가난한 자에게 복음을 전하게 하시려고 내게 기름을 부으시고 나를 보내사
포로 된 자에게 자유를, 눈 먼 자에게 다시 보게 함을 전파하며 눌린 자를

---

1) Enzo Bianchi, *Pregare La Parola*, 이연학 역, 『말씀에서 샘솟는 기도』 (왜관: 분도출판사, 2003),
　44.

자유롭게 하고 주의 은혜의 해를 전파하게 하려 하심이라 하였더라 책을 덮
어 그 맡은 자에게 주시고 앉으시니 회당에 있는 자들이 다 주목하여 보더
라 이에 예수께서 그들에게 말씀하시되 이 글이 오늘 너희 귀에 응하였느니
라 하시니 그들이 다 그를 증언하고 그 입으로 나오는 바 은혜로운 말을 놀
랍게 여겨 이르되 이 사람이 요셉의 아들이 아니냐 (눅 4:16-22)

예수님이 안식일에 회당에서 말씀을 낭독하곤 하셨는데, 이것은 바로 예
수님께서 렉시오 디비나에 참여하신 것이다. 여기서 말씀을 낭독하신 것은
예수님 자신뿐만 아니라 회당의 회중들을 인식한 것이다. 예수님은 나사렛
회당에서 이사야 61장을 읽으시면서 회중들로 하여금 렉시오 디비나에 참여
하도록 초청하고 계신다. 그래서 구약의 말씀을 '오늘의 말씀'으로 현재화하
도록 했다. 낭독을 마치신 예수님은 "이 글이 오늘 너희 귀에 응하였느니
라."고 선포하셨다. 그러나 회중들의 반응은 이 말씀에 대해서 매우 낯설어
하며 오히려 예수님에 대해서 거부 반응을 나타냈다. 렉시오 디비나는 오늘
여기 이 곳에서 하나님의 말씀을 경험하자는 것이다.

3) 렉시오 디비나의 역사적 유래

초기교회는 성경의 모든 단어는 하나님의 감동하심을 받은 것이며 신적
계시를 내포하고 있다고 믿었다. 그리고 올바른 성경 해석자가 되기 위해서
신적인 조명을 받아야 한다고 했다. 신적 조명의 정도에 따라서 그 해석은
문자적 의미 이외에 더 깊은 영적 의미를 찾아 낼 수 있다. 2-3세기에 알렉
산드리아의 학파를 중심으로 이러한 해석학적 전통은 르네상스 이전까지 지
속되었다.[2] 그러한 해석은 어떤 학문적 방법론을 사용하기보다는 수도원 환

---

2) Sandra M. Schneiders, "제1장 성서와 영성", Bernard McGinn, John Meyendorff, and Jean Leclercq, eds., *Christian Spirituality: Origins to the Twelfth Century*, 유해룡 외 공역, 『기독교 영성(1): 초대부터 12세기까지』 (서울: 도서출판 은성, 1997), 47-51. 교부 시대와 르네상스 시대의 성경 해석 방식에 대해서 상당한 차이가 있다. 두 가지 모두 '문자적 해석'과 '영적 해석'이라는 범주를 벗어

경의 공동체 안에서 렉시오 디비나의 형태를 통해서 이루어졌다. 그래서 오리겐은 자신이 가르치고 있었던 알렉산드리아에 있는 요리문답 학교 학생들에게 보다 훌륭한 성경 해석자가 되기 위해서는 준 수도적 생활을 해야 한다고 주장했다. 왜냐하면 성경은 교회의 책이기 때문에 신앙의 공동체 내에 있는 사람들만이 해석을 할 수 있다고 믿었기 때문이다.3)

이러한 성경 해석의 전통을 구체적으로 출발시킨 초기교회의 대표적인 사람은 오리겐(Origenes, 185-254)이다. 오리겐은 그리스도께서 우리에게 말씀하시는 방법이 세 가지 있다고 보았다. 첫째는 제자들의 경우와 같이 그분의 말씀을 직접 듣는 것이다. 둘째는 사도들의 설교를 통해 말씀을 듣는 것이다. 셋째는 신앙인 각자가 주님께 귀를 기울이고 마음속에서 직접 그분이 하시는 말씀을 듣는 것이다.4) 거룩한 독서의 가능성은 바로 세 번째와 연관이 깊다. 그 말씀을 보다 바르게 듣기 위해서 오리겐은 성경을 인간의 영과 혼과 몸에 비유하여 해석을 심화시켜 갔다. 성경을 읽을 때 초심자에게는 육신의 건덕(健德)의 도움을 받게 되고, 진보자는 성경에서 혼의 도움을 받아야

나지 않았음에도 불구하고 그 접근 방식은 상당히 다르다. 르네상스 이전에는 문자적 해석에서 그 이야기의 외형적이고 시대적 상황에 대해서 이해하는 것으로서, 그것으로는 충분한 해석이 되지 않기에 다양한 영적 해석의 의미를 찾았다. 즉 독자가 성경 기자와 동일한 영적 감동에 이르는 것인데, 그것은 오직 신적 조명에 의해서만이 가능하다는 영적 해석의 전통이 있었다. 그러나 해석을 위해서 다음과 같은 다양한 방법을 사용하였다. 예표론적(typological) 해석: 구약성경의 이야기가 이미 신약성경의 사실을 예시한 것으로 해석하는 방식. 우의적(allegorical) 해석: 유사성에 기초를 둔 다소 함축적으로 사용되는 해석 방법, 예를 들면 아브라함의 두 아내와 그 아들들에 관한 이야기를 두 언약 사이의 관계로 해석(갈 4: 22-31)하는 방식 등이다. 그러나 르네상스 시대 이후의 문자적 해석은 단순히 역사적 사실에 대한 것뿐만 아니라, 저자의 의도를 파악하는 데 있다. 만약 그것이 비유, 시, 예언적 신탁 등이라면 그 문학적 장르 속에서 저자가 의도하는 것이 무엇인지를 추구하면서 그 의미를 파악하려는 노력을 말한다. 즉 언어학적, 고고학적, 역사적 도구를 사용하여 저자가 본래 의도했던 의미를 찾아 내는 것을 문자적 해석이라고 한다. 그들에게 있어서 영적 감동에 의한 해석은 객관성을 담보할 수 없기에 다소 부정적인 입장을 취하였다. 그들은 문자적 의미에 기초를 두지 않은 의미를 보통 영적인 해석이라고 했다. 예를 들면 구약성경 예언에 대한 기독론적 해석(구약성경의 저자들에게 돌릴 수 없는 해석)에 영감을 받은 신약성경 이해든지, 후대의 상황과는 전혀 관계가 없는 역사적 본문 위에 세워진 현대의 적용 등을 말한다. 그래서 헌신적인 성경학자들은 문자적 의미에 토대를 둔 적절한 영적 해석이론을 계발하려고 노력을 많이 하였다. 그러나 오늘날 그 한계를 느끼면서 고대의 영적인 성경 해석에 대한 새로운 인식과 관심을 보이고 있다.

3) S. Schneiders, "제1장 성서와 영성", 32.
4) E. Bianchi, 『말씀에서 샘솟는 기도』, 50.

하고, 완숙자는 영적인 법칙의 도움을 받아야 한다고 했다.5) 또한 다음과 같은 과정의 해석법을 제시하였다. 몸에 도움이 되는 해석은 문자적 해석 (literal)으로 성경의 말씀이 담고 있는 역사적인 의미를 추구한다. 혼의 도움이 되는 해석은 예표론적 해석(typological)으로 성경이 전해 주고자 하는 도덕적 의미를 찾아 냄으로써 개인적으로 그 의미를 적용하게 된다. 영적 법칙을 제공해 주고 있는 영적 해석(allegorical)은 옛 언약으로부터 새 언약을 예시해 주는 법칙을 찾아 내는 해석이다.6) 여기서 성숙한 사람은 영적 원리를 찾아 내고 보다 깊은 영적 생활을 이루어 가도록 도움을 받게 된다. 오리겐이 이러한 단계로 성경을 해석하도록 한 것은 본문의 상이한 여러 의미를 찾아 내고자 하는 데 관심이 있었던 것이 아니고, 그리스도인들이 영적 생활의 목표에 도달하도록 하는 데 그 목적이 있었다. 그리스도인들이 교회 공동체 안에서 성경과 어떻게 만나야 하는지에 대한 교육적 차원에 그 해석의 의의를 두고 있었다.

영성사에서 4세기는 매우 특별한 의미를 지니는 시기이다. 물리적인 박해 시대가 끝나서 더 이상 순교의 삶을 현실적으로 실현할 수 없었던 신앙의 열기로 가득 찬 사람들은 그 순교적 이상을 수도적 영성으로 꽃피웠다. 그래서 신앙의 열정을 가진 수많은 사람들이 도시와 세상을 떠나 사막으로 들어갔다. 사막에서 자라난 그들의 영성은 물론 금욕적인 수련은 말할 것도 없거니와 성경을 해석하는 방법에 있다. 그들의 해석법은 매우 단순할 수밖에 없었다. 성경을 반복적으로 암기하고 묵상하는 것이었다. 사막 영성의 아버지라고 불리는 '성 안토니'의 영웅적인 삶의 시작도 바로 말씀의 부딪힘으로부터 시작되었다. 그는 어느 날 "네가 완전한 사람이 되려면 가서 네 재산을 다 팔아 가난한 사람들에게 주어라 그리하면 네가 하늘에서 보물을 얻게 될 것

5) Bernard McGinn, *The Foundations of Mysticism: Origins to the Fifth Century*, 방성규, 엄성옥 공역, 『서방기독교 신비주의의 역사』 (서울: 도서출판 은성, 2000), 182-183. Williston Walker, *A History of the Christian Church*, 류형기 역, 『기독교회사』 (서울: 한국기독교문화원, 1985), 72.
6) S. Schneiders, "제1장 성서와 영성", 40. 오리겐의 성서 해석 이론은 그의 저서 *On First Principles: Book IV*에 제시되어 있다.

이다"(마 19:21)라는 말씀을 들음으로부터 그의 사막의 삶은 시작되었다.[7] 이러한 전통은 그 이후 이집트에서 공주(共住) 수도원의 전통으로 이어져 왔다. 예를 들면 이집트의 파코미우스의 수도 생활 규칙에는 시편 20개와 두 개의 사도 서신 혹은 복음서의 한 부분을 외우는 것이다. 그것을 외우는 것은 그 수도원 입회에 필수적인 절차였다.

이러한 동방교회의 해석법을 서방교회에 전해 준 사람은 카시안(John Cassian, 360-435)이다. 그는 그의 저서 『집회서』(Conferences of the Fathers)에서 '사중 해석 방법'을 제시하고 있다. 이 방법을 통해 그는 성경 말씀에 담긴 '네 가지 의미'를 추구하였다. 이러한 방법이 중세에 이르기까지 중요한 성경 석의 방법으로 자리매김을 해 주었다.[8] "문자적 의미는 무엇이 일어났는지를, 우의적 의미는 무엇을 믿는지를, 도덕적 의미는 무엇을 행해야 할지를, 신비적 의미는 어디로 가는지를 가르친다."[9] 첫 번째 문자적(literal) 해석은 성경 말씀 안에 담긴 유대 역사상의 사건과 실체를 언급한다. 이후의 해석은 오늘날 포괄적으로 부르기는 영적인 해석이라고 할 수 있다. 그런데 그 영적 해석이 다음과 같이 세분되어 나타난다. 두 번째 우의적(allegorical) 해석은 기독교적 의미 혹은 신학적인 의미를 찾아 낸다. 세 번째 비유적(예표적, moral 혹은 typological) 해석은 그리스도인 개개인이 본문을 도덕적으로 어떻게 실천할 것인지에 대한 의미를 찾아 내는 데 그 목적이 있다. 네 번째 신비적(anagogical) 해석은 종말론적 성취를 가리키는 의미를 찾아낸다. 예를 들면 성경에 빈번하게 나타나는 '예루살렘'이라는 용어를 4중적으로 해석해 보면 다음과 같다. 문자적으로는 유대인의 도시로, 우의적으로는 교회로, 비유적으로는 영혼으로, 신비적으로는 천국 도시로 해석할 수 있다. 카시안은 동방 수도원에서 이루어지고 있는 이러한 성경 연구

7) Athanasius, *The Life of St. Anthony,* 안미란 역, 『성 안토니의 생애』(서울: 도서출판 은성, 1995), 60.
8) B. McGinn, J. Meyendorff, and J. Leclercq, eds., 『기독교 영성(1)』(서울: 도서출판 은성, 1997), 45.
9) 위의 책.

방법과 성경 묵상을 스스로 실천하면서 서방교회에 전해 주었다.

서방 수도자의 아버지로 불리는 베네딕트(Benedict of Nursia, 480-547)에 의해서 동방교회의 성경 해석법과 묵상법을 이어받았다. '베네딕트 규칙'(RB, Rule of St Benedict)에는 렉시오 디비나(Lectio Divina)라는 용어가 처음으로 등장한다. 규칙서 48장은 "한가함은 영혼의 원수이다. 그러므로 형제들은 정해진 시간에 육체 노동을 하고 또 정해진 시간에 성독(聖讀, lectio divina)을 할 것이다."10)라고 말한다. 일반적인 독서를 의미하는 '독서'(lectio)와는 달리 성경을 읽고 묵상하는 의미의 독특한 방법으로 lectio divina라는 용어를 사용함으로 렉시오 디비나의 뚜렷한 전통을 제시해 주고 있다. 이 규칙에 의하면 부활절부터 10월 1일까지는 이른 아침과 저녁에는 주로 노동하고 낮 시간에 독서에 전념하도록 하였다. 저녁 식사를 마친 후에는 "자기 침대에서 완전한 침묵 중에 쉴 것이지만, 만일 누가 혼자 독서를 하고자 한다면 다른 사람들에게 방해가 되지 않도록 할 것이다."11)라고 규정한다. 당시 독서법은 주로 작게 소리 내어 읊조리는 것이었지만 저녁에는 다른 사람의 수면을 방해할 우려가 있었기에 침묵 중에 조용히 진행된 것으로 보인다.

중세 교회의 암흑기를 거치면서 베네딕트의 이상은 11세기에 시토회와 카루투시오회로 이어졌다. 특별히 카르투시오회는 정형화된 형태의 렉시오 디비나를 전해 주는 데 기여했다. 이 수도회는 1084년 부르노(St. Bruno, 1032-1101)에 의해서 설립되었는데, 그들의 영성은 긴 시간 동안의 고독과 침묵 속에서 자라났다. 그들은 머무는 것이었다. 그러한 환경 속에서 말씀을 읽고 묵상하는 방법이 세련되어 갔다. 카르투시오회의 수도자들은 오랜 시간 동안 침묵과 고독이라는 환경 속에서 다음과 같이 성경과 씨름을 하였다. 첫 번째는 활동(actio)적인 삶이라고 할 수 있는데, 그것은 주로 성경 필사(筆寫)

---

10) Benedictus, *Regula Benedicti*, 이형우 역주, 「베네딕도 수도 규칙」(왜관: 분도출판사, 1991), 185. 규칙서 48장 '매일의 육체 노동에 대하여'에서 (RB, 48, 1).
11) 위의 책, RB. 48, 5.

에 매달렸다. 두 번째는 면학적인 독서(lectio studiosa)로 사막의 교부들의 전통으로부터 이어 오는 렉시오 디비나(lectio divina)에 해당하는 것이다. 여기서 성경을 집중적으로 연구하게 된다. 세 번째는 성경의 조명(ruminatio sacrae Scripturae)을 말하는데, 여기서 앞에서 감지된 말씀을 깊게 묵상함으로 보다 깊은 의미를 깨닫게 된다. 네 번째는 사무치는 기도(oratio medullata)로 지금까지 듣고 깨달은 말씀에 반응하여 기도로 나아가는 것이다.[12]

이렇게 진행해 오던 카르투시오회(Carthusian Order)의 렉시오 디비나의 형태는 카르투시오회의 9대 원장이 되었던 귀고 2세(Guigo II)의 『관상 생활에 대해 쓴 편지』(Epistola de Vita Contemplativa)[13] 이래로 전형화된 렉시오 디비나가 형성되었다. 카르투시오회 수도승이었던 귀고 2세는 기도에 관한 예수의 한 말씀을 응용하여[14] 스스로 도식화하고 구성한 방법을 그의 저서 『수도승의 사다리』(The Ladder of Monks)[15]라는 소책자에서 수도자들이 하나님과의 일치를 향해 올라가야 할 영적 단계를 다음과 같이 나누었다. 독서(lectio)-묵상(meditatio)-기도(oratio)-관상(contemplatio)이다. 독서는 온 힘을 다하여 성경을 주의 깊게 읽고, 듣고, 연구하는 단계이다. 묵상은 이성의 도움을 받아서 그 말씀 안에 숨겨진 진리를 찾아가는 능동적인 정신 작용이다. 기도는 묵상을 통해 열린 마음을 말씀과 함께 하나님께 드리는

---

12) Jesus Alvarez Gomez, *Historia de la Vida Religiosa*, 강운자 역, 『수도생활 역사 Ⅱ』(서울: 성바오로 출판사, 2002), 94.

13) 필자인 귀고 2세는 프랑스 그르노블 근처에서 1084년 창설된 카르투시오 수도회의 초기 회원 중 한 사람이다. 이 수도회는 오늘날까지 대단히 엄격한 침묵과 수행 생활로 널리 알려져 있다. 스스로에 대해서 침묵하는 카르투시안 영성의 특성으로 말미암아 귀고 2세의 생애에 관해 알려진 것은 거의 없다. 1173년 공동체의 책임자 자리에 있었고, 아마도 같은 해 혹은 다음해 카르투시오 수도회의 제9대 총원장으로 선출되었다는 것, 그리고 1180년 이 소임을 끝낸 후 1188년 귀천했다는 것 정도가 그에 관해 알 수 있는 전부이다.

14) "구하라 그리하면 너희에게 주실 것이요 찾으라 그리하면 찾아낼 것이요 문을 두드리라 그리하면 너희에게 열릴 것이니"(마 7:7)라는 말씀을 귀고는 다음과 같이 옮긴다. "독서 안에서 찾으시오. 묵상과 함께 얻을 것입니다. 기도 안에서 두드리시오. 관상으로 들어갈 것입니다."

15) 귀고 Ⅱ세의 "수도승의 사다리"는 허성준의 『수도 전통에 따른 렉시오 디비나』(분도출판사)와 Enzo Bianchi, *Pregare La Parola*, 이연학 역, 『말씀에서 샘솟는 기도』(왜관: 분도출판사, 2003) 부록에 번역되어 있다.

행위이다. 관상은 온 정신을 하나님께로 올려 그분 안에 머물고 쉬게 한다. 여기서는 한없는 영적인 감미로움과 환희를 맛보기도 한다. 그는 다음과 같이 그 과정을 묘사하고 있다.

> 독서는 복된 삶의 감미로움을 추구합니다. 묵상은 그것을 깨닫고, 기도는 그것을 청하며, 관상은 그것을 맛보는 것입니다. 말하자면 독서는 음식을 입에 넣는 것이고, 묵상은 그것을 씹어 분해하며, 기도는 그것의 맛을 느끼고, 관상은 그것으로 인해 기쁘고 새롭게 되는 감미로움 그 자체입니다. 독서는 외부에서, 묵상은 중심에서 작용합니다. 기도는 우리가 갈망하는 바를 청하고, 관상은 우리가 발견한 감미로운 환희를 줍니다.[16]

이렇게 해서 귀고 2세는 그 동안 다양하고 복잡하게 내려왔던 렉시오 디비나를 단순하게 정형화했다.[17] 오늘날 렉시오 디비나에 대한 관심과 실천이 고조되고 있는데, 주로 귀고 2세의 형태를 받아들이고 있다.

4) 렉시오 디비나의 실제

'렉시오 디비나'의 첫 번째 순서로는 소리를 내어 반복적인 독서를 하는 것이다. 여기 반복이란 단순한 기억 자체를 위한 것이 아니고, 씹어서 영적 양식으로 소화시키려는 작업이다. 처음은 맛을 보고, 그 다음은 더 깊이 맛을 보고, 그 다음은 씹는다. 귀로 들은 것을 마음으로 듣고, 마음으로 들은 것을 가슴으로 느끼게 한다. 독서를 통해서 독서자와 본문이 상호 작용하면서 개인의 영혼과 상황으로 파고든다. 그 결과 우리 영혼은 영적인 가치 혹은 영적인 세계와의 접촉을 경험한다.[18] 독서는 경건과 기대감과 준비성을

---

16) 허성준, "수도승 사다리"의 3, 「수도 전통에 따른 렉시오 디비나」 (왜관: 분도출판사, 2003), 197.
17) 서인석, 「말씀으로 기도드리기」 (서울: 성서와 함께, 2002), 13. 귀고 이전에는 렉시오 디비나를 독서(lectio), 심사숙고(cogitatio), 공부(studium), 묵상(meditatio), 기도(oratio), 관상(contemplatio)의 6단계로 보았다. 귀고는 그 중에 심사숙고와 공부를 묵상으로 통합시켜 4단계로 정리하였다.

가지고 접근한다. 그러나 만일 그 기대가 좌절된다면 내적으로 그 말씀을 받아들일 수 없는 어떤 장애물이 있다는 것을 인식한다. 결코 실용주의적인 목적 즉 설교 준비나 가르침을 목적으로 '렉시오 디비나'를 하지 않는다. 그것은 헌신과 경건의 훈련 형태이지 결코 성경 공부가 아니기 때문이다.19)

'렉시오 디비나'는 읽기(lectio), 묵상(meditatio), 기도(oratio), 관상(contemplatio)이라는 과정을 통해 하나님과 깊은 교제의 기도로 연결된다.20) 은밀한 장소에서 선택된 본문을 반복해서 읽는다. 예를 들면 "여호와는 나의 목자시니 내가 부족함이 없으리로다"라는 시편 23편 말씀으로 '거룩한 독서'(lectio divina)를 한다고 하자. 이 본문을 반복해서 읽는다. 그리고 그것에 대하여 생각하고 묵상하고 그 안에 머문다. '읽기'는 단순한 반복적 독서로부터 출발하여 점점 그 내용에 대한 내적인 반추로 나아가고, 마음의 눈으로 성경의 장면을 영상화한다. 예를 들면 푸른 초장으로 양들을 인도하는 목자를 상상으로 그려 볼 수 있다. 이것은 고전적인 의미에서의 명상법이다. 즉 어떤 것에 관하여 생각하고 평화롭게 그것을 마음 위에 떠올린다. 그 명상이 지속되는 동안 우리는 그 목자에게 말하고 싶은 충동을 느낀다. 그것은 주님과 대화를 하고자 하는 마음의 준비를 의미한다. 선한 목자이신 주님을 향하여 우리의 지성과 마음이 움직임으로써 비로소 대화적인 기도가 시작된다. 그리고 마지막으로 관상은 기도 경험의 정상이다. 자신의 모든 삶을 포함하고 변화하게 하는 하나님과의 깊은 교제와 일치의 체험이다.

'렉시오 디비나'가 진행되는 동안 잡념이 떠오르곤 한다. 그럴 때마다 마음을 이미 잡고 있는 말씀이 있었다면 그 말씀으로 거듭 돌아간다. 잡념으로 괴롭힘을 당할 때 의도적으로 그 잡념에서 벗어나려고 몸부림치지 말아야 한다. 마귀와의 싸움이나 혼돈된 자기 자신과의 싸움은 하나님의 일로 돌린다.

---

18) Jean Leclercq, *The Love of Learning and the Desire for God* (New York: Fordham University, 1988), 15-17.
19) Robin Maas and Gabriel O'Donnell, *Spiritual Traditions for the Contemporary Church* (Nashville: Abingdon Press, 1990), 46-47.
20) 위의 책, 48-50.

사막에서 시험을 당하고 있는 동안 예수님이 사용하신 유일한 무기는 하나님의 말씀이었다. 조용히 본문 말씀으로 거듭 돌아간다. 그리고 그 본문이 우리의 내면에서 자리를 잡는 동안 우리는 거룩함(하나님의 일)과 대화를 하게 된다. 그리고 '거룩한 독서'가 무르익을 때 자연스럽게 기도(oratio)로 인도된다. 이 기도는 하나님이 우리에게 말씀하심으로써 시작하고 우리의 응답은 하나님과의 일치 경험으로 인도된다. 우리는 선포되고 들린 말씀을 통해 하나님의 뜻과 완전한 조화를 이루기 위하여 하나님의 현존 안으로 들어가고 하나님의 가슴으로 들어가기를 힘쓴다. 이것이 '렉시오 디비나'의 목적이다.

'렉시오 디비나'를 하고자 하는 사람은 하루에 적어도 30분 이상의 기도 시간을 할애해야 한다. '독서'를 하는 동안 비평적이고 학문적이고 분석적인 기능은 멈추는 것이 좋다. 하나님과 단 둘이 하는 시간으로 기대하는 태도를 유지한다. 본문을 읽을 때 전 본문의 핵심을 꿰뚫으려고 할 필요는 없다. 단지 특별한 단어나 구 혹은 문장에 머물러 그 깊은 의미를 묵상하면서 거기에 머물러 있다. 우리는 결코 그 '독서'가 우리를 어디로 인도할지 모른다. 진정한 의미에서 그 본문을 조정하는 것을 포기해야 한다. 그럴 때만이 우리는 하나님을 만날 수 있는 자아의 깊은 곳으로 자유롭게 들어갈 수 있다. '렉시오 디비나'는 하나님과 진지한 관계 형성을 위한 기도이며 내면적인 영성을 형성하는 데 그 목적이 있다. 우리는 독서와 기도를 통해 하나님과 만나고, 그 안에서 자유를 누리며, 하나님의 자유로운 관계적 소통을 통해 하나님의 지혜로 여행을 하게 되며, 성령 안에서 우리 자신이 변화받도록 자기 자신을 내놓는다.

렉시오 디비나를 소그룹 공동체 안에서 실천하고자 할 때 다음과 같은 절차를 따라갈 수 있다.

(1) 충분히 고요히 머물 수 있는 자리와 자세를 갖춘다.
(2) 누군가 대표로 성경을 반복적으로 마음을 모아 읽도록 하고, 나머지는 들리는 말씀을 경청한다. 여기서 보는 말씀이 들리는 말씀으로 변화되기

를 기대한다.

(3) 마음에 들린 말씀을 상식과 지성을 동원하여 깊이 탐구하고 묵상한다. 그래서 오늘 나에게 마음 깊이 들리는 말씀을 확인한다.

(4) 그 안에서 발견된 것들 중에서 버릴 것은 버리고, 취할 것은 취하기 위해서 마음으로 드리는 기도를 한다.

(5) 깨달음의 기쁨이나 천상의 달콤함과 환희를 깊게 맛보며 마음을 하나님께 드높인다. 그리고 그 안에서 쉼을 누린다.

(6) 위의 과정이 끝나면서 공동체 일원과 경험을 나눈다. 그리고 서로를 향한 기도를 찾는다.

(7) 렉시오 디비나를 통해서 얻은 말씀을 가지고 현장으로 나아간다.

이러한 과정을 간단하게 정리하면서 이렇다. ① 자리잡기(statio) ② 읽기(lectio) ③ 묵상(meditatio) ④ 기도(oratio) ⑤ 관상(contemplatio) ⑥ 나누기(collatio) ⑦ 살기(actio)

이 과정을 조금 더 간결하게 그룹 안에서 다음과 같은 절차로 행할 수 있다.

(1) 그 본문이 무엇이라고 말하는가?

주어진 분문을 읽은 결과 그 본문이 자기 자신에게 무엇이라고 말하는가? 여기서는 해석 없이 분문 자체로 듣는다. 그리고 그룹 안에서 설명 없이 자신이 들은 말씀을 나눈다.

(2) 그것이 나에게 개인적으로 무엇이라고 말하는가?

들린 말씀이 자신에게 구체적으로 무엇을 의미하는지를 찾는다. 이 때 약간의 해석과 적용 부분이 나타난다. 그러나 인위적인 적용보다는 성령께서 마음을 움직이도록 기다린다. 결과를 그룹 가운데서 나눈다. 나눔의 과정에서는 결코 토론이나 반응을 하지 않는다. 그저 마음 깊이 들어 주기만 한다.

3) 그것에 대해서 나는 기도로 혹은 행동으로 어떻게 반응해야 하는가?

이미 마음 깊이 들린 하나님의 말씀에 대해서 어떻게 반응해야 하는지를 기도한다. 이 안에서 갈등과 투쟁 그리고 완전한 화해와 평안을 누릴 수 있다. 즉 이 안에서 하나님과의 일치 즉 관상적 경험을 얻을 수 있다. 기도 후에는 기도 흐름이 어떻게 되어 갔는지 반추해 본다. 그리고 그것을 그룹 안에서 나눔으로써 서로를 위한 기도 제목을 찾게 된다.

(4) 선택된 하나의 성경 구절을 기억하거나 쪽지에 적어 간직한다. 그리고 일상으로 돌아간다. 그 말씀이 일상의 삶을 지배하도록 한다. 그래서 기도의 결과가 행동으로 어떤 결과를 낳는지를 주목한다.

4. 로욜라의 이냐시오와 복음 관상

로욜라의 이냐시오(Ignatius of Loyola, 1491-1556)는 누구보다도 복음서로부터 깊은 영향을 받은 사람이다. 그것은 자신의 개인적인 영적 경험뿐만 아니라, 후기 중세(예를 들면 안셀름, 아씨시의 프란체스코, 보나벤투라 등) 이래로 '사람이 되신 예수 그리스도에 대한 헌신'이 영성 생활에 있어서 중요한 역할을 했던 것으로부터 영향을 받은 것이다. 그런데 이냐시오는 이전의 그 누구보다도 인간이 되신 예수 그리스도를 묵상하고, 그의 정신과 삶을 내면화하고, 또 그 부르심에 효과적으로 대응하고 응답하도록 하는 데 있어서 구체적이고 조직적이다. 단순히 그는 그러한 방법론을 제시한 저술가일 뿐만 아니라, 실천적인 운동가였다. 그리스도와의 하나 됨을 추구하는 신비가일 뿐만 아니라, 사람들을 변화시키고 교회와 하나님 나라를 개혁하는 운동가였다. 그런 일을 가능하게 했던 하나의 정신이요 방법론이 있다면 그것이 하나의 매뉴얼로 기록된 『영신수련』이다.

1) 이냐시오의 관상과 활동

(1) 이냐시오의 생애의 지향점

예수회 『회헌』을 반포한 나달(Jerome Nadal)은 이냐시오 삶의 특징을 한 마디로 '활동 중의 관상'(simul in actione contemplativus)으로 표현했고, 이것은 이냐시오의 영성을 가장 깊이 이해한 것으로 평가받고 있다.[1] 그는 모든 것 안에서 즉 말과 행동 안에서 하나님의 현존을 의식하고 이에 민감하였으며, 초자연적인 것에 이끌려 살았다. 이러한 이냐시오의 삶의 방식을 빌어서 그에게 붙여 준 이름이 '활동 중의 관상가'이다.[2] 그는 모든 것 안에서 하나님을 찾았다. 행하는 모든 것 안에서 하나님께 영광이 되고자 하는 그의 삶의 태도가 모든 것 안에서 하나님을 발견하는 동력이 되었다.

이냐시오 당시에 활동과 관상이 어떤 관계를 가져야 하는지에 대한 논란이 활발하게 일어나고 있었다. 즉 '세상 안'에서의 삶과 '수도원 안'에서의 삶, 혹은 '이웃을 향한 사랑'과 '하나님을 향한 사랑'이라는 두 영역 가운데서 무엇이 더 우선적이고, 성숙한 삶의 양태인지에 대한 논란이 있었다. 당시에는 일반적으로 관상적 삶, 즉 수도원 안에서의 삶과 하나님을 향한 사랑을 우선적이고 보다 더 좋은 영성의 길로 받아들였다. 그러나 이냐시오에게 있어서 이러한 논란은 전혀 문제가 되지 않았다. 이 둘의 관계에 대한 해법은 그의 수도회 회원들에게 보낸 서신서에서 분명하게 드러나 있다. "연학 중인 회원은 '모든 것 안에서 우리 주님이신 하나님의 현존을 찾는 훈련'을 해야 합니다. 예를 들면 말할 때나, 걸을 때나, 보고 맛보고 듣고 생각할 때나, 행동하는 그 모든 것에서 그렇습니다. 분명 하나님의 존엄은 그분의 현존을 통해서, 그분의 역사와 본질을 통해서 모든 것 안에 있습니다."[3] 이냐

1) St. Ignatius Loyola, *The Autobiography of St. Ignatius Loyola*, 한국예수회 역, 『이냐시오 로욜라 자서전』(서울: 이냐시오 영성 연구소, 1997), 25.
2) Parmananda Divarkar, *The Path of Interior Knowledge*, 심종혁 역, 『내적 인식의 여정』(서울: 이냐시오 영성 연구소, 1994), 194.

시오는 관상적 일치로 안내해 주는 특별한 삶의 형태가 있다고 믿지 않았다. 인간은 "우리 주 그리스도께서 우리에게 선택하도록 하시는 그 어떤 신분이나 생활 가운데서도 완덕으로 나아갈 수 있다."[4]고 이냐시오는 믿었다.

그럼에도 불구하고 이냐시오는 모든 일상 생활 속에서 활동과 관상의 일치적 삶을 형성해 가는 방법으로 '영신수련'을 제시했다. 이 수련을 통해서 그는 하나님께서 각 사람에게 마련해 주시는 독특한 삶을 식별하고 선택할 수 있는 안목을 얻을 수 있다고 믿었다. 이냐시오에게 있어서 관상은 마음의 상태나 삶의 방식을 말하는 것이지, 어떤 활동을 말하는 것이 아니다. 전통적으로 수도원 안에서의 규칙적인 성무일과적 삶이나 기도나 자기 성찰적인 삶을 관상적 삶이라고 생각한 것과는 달리, 이냐시오는 그러한 삶 자체가 관상적이 아니고 관상의 삶을 향한 활동적 직무일 뿐이라고 생각했다.[5] 그러한 활동 안에서 각 사람은 자신에게 주어진 고유한 삶의 방식을 통해 성육신 하신 그리스도의 삶과 일치를 추구하면서 관상적 삶을 이루어 간다. 나달은 이냐시오의 이러한 독특한 관상에 대한 이해를 두고 이렇게 말한다. "우리는 활동적인 삶(vita activa)과 관상적인 삶(contemplativa)이 함께 가야 한다는 것을 자주 염두에 두어야 합니다.…더욱더 높은 활동의 삶(vita activa superior)은 행동과 바라봄이 하나가 되는 데서 성장합니다. 한 마디로 말해서 하나님과 완전히 하나인 사랑의 활동입니다. 이는 완성된 행동입니다."[6] 이냐시오의 이러한 독특한 이해는 그로 하여금 '활동 중의 관상가'라는 이름을 얻도록 한다.

이냐시오에게 있어서 활동 중의 관상이 무엇인지는 눈과 발의 관계를 비유로 들어 설명할 수 있다. 눈은 이미 발이 움직이기 전에 앞서 간다. 그리고

---

3) Willi Lambert, *Aus Liebe zur Wirklichkeit*, 한연희 역, 「현실에 대한 사랑으로」 (서울: 이냐시오 영성연구소, 1998), 25.
4) Ignacio de Loyola, *Ejercicios Espirituales*, 정제천 요한 역, 「영신수련」 (서울: 이냐시오 영성 연구소, 2005). 이하 「영신수련」 번호로 표시한다. 「영신수련」 [135].
5) Willi Lambert, 「현실에 대한 사랑으로」, 47.
6) 위의 책, 229.

발은 눈이 보는 대로 움직이게 된다. 그러므로 발이 움직이고 있다는 말은 이미 보고 있다는 것을 전제한다. 다른 모든 지체의 활동도 마찬가지로 눈이 앞서 본 것을 따라 움직인다. 그러므로 활동 중의 관상이란 열린 내면의 눈을 전제로 한다. 자유롭게 볼 수 있는 눈을 전제로 할 때 우리의 모든 활동은 보는 것과 더불어 이루어지기 때문에 이것을 일컬어 활동 중의 관상이라고 한다. 이냐시오는 활동과 관상의 통합적 관점을 이루어 가는 과정에서 각 개인의 초연함과 내적 자유함, 그리고 하나님의 사랑에 대한 깊은 인식과 그 사랑에 반응할 수 있는 내적 자각을 얻도록 『영신수련』이라는 훈련 규범을 제시한다. 이것은 실제적으로 기도를 안내하는 책이다. 이 안내서에서 제시하는 기도를 일반적으로 이냐시오식 관상 기도[7]라고 일컫지만, 사실은 이냐시오에게 그 기도는 관상적이라기보다는 관상적 삶을 위한 지속적 기도 활동이라고 할 수 있다. "나의 모든 의향과 내적, 외적 행위가 순전히 하나님께 대한 봉사와 찬미를 지향하도록 우리 주 하나님께 은총을 구하는 것이다."[8] 라는 준비 기도에서 보듯이 이냐시오의 기도는 관상을 향한 하나의 준비 활동이다.

이냐시오의 생애를 통해 그의 관상적 태도가 어떻게 형성되었는지 생각해 볼 수 있다. 그는 하나님과의 초월적이고도 신비적 일치의 경험으로부터 관상의 상태를 획득한다. 예를 들면 만레사에 머무는 동안 까르도넬(Cardoner)에서 깊은 영적 감동을 경험하고, 로마로 올라가는 동안에는 라 스토르타(La Storta)에서 환시를 경험한다. 첫째, 그는 까르도넬 강가를 걷는 동안 갑자기 신심이 솟구쳐서 강가에 앉아 있는 동안 그의 마음이 열리기 시작했다. 비록 환시를 보지는 않았으나 영적 사정과 신앙 및 학식에 관해 여러 가지를 깨닫고 배우게 된다. 만사가 새로워 보일 만큼 강렬한 조명이 비쳐 왔다. 그는 예순두 해의 전 생애를 두고 하나님으로부터 받은 그 많은 은혜와 그가 알고 있는 많은 사실을 모은다 하더라도 그 순간에 그가 받은

---

7) 유해룡, 『하나님 체험과 영성 수련』 (서울: 장로회신학대학교출판부, 2007), 264-269 참고.
8) 『영신수련』 [46].

것만큼은 되지 않는다고 생각했다.9)

둘째는 라 스토르타의 환시인데, 이냐시오가 일행과 함께 로마로 올라가는 동안, 로마를 몇 마일 앞두고 어느 성당에서 기도하고 있는데, 그는 자기 영혼에 크나큰 변화가 일어나는 것을 체험하였다. 그리고 성부께서 자기를 당신의 성자 그리스도와 함께 한 자리에 있게 해 주시는 환시를 선명히 보았으며, 성부께서 자기를 성자와 함께 있게 해 주셨음을 추호도 의심할 수 없었다. 예수회에서는 이 사건이 그리스도의 깃발 아래 하나님을 섬기겠다는 이냐시오의 열망이 절정에 달한 경지라 하여 이를 매우 중시한다. 로마를 눈 앞에 두고 이냐시오와 그의 일행을 당신의 호의와 보호 아래에 두겠다는 하나님의 약속이 그 성당에 새겨져 있다.10)

이러한 현저한 수동적 관상 체험이 이냐시오의 능동적인 영적 훈련의 결과인지는 확실하지 않다. 이러한 탁월한 하나님과의 일치 체험이 능동적인 영적 훈련 후에 일어난 것이라 할지라도 그것을 주입적 관상(infused contemplation)의 전제 조건이라고 말할 수는 없다. 왜냐하면 초월적인 관상적 일치 그 자체가 하나님의 갑작스러운 침투요 방문이요 은혜의 산물이기 때문이다. 그럼에도 불구하고 이냐시오는 일상생활에서 활동 중의 관상 생활을 유지하기 위해서 능동적인 영적 삶이 중요하다는 사실을 간과하지 않았다. 그렇기에 능동적인 훈련 없이도 초월적 관상 체험에 대한 신뢰가 있었지만, 이냐시오는 주님과의 일치를 향한 영적 훈련의 지침서인 『영신수련』을 저술하고, 그것을 활동 중의 관상 생활의 지침서로 제시했다. 즉 이냐시오는 주입 관상 체험 이후에도 그의 일상적 삶에서 관상적 삶을 유지하기 위하여 지속적인 기도 생활이나 능동적인 영적 훈련이 필요했던 것이다. 실제로 이냐시오의 생애는 일생 기도의 삶으로 점철되었다. 그의 기도 생활의 특징은 어떤 일정한 시간에 국한된 것이 아니고, 지속적으로 내면을 통해 하나님과 접촉을 시도하는 데 있었다.11) 그의 주입적 관상 체험은 그로 하여금 보다 초

9) St. Ignatius Loyola, 『이냐시오 로욜라 자서전』, 65-66.
10) 위의 책, 135.

연한 자세로 '영신수련'의 길을 갈 수 있었고, 그 '영신수련'의 과정을 통해 보다 완전한 초연함을 성취하고, 하나님을 향하여 보다 큰 섬김의 삶을 선택할 수 있었다.

(2) 이냐시오의 『영신수련』에서의 활동 중의 관상

이냐시오는 『영신수련』 진입 벽두부터 '원리와 기초'[12]라는 영성 생활 원리를 묵상 자료로 제공한다. '원리와 기초'는 다음 세 가지 차원을 다루고 있다. 첫 번째는 피조물의 창조 목적에 관해서 말하고 있다. 인간의 존재 목적은 하나님을 경배하고 섬기고, 그럼으로써 인간이 구원을 얻기 위함이다. 여기 구원이란 단지 교리적 측면을 말하는 것이 아니고 하나님과의 친교적 삶을 의미하며, 그러한 삶을 통해서 자신의 존재 의미를 발견하고 전인적 인격을 이루어 가는 삶을 말한다.[13] 두 번째는 피조물에 대한 인간의 태도에 대해서 말하고 있다. 모든 피조물은 인간의 창조 목적에 도움이 되는 만큼 사용될 것이며, 이 목적에 방해가 되면 버려야 하고, 그 외의 모든 피조물에 대해서는 초연할 것을 요구하고 있다. 인간이 창조 목적에 도달하지 못하는 중요한 이유는 피조물을 창조 목적에 이르는 수단으로가 아니고, 그 피조물을 자신의 안전을 도모하는 수단으로 생각하기 때문이다. 그럼으로써 인간은 일체 만물로부터 초연하지 못하고, 하나님께 절대 의존적일 수 없다. 피조물을 창조 목적을 이루는 하나의 수단으로 받아들일 때만이 인간은 하나님께 절대 의존적일 수 있다. 여기서 피조물은 창조 목적을 이루어 가는 일원으로 초대를 받게 된다. 셋째, 우리는 그 창조 목적을 이루기 위해서 헌신된 삶에로 부름을 받는다. 이 세 가지 중에서 '원리와 기초'의 중심축을 이루는 것은 두 번째의 초연에 대한 가르침이다.

---

11) Willi Lambert, 『현실에 대한 사랑으로』, 43.
12) 『영신수련』 [23].
13) John J. English, *Spiritual Freedom*, 이건 역, 『영적 자유』 (서울: 가톨릭출판사, 1996), 42-43.

『영신수련』에서 말하고 있는 초연(indifference)이란 아리스토텔레스가 보여 주고 있는 철학적 중용을 의미하는 것이 아니다.14) 그것은 헬라 철학자들이 지향하는 그 목적과는 다르다. 윤리적 덕성을 이루어 가는 과정에서 보다 나은 상태에 이르는 중용을 말함이 아니다. 이냐시오가 말하는 '초연'이란 "하나님이 원하시는 것을 제외한 모든 것에서의 초연"을 의미할 뿐만 아니라 "하나님께 보다 더 큰 영광"과 관련이 있다.15) 즉 이냐시오의 초연은 덕목을 세우기 위한 객관적 기준을 말하는 것이 아니고, 하나님께 보다 큰 영광이 되는 선택에 묶여 있으면서 일체의 것에 대해서 초연한 상태를 말한다.16) 그 초연은 스토아 철학에서 이상으로 여기는 감정적 무감동의 상태(apatheia)가 아니라 구체적인 선택적 상황 안에서, 선택을 위해서 제시되는 행동에 대해 정서적으로 반응하는 상태를 말한다. 이냐시오에게 있어서 이러한 초연은 개인의 결단의 문제라기보다는 우리를 향한 그리스도의 사랑의 지배를 받아 다른 모든 것으로부터 자유로워지는 상태이다.17) 그리스도를 통해 하나님의 사랑을 체험하고 그 사랑에18) 강하게 붙들리면서 초연함에 이른다.

이상에서 보여 준 이냐시오에게 있어서 초연이란 한편으로는 일체의 만물

---

14) Michael Ivens, *Understanding the Spiritual Exercises* (Leominster, Herefordshire: Gracewing, 1998), 26. 각주 14 참고. 아리스토텔레스는 도덕적인 덕을 정의하면서, 이 덕은 두 개의 극단의 중간물을 통해 이루어진다는 사실을 주목하고 있다. 즉 "덕이란…하나의 중간에 놓여 있는, 선택과 관련이 있는 성질의 상태이며, 그 중간은 우리에게 관련되어 있으므로 이것은 이성적 원리에 의하여 결정되는 것이고…이것에 의하여 실제적 지혜를 가지고 있는 그것을 결정하게 된다. 그런데 그것은 두 개의 악 가운데 하나의 중간이다. 즉 과다에 따르는 악과 부족에 따르는 악의 중간이다." 예를 들면 경솔과 비겁이라는 양극단은 모두 악이며 이 중간을 찾는 것이 참다운 덕인데, 그것이 중용이다. 이런 의미에서 경솔과 비겁과 대립되는 중용의 덕은 용기이며, 방종과 무지각이라는 양극단의 중용은 절제이며, 공허한 허영심과 지나친 겸손이라는 양극단의 중용은 자존심 등이다. 한국이데아 편저, *The Great Thoughts of Philosophy*, 오영환, 박상규, 박영식 공역, 『철학사상대계』 제I권 (고대-근대사상) (서울: 한국이데아, 1992), 275-276.
15) Jules J. Toner, *Discerning God's Will: Ignatius of Loyola's Teaching on Christian Decision Making* (St. Louis: Institute of Jesuit Sources, 1991), 80-81.
16) 위의 책, 80.
17) J. English, 『영적 자유』, 54.
18) 위의 책, 61.

에 대해서 취해야 할 태도이고, 다른 한편으로는 창조주 하나님을 향한 관상
적 태도를 말한다. 이러한 관상적 태도는 하나님과의 감성적 일치 체험 그
자체에 있지 않고, 그 감성적 일치를 뛰어넘어 의지적 활동으로서의 헌신적
삶 즉 사도적 삶과 직결된다. 우리는 그러한 요구에 응답하기 위해 보다 완
전한 초연이 필요하며, 그 초연함은 보다 강력한 하나님의 사랑 체험으로부
터 비롯된다. 그래서 이냐시오는 그의 『영신수련』의 첫 단계에서부터 자신의
배은망덕한 모습을 통해 하나님의 넘치는 사랑을 체험하도록 인도한다.

첫째 주간에서 이냐시오는 죄에 대한 깊은 내적 인식에 이르도록 안내한
다. 이 수련의 근거리 목적은 인간의 운명이라고 할 수 있는 원죄와 하나님
과의 인격적 관계 속에서 배은망덕이라는 개인의 죄악에 직면하도록 하며,
동시에 여전히 그러한 인간을 용납하시는 하나님의 사랑을 깊이 체험하게 하
는 데 있다. 이러한 체험은 우리로 하여금 하나님과의 새로운 인격적 관계를
발견하게 하며, 마음 깊은 곳으로부터 회심을 도모하게 한다.19) 즉 수련자는
자신의 죄로 인해 "부끄러움과 당황하는 마음"20)을 느끼면서 "어떻게 창조
주께서 사람이 되어 오셨으며, 어떻게 영원한 생명으로부터 덧없는 죽음으로
오시어 내 죄 때문에 이렇게 돌아가시게 되었는가. 그리고 나 자신을 바라보
면서, 나는 그리스도를 위해서 무엇을 했는가, 그리스도를 위해서 무엇을 하
고 있는가, 또 그리스도를 위해 무엇을 해야 하는가를 생각"21)하면서 "십자
가에 달려 계신 그분을 있는 그대로 바라보게"22) 된다. 십자가에 달리신 그
리스도를 보다 생생하게 관상하면서 이냐시오는 나를 향한 하나님의 사랑을
깊이 경험하도록 안내한다. 이어서 '죄와 지옥 묵상'으로 안내한다. 이 묵상
은 우리로 하여금 지옥으로 떨어질지도 모른다는 중세 교회의 권위주의적 공
포 분위기를 자아내는 듯한 오해를 불러일으킬 수 있다. 그러나 이냐시오는

---

19) Michael Ivens, *Understanding the Spiritual Exercises*, 43f.
20) 『영신수련』 [48].
21) 『영신수련』 [53].
22) 위의 책.

그 정반대의 경험을 목적으로 한다. 이 지옥 묵상을 통해 그 동안 지옥에 떨어져 간 수많은 사람들에 비해서 나는 조금도 낫지 않지만,23) 하나님의 지극한 "동정심과 자비"24)로 인해서 "지금까지 살려 주셨음"25) 을 인하여 하나님의 사랑을 크게 경험하도록 하는 데 있다. 이러한 사랑 체험으로 인해서 부적합한 애착으로부터 상당히 벗어나며 그리스도 자신을 더 깊이 알고자 하고 그래서 그를 더 잘 따르고자 하는 열망을 가지게 한다.26) 이냐시오가 제시하고 있는 『영신수련』의 첫 번째 과정은 초기 교부들이 지향하는 활동(praxis)적인 삶과 일치한다.27)

이냐시오는 『영신수련』의 두 번째 과정에서 그리스도의 생애에 대한 묵상을 위해 복음서를 사용하도록 권한다. 복음서를 묵상하기 전에 이냐시오는 계속되는 『영신수련』의 방향을 분명하게 하기 위해서 '왕국 관상'28)이라는 항목을 제시한다. 이냐시오에게 있어서 그리스도를 만난다는 것은 영적 직관이나 내면의 심리적 도약을 통해서가 아니고, 피조 세계 속에 임재하셔서 우리를 초청하시는 그분과 함께 수고하고 일하는 것으로부터 비롯된다. 수련자는 왕국 묵상을 하는 동안 "나와 함께 가기를 원하는 사람은 나와 함께 일해야 한다. 고통 중에 나를 따르는 이들은 영광 중에도 나를 따르게 하겠다."29)는 주님의 부르심에 직면한다. 이에 대한 반응으로써 "모든 정신적, 실제적 가난에 이르기까지 당신을 본받기를 원하고 바라며 이를 신중히 결정하였사오니 부디 저를 이런 생활과 신분으로 선택하여 주시고 받아 주시옵소서."30)라는 봉헌의 결단으로부터 우리는 이냐시오에게 있어서 활동과 관상

23) 『영신수련』 [71].
24) 위의 책.
25) 『영신수련』 [61].
26) 『영신수련』 [104].
27) Emerich Coreth, "Contemplative in Action," in *Contemporary Spirituality*, ed. Robert W. Gleason (New York: MacMillan Co., 1968), 187. 즉 외적인 활동을 의미하는 것이 아니고 도덕적이고 금욕적인 추구, 그리고 덕성과 완덕을 이루고자 하는 투쟁으로서의 활동을 의미했다.
28) 『영신수련』 [91-98].
29) 『영신수련』 [95].
30) 『영신수련』 [98].

이 어떻게 통합되고 있는지를 본다. 여기서 말하는 활동은 앞에서 제시한 회개나 완덕을 추구하는 활동이라기보다는 사도적 삶을 향한 외적 활동을 의미한다.

(3) 복음 묵상을 통한 관상적 일치

이냐시오는 이어 역사적 예수 그리스도의 생애와 수난과 죽음에 대한 복음 묵상을 통해 보다 온전한 그리스도와의 관상적 일치에 이르도록 우리를 초청한다. 이 묵상의 일차적 목적은 윤리적 판단이나 실천해야 할 행동 강령을 익히고자 하는 데 있는 것이 아니라, 먼저 '그리스도와의 정서적인 밀착'[31]을 통해서 그분을 더 깊이 알고 사랑하고자 함이다. 하나님이 피조 세계 밖에 머물러 계시지 않고, 피조 세계를 구속하시기 위해서 성육신하신 인간 예수님이 경험한 실존 세계 즉 굶주림과 목마름, 갖가지 모욕과 업신여김, 자기를 내주시는 섬김의 삶 등을 묵상하면서 이 모든 것이 나를 위해서 행하신 일이라는 것을 자각하도록 한다. 복음서 묵상을 통해서 수련자는 그리스도의 현존을 체험하고 그리스도와의 인격적인 사랑의 관계가 성장해 가는 것을 느낀다.

그런데 21세기를 살고 있는 우리가 20세기 전의 역사적 예수를 묵상함으로써 실제적으로 그리스도와 일치를 이룬다는 것이 무엇을 의미하는가? 혹 묵상을 통해서 그리스도가 지닌 윤리적 덕성이나 고상한 성품을 능동적으로 본받는다는 차원에서 그 의미를 지닐 수 있다. 그러나 순수한 신앙적 체험이라는 차원에서 볼 때 2천년 전에 있었던 역사적 예수님의 공적 사역과 지상 생활에 대한 묵상이 오늘날 승귀하신 예수님과 실제적으로 어떤 연속성이 있을 수 있는가? 그리고 왜 복음서에 나타난 예수님의 생애 묵상이 그리스도와의 관상적 체험에 대한 특권적 자리가 될 수 있는가?

---

31) 『영신수련』 [104, 193] 참고.

역사 속으로 들어오신 성육하신 그리스도가 부활로 인해서 우주 저 너머
의 신비의 세계로 사라지셨다면, 복음서 묵상은 단순히 윤리적 교훈 혹은 상
징적 만남 이상 아무것도 아니다. 그러나 계시록은 "죽임을 당하셨으나 서
있는" 어린 양의 상징(계 5:6)을 통해 승귀하신 예수님을 역사의 주재로 제
시하면서 모든 세대의 주 되신 예수님을 소개하고 있다. 계시록의 저자는 높
임받으신 그리스도가 영원히 인간으로 남아 있기를 선택하셨을 뿐만 아니라,
영광 가운데 있음에도 불구하고 그의 거룩한 수난의 표지를 그대로 유지하시
기를 선택하셨다는 것을 암시한다. 이 웅장한 환상의 메시지는 예수 그리스
도께서 지상의 생애와 죽음, 그리고 부활로 인하여 역사의 주가 되셨고, 그
분이 과거에 이 땅 위에 계셨기에 이제도 그분이 주가 되셨다는 사실을 명확
히 하고 있다.[32]

만약 그리스도의 지상적 삶이 없었더라면 그리스도는 오늘 존재하는 방식
으로 역사의 주인이 될 수 없었을 것이다. 성경은 예수 그리스도는 어제나
오늘이나 동일하시다(히 13:8)고 말한다. 또 영적 비전의 목격자인 계시록의
기자는 계시록 서두에서 그의 비전을 이렇게 진술하고 있다. 예수님을 "내가
전에 죽었었노라 볼지어다 이제 세세토록 살아 있어"(계 1:18)라고 선포하시
는 분으로 묘사한다. 여기서 우리는 앞서 언급한 "왜 예수님의 지상의 역사
를 통해 그리스도를 관상할 수 있는가?"라는 물음에 답할 수 있다. 예수 그
리스도의 성육신 즉 탄생, 어린 시절, 그리고 그의 시험, 승리, 좌절 그리고
환멸을 느낄 만한 그의 공생애 속에 담긴 구원의 신비는 지금 그분이 존재하
시는 것처럼, 계속되는 역사의 과정과 더불어 항상 동시대적이고 영속적이며
역동적인 실제로 그분 안에 그대로 존재하고 있다.[33]

그러므로 그리스도의 역사적 사건을 구원의 신비로 받아들이는 신앙인들
이 예수 그리스도의 지상 생애를 묵상한다는 것은 매우 효과적으로 그리스도

32) David M. Stanley, S. J. "Contemplation of Gospel, Ignatius Loyola, and the Contemporary Christian," *Theological Studies* 29 (1968), 429.
33) 위의 자료, 430.

를 경험할 수 있는 특권적 자리일 수밖에 없다. 복음서가 역사적 사건이지만 동시에 영감으로 기록되었다는 특성 때문에 복음서는 여전히 승귀하신 주 예수님의 영이 활동하시는 특권적 자리이다. 예수님의 약속대로 그분이 동시대의 역사 한가운데 역동적으로 참여함으로 이 세계 안에 현존하신다면, 그분은 성찬 가운데 고유하게 현존하시는 것처럼, 복음서 안에서도 고유한 방식으로 현존하신다.[34] 그러므로 '영신수련'에 참여하는 수련자는 그리스도의 공생애 묵상을 통해 그리스도의 삶의 방식에 적응되어 가면서 영적으로 자라 간다. 그 과정에서 수련자는 그리스도의 삶의 방식에로 초청을 받는다.

이냐시오는 보다 온전한 관상의 세계로 이끌기 위해서 수난과 부활을 다루는 '영신수련'의 세 번째 단계와 네 번째 단계로 수련자를 초대한다. 그는 수난과 부활의 묵상을 파스카의 신비[35]에 참여하는 데 가장 적합한 수단이라고 생각했다. 그리스도와 하나가 된다는 파스카의 신비는 수난과 죽음에서 절정을 이루며, 희망 안에서 부활에 참여함으로써 파스카의 신비를 완성시킨다. 이 파스카의 경험을 신비라고 하는 것은 그리스도의 수난과 죽음 그리고 부활이 그리스도 한 분의 개인적인 체험에만 국한된 것이 아니고, 그리스도의 수난과 죽음에 참여하는 모든 개인의 삶 속에서 파스카의 신비가 실재화되기 때문이다. 수련자는 그리스도의 수난과 죽음을 묵상함으로써 그리스도와 함께 아파하고 그리스도에 대한 깊은 연민을 경험한다.[36] 그리스도의 수난은 여전히 끝나지 않았기에 오늘을 살고 있는 우리는 그리스도가 경험하는

---

34) 위의 자료, 439. 성서신학자인 Roderick MacKenzie가 말한 대로 "성경과 성만찬 둘 모두는 구세주의 구속 사역을 수행하기 위해서 교회에 부여해 준 신적 도구의 일부이다."라는 말이 매우 설득력 있는 이론적 근거가 되고 있다.

35) Philip Sheldrake, ed., *The Way of Ignatius of Loyola* (St. Louis: The Institute of Jesuit Sources, 1991), 145. 파스카(Pascha)란 Passover의 그리스어 표기이다. 파스카란 출애굽기 12장에서 어린 양의 피를 바름으로 구원을 얻은 이스라엘의 유월절처럼 죽음을 통해 구원을 주시는 그리스도의 신비를 나타낸다. 또한 파스카는 그리스도 자신의 죽음과 부활뿐만 아니라 믿음으로 파스카를 받아들이는 우리에게도 적용된다. 즉 우리는 주님의 죽음과 함께 죽고 그의 부활과 함께 다시 살아난다. 과거의 그리스도의 수난과 부활이라는 신비로서만이 아니라 지금도 그 수난과 부활을 일으키시는 현재 진행되는 신적 행동이기에 파스카는 신비이다.

36) 『영신수련』 [193].

동시대적인 경험을 하게 된다. 이 단계의 묵상은 단순히 심리적 연민과 탈출을 경험하는 데 있는 것이 아니라, 여전히 이 곳 저 곳에 도사려 있는 그리스도의 수난과 죽음의 현장에서 또다시 예수 그리스도의 수난과 죽음에 대한 내적 인식을 얻도록 하는 데 그 목적이 있다. 그리고 우리는 왕국 관상에서 보여 준 대로 그리스도와 함께 수고하면서 그리스도의 나라를 이루도록 초청을 받는다. 여기서 '활동 중의 관상'이라는 이냐시오의 독특성이 더욱 두드러지게 나타난다.

지금까지 제시해 왔던 『영신수련』 안에서 활동 중의 관상을 보다 일목요연하게 정리된 결론처럼 제시된 수련이 '사랑을 얻기 위한 관상'[37]이다. 『영신수련』의 도입부가 '원리와 기초'[38]라면, 그 결론은 '하나님의 사랑을 얻기 위한 관상'[39]이다. '원리와 기초'는 인간이 하나님의 영광을 위해서 창조되었고, 그 창조 목적을 통해 우리를 향한 하나님의 사랑을 깨닫고 바라보도록 하는 데 있다면, '하나님의 사랑을 얻기 위한 관상'은 하나님의 영광을 위해서 하나님과 함께 수고함으로써 하나님의 사랑에 대한 반응을 불러일으키는 데 있다.[40] 여기서 이냐시오의 '활동 중의 관상'은 보다 큰 하나님의 영광을 위하여 활동하는 그것과 밀접한 관계가 있다. 우리에게 있어서 하나님의 영광은 그분이 피조물을 향해서 베푸신 사랑을 자각하고 이에 적응해 가는 존재 방식이며, 동시에 이에 상응한 수고를 동반하는 사도적 삶으로 표현된다. 왜냐하면 사랑이란 케리그마적 동의나 그리스도의 사랑에 대한 정서적 반응뿐만이 아니라, "사랑은 두 당사자의 통교"[41]이기 때문이다. 이미 충분히 받은 하나님의 사랑을 각 사람은 사도적 삶을 통해서 다시 되갚음으로써 하나님의 사랑을 완성해 간다.

---

37) 『영신수련』 [230].
38) 『영신수련』 [23].
39) 『영신수련』 [230-237].
40) Karl Rahner, *Spiritual Exercises*, trans. Kenneth Baker (New York: Herder and Herder, 1965), 271.
41) 『영신수련』 [231].

이냐시오는 『영신수련』을 진행하는 동안에 보다 큰 하나님께 영광이 되는 삶을 선택하기 위해서 식별과 선택을 매우 중요시한다. 이냐시오는 『영신수련』이라는 매뉴얼을 통해서 각 개인이 그리스도의 공생애를 묵상하게 함으로써 심리적이고 내면적인 차원에서 그리스도와의 일치를 추구하게 하지만, '사랑을 얻기 위한 관상'에서 보여 주듯이 그것이 『영신수련』의 궁극적 목표는 아니다. 이냐시오는 『영신수련』을 통한 관상적 체험을 바탕으로 수련자를 보다 진정성 있는 사도적 삶으로 인도한다. 그것이 '활동 중의 관상'의 구체적인 모습이다. 그는 기도문42)에서 언급하듯이 각 개인은 더 이상 자기 자신에게 갇혀서 관상적 체험을 향유하는 데 머무르지 않고, 오히려 그것을 포기할지라도, 삶을 통해 하나님의 사랑에 참여하고자 하는 결의를 보여 준다. 즉 이냐시오에게 있어서 더 이상 활동과 관상은 둘이 아니고 하나이다. 그에게 있어서 '활동 중의 관상'이란 단순히 개인적 성숙에만 초점을 두지 않고, 사도적 삶을 통해서 공동체적이고 우주적인 성숙으로 확대된다. 이냐시오가 예수회 회헌[813]에서 사도적 삶의 효과성은 하나님과 친밀하게 연합된 인간이라는 사실을 자각함으로써 일어난다고43) 강조한 것도 성숙은 공동체성과 밀접한 관계가 있다는 것을 마음에 두었다고 할 수 있다.

로욜라의 이냐시오는 현실적으로 매우 분주한 삶 속에서도 활동과 관상을 임의적으로 선택한 것이 아니고, 둘의 관계를 완전히 소화시킨 모델 중의 한 사람이다. 예수회(Society of Jesus)를 창설하고 15년 동안 그 수도회를 이끌어 가는 수장으로 이냐시오는 누구 못지않은 맹렬한 활동가였다. 그가 생존해 있는 동안 예수회는 유럽, 아시아, 남미에 걸쳐 12개의 지부와 1000명의 수도자를 거느렸고, 교육과 선교 등 방대한 사역을 펼쳐 나갔다. 그는 적

42) 『영신수련』 [234]. "받아 주소서, 주님. 저의 모든 자유와 저의 기억과 지성, 저의 모든 의지와 제가 가진 모든 것을 받아 주소서. 당신이 이것들을 제게 주셨습니다. 주님, 이 모두를 돌려 드립니다. 모두가 당신 것이오니 당신 뜻대로 처리하소서. 제게는 당신의 사랑과 은총을 주소서. 이것으로 저는 족하옵니다."

43) George E. Ganss, General Introduction to *Ignatius of Loyola: Spiritual Exercises and Selected Works*, by George E. Ganss, ed. (New York: Paulist Press, 1991), 43.

지않은 조직을 관리하기 위해 무려 7000여 통의 편지를 쓸 정도로 분주했다. 그가 그런 분주한 삶 속에서도 활동적인 삶에 치우치지 않고, 관상적 태도를 유지할 수 있었던 것은 '활동 중의 관상'이라는 깨달음을 터득했기 때문이다. 그러한 이상을 이냐시오는 사도적 삶으로부터 찾았다. 예수님께서 열두 제자를 선택하시면서 그 목적을 "자기와 함께 있게 하시고 또 보내사 전도도 하며 귀신을 내쫓는 권능도 가지게 함이라"(막 3:14-15)고 하셨다. 자기와 함께 하시고 동시에 전도도 하고 귀신도 내쫓게 하셨다는 말씀 속에서 우리는 활동과 관상의 일치를 본다. 그들은 전도와 귀신을 내쫓는 동안에도 주님과 함께 하였기에 '활동 중의 관상'이 가능하였다. 이냐시오는 자신의 체험과 수많은 영적 지도를 통해서 이러한 삶을 구현해 왔고, 보편적으로 그러한 삶이 가능하다는 것을 보여 주었다. 그는 『영신수련』에서 '활동 중의 관상'을 어떻게 이루어지고 있는지를 보여 주고 있다.

2) 『영신수련』을 통한 복음 관상의 실제

(1) 상상력과 『영신수련』

로욜라의 이냐시오의 회심 과정이나 그 이후 영성 수련 과정을 볼 때 그의 영성적 경험에 있어서 그의 풍부한 상상력이 상당한 기여를 했다. 그가 기사로서 전쟁에서 상처를 입고 병상 생활을 하는 동안 심각한 변화를 경험하게 되는데, 작센의 루돌프라는 독일 카르투시오의 회원이 쓴 『그리스도전』과 도미니코회 저술가 자코보 데 보라진느(Jacopo de Voragine)가 지은 『성인열전』이라는 책이 변화의 중요한 견인차 역할을 하였다. 그는 이 글을 읽으면서 마음껏 상상의 날개를 펴면서 성인들의 삶과 그리스도의 삶을 자유롭게 드나들었다. 그리고 마침내 그는 앞서 간 성인들처럼 그리스도의 충성된 기사가 되기를 결단하는 순간에까지 이른다. 그의 상상력은 지성과 의지를 자극하고 그에게 실존적인 결단을 내리게 했다. 그는 성인들의 생애나 그리스도의 생애를 하나의 기록이라기보다는 사건으로 취급하였다. 그 사건을 상상력을 통해 자신의 사건으로 재현시킨 것이다. 후에 그가 복음서를 통해서 그리스도의 생애를 맛보고 경험하기 위한 것도 마찬가지였다. 그의 상상력은 복음서에 나타난 기록은 죽은 기록이 아니라 살아서 현재적인 삶에 영향을 미치는 사건으로 재현되곤 했다. 자신의 생애가 그러했듯이 그는 이제 상상력을 통해 그리스도의 생애 속으로 거듭 드나들면서 예수 그리스도와의 인격적인 교제를 하는 동안 참 제자가 될 수 있다는 확신을 가지게 되었다. 그러한 확신 가운데서 제시된 '영성 수련'의 지침서가 『영신수련』이라는 작품이다.

이 책에서 이냐시오는 명상과 관상의 방법을 구분하고 있다. 그 구분점은 출발점이 다르다. 명상은 기억력과 지성 그리고 의지를 적극적으로 사용하는 반면에,44) 관상의 방법은 무엇보다도 상상력을 사용하는 데 그 초점을 두고 있다.45) 전자는 기도하는 대상이 사건이 아니고 교훈적인 것이거나 추상적인 내용인 경우(예를 들면 시편이나 잠언의 말씀 등)에 그 뜻을 더욱 깊이 이해하고 반추를 통해 영성적 유익을 얻고자 할 때 사용하는 방법이다. 후자는 주어진 기도의 대상이 명확한 사건으로서 오관으로 영성적인 유익을 느끼고자 할 때(복음서의 이야기) 사용하는 방법이다. 상상력을 사용하여 관상적인 경험에 이르고자 하는 것에 대해서 의혹을 제기할 수 있다. 첫째는 인간의 노력에 의해서 하나님의 은총을 얻어 낼 수 있다는 공적 사상에 대한 위험이 있기 때문이다. 두 번째는 상상력은 정화되지 못한 우리의 비이성적인 내면 세계에 대한 반영이라는 차원에서 상상력을 신뢰할 수 없기 때문이다. 전자에 대해서는 매우 조심해야 할 요소이기는 하나 상상력의 극치 그 자체가 관상 경험이 아니라 하나의 준비 상태에 불과하다는 것을 염두에 둔다면 공적 사상과는 거리가 멀다는 것을 이해할 수 있다.

두 번째 의혹으로는 상상력에 대한 의심인데 그것은 다음과 같은 이해로

---

44) 『영신수련』 [50].
45) 『영신수련』 [47].

부터 극복할 수 있다. 그리스도의 성육신은 감각을 가진 우리가 그리스도의 신비와 영적인 세계를 감각적인 세계를 통해서 경험할 수 있다는 근거를 제시해 주고 있다. 그렇기에 이냐시오는 그리스도의 신비에 대한 감성적인 경험을 위해서 인간이 지닌 기능을 사용하는 것에 대해서 조금도 주저하지 않는다. 그 기능 중에서 상상력의 가치는 무엇보다도 큰 비중을 차지하고 있다. 물론 상상력 그 자체가 그리스도의 현존을 만들어 낼 수 있다는 것은 아니다. 이 상상력이란 주관적인 자기 의지로부터 그리스도의 의지로 내면을 바꾸어 가는 작업이다. 왜곡된 인간의 실존과 그리스도의 이상적인 실존을 매개해 주는 것이 곧 상상력이다. 이냐시오는 관상 기도에 대해서 보통 다음과 같은 길잡이를 제시하고 있다. 첫째, 관상하고자 하는 사건의 줄거리를 떠올리고,46) 둘째, 그 역사가 펼쳐지는 장소와 정황을 구성해 보라고 한다.47) 상상력을 통한 관상이 진행되면서 떠오르는 영상은 수련자의 구체적인 상황 속으로 파고든다. 그리고 개별적인 의미에 도달하고, 동시에 그리스도와 함께 현존하는 체험을 하는 데 그 의미가 있다.

일반적으로 상상력(imagination)에 대해서 부정적인 선입견이 있을 수 있다. 그것은 어떤 의미에서 이해의 부족에서 비롯된 것이다. 즉 '상상한다'는 개념을 사실이 아닌 것에 대하여 추측하는 것이라고 생각하기 때문이다. 그러나 상상과 환상(illusion) 혹은 공상(fantasy)은 분명히 구별되는 개념이다. 환상은 과거와 단절된 탈역사적인 마음의 구상을 강조한다. 그것은 우리의 진실한 실체를 피하려는 욕구이며 창조적이고 희망찬 상상력과는 반대로 절망적이고 파괴적인 성격을 띤다. 현실적인 세계에 대해서 도피적이며 적대적이며 추상적이다. 그래서 환상은 자기가 처한 세계에서 끊임없이 유리되고자 한다. 환상을 통해 얻어진 경험에서는 보편적으로 인식할 수 있는 유효한 객관적 자료를 찾아 낼 수가 없다.

반면에 상상이란 진실과 실체를 구축하는 행위이다. 더 가깝게 실체적인

---

46) 『영신수련』 [102].
47) 『영신수련』 [103].

세계와 직면하여, 객관적인 실체를 주관적인 실체로 바꾸어 경험하고자 하는
것이다. 사람들은 상상이 비논리적이기 때문에 비이성적이라고 주장하기도
한다. 그러나 상상은 반드시 논리적이지는 않지만 매우 이성적인 면을 지니
고 있다. 상상의 세계는 매우 탁월한 통찰력과 의미를 전해 준다는 차원에서
이성적이다. 그 의미나 통찰력으로부터 얼마든지 창조적인 논리를 세워 갈
수 있다. 인류 역사는 상상력으로부터 비롯된 영감(靈感)의 덕을 톡톡히 보고
있다. 하늘을 나는 상상력, 바다 속으로 다니는 상상력, 보다 빨리 여행을 구
가하려는 상상력 등은 이미 존재하고 있는 다른 세계로부터 받은 영감적인
상상력이다. 그 상상력으로부터 영감을 받은 지혜자들은 상상의 세계를 현실
적인 세계로 실현시킨 것이다. 수많은 과학적 발명품이 상상력으로부터 받은
영감에 많은 빚을 지고 있다. 상상은 현상적인 세계에만 머물지 않는다. 상
상은 현상을 통해 현상을 뛰어넘고, 영적인 실체에로까지 연결된다.[48] 화이
트헤드(Alfred North Whitehead)는 이렇게 주장한다. "상상이란 사실과의
별거를 의미하지 않는다. 오히려 사실을 조명한다. 상상이란 존재하는 그 사
실 안에서 그 사실에 적용되고 있는 일반적인 원리를 끌어내는 작용을 한다.
그리고 그 원리와 상응하는 대안적인 가능성에 대하여 전망을 창조해 낸다.
상상은 우리로 하여금 새로운 세계에 대한 지적인 비전을 세우게 하고 만족
스러운 목적을 제시함으로써 삶의 맛을 보존해 준다."[49] 그는 이어서 이렇
게 말한다. "어리석은 사람들은 지식 없이 상상을 하게 되고, 공론가는 상상
없이 지식의 행위를 한다."[50]

모든 사람들은 상상력을 가지고 있다. 우리 주위의 사건을 기억하고 묘사
하고 생각하는 그 자체가 상상력이 있기 때문이다. 우리의 기억을 연속적으
로 활동하게 하고 생생하게 하는 역할은 상상력이다. 그것이 항구적인 관계

48) Urban T. Holmes, III, *Ministry and Imagination* (New York: The Seabury Press, 1976),
100-103.
49) Alfred North Whitehead, *The Aims of Education and Other Essays* (New York: The
Macmillan Company, 1929), 139.
50) 위의 책, 140.

를 유지하도록 하는 데 중요한 역할을 해낸다. 상상력이 없이 사랑의 관계가 성숙해질 수 없고, 친밀한 관계가 증진될 수 없다. 보이지 않으면서 연속적으로 관계를 유지하고 사랑의 교류가 가능하게 하는 것도 상상력이다. 물리적으로 가족을 떠나서도 가족의 따스함과 사랑스러움의 감정과 관계를 유지할 수 있는 것도 기억력과 상상력의 덕분이다. 상상력은 감각의 대상이 눈앞에 없음에도 보고 듣고 느끼고 맛보는 등 오감을 작용케 하며 이로 인하여 눈앞에 전개되지 않은 사건을 재구성하기도 하며 기록으로 남기기도 한다. 어떤 사람들은 상상력이 없기에 이냐시오식 관상 기도가 자신들에게 잘 맞지 않는다고 주장하기도 한다. 그러나 그것은 상상력에 대한 이해의 부족으로부터 오는 판단이다. 사진에 나타난 그림을 보듯, 필름으로 돌아가는 영상을 보듯이 볼 수 없다는 차원에서 상상력이 없다고 말하는데, 상상력은 반드시 '시각적인 상상력'(visual imagination)만을 의미하는 것이 아니다.

신경언어학적인 심리학(neurolinguistic psychology)에 의하면 적어도 세 종류의 상상력으로 나누어 생각할 수 있다.[51] 첫째, 지각적인 상상력(kinesthetic imagination)이 있다. 그것은 어떤 내적 움직임으로부터 영향을 받고 일어나는 상상력을 말한다. 둘째는 시각적인 상상력(visual imagi-nation)이 있다. 영혼 속에 내재되어 있는 다양한 상징으로부터 구성된 어떤 영상을 경험하는 상상력을 말한다. 셋째는 청각적인 상상력(auditory imagination)이 있다. 들음을 통한 상상력을 의미한다. 예를 들면 모차르트나 베토벤과 같은 탁월한 음악가들은 청각적인 상상력을 통해 음성을 듣고 음성을 분별해 낸다. 그리고 그것을 오선지에 그려 내기도 한다.

상상력이란 이미지와 매우 밀접한 연관성이 있기 때문에 사람들은 상상력을 말할 때 위의 첫번째의 '시각적인 상상력'에만 집착하는 경향이 있다. 그

---

51) Richard Bandler and John Grinder, *Structure of Magic*, vol. 1 & 2 (Palo Alto, CA: Science and Behavior Books, 1975) 참고; Teresa of Avila, *The Interior Castle*, 최민순 역, 『영혼의 성』 (서울: 성바오로 출판사, 1989), 제6궁방, 8장에서 '지성엣 보임' (intellectual vision)과 9장에서 '상상엣 보임'(imaginative vision) 참고.

런데 상상력의 핵심은 무엇을 보았느냐, 느꼈느냐, 들었느냐의 문제보다는 임재 의식이 있느냐이다. 영화를 보거나, 소설을 읽거나, 음악을 들을 때 그 것들로부터 영향을 받고 있다는 증거는 단순히 보고 읽고 들은 것 이상 자신 의 존재가 그것들의 일부분으로 참여하고 있느냐이다. 이것이 바로 임재 의 식이다. 어떤 사람은 시각적인 영상은 볼 수 없지만 이미 느끼고 어떤 내적 인 움직임을 경험하고 있기에 상상력에 참여한 것이다. 그들은 상징적이거나 유비적으로 그 사건을 보고 묘사할 수 있다. 어떤 사람이 상상력을 통한 자 기의 경험을 생생하게 묘사한다고 해서 반드시 활동적인 영상을 보고 경험했 다고 단정할 필요가 없다. 반면에 활동적인 영상을 보지 못했다고 자기 경험 묘사하기를 주저할 필요가 없다.

이냐시오는 그의 『영신수련』에서 이 세 가지 상상력에 대한 가능성을 다 열 어 놓고 있다. 관상 방법의 요점을 제시함에 있어서 첫째는 각 인물의 모습, 상태 등을 하나씩 살펴보라고 한다.[52] 이것은 '시각적 상상력'을 의미한다. 두 번째 요점은 세상 사람들이 하는 말을 들어 보라고 한다.[53] 이것은 '청각 적 상상력'을 의미한다. 세 번째 요점은 세상 사람들이 하는 일들을 생각해 보라(consider)고 한다.[54] 여기 생각해 보라는 말은 그 속에 들어가서 느껴 보라는 말이다. 그러므로 이것은 '지각적 상상력'에 해당한다. 이 세 가지가 동시에 작용할 때 보다 활발한 상상력이 구성되는 것은 사실이지만, 어느 하 나의 상상력만 작용했다고 할지라도 임재 의식만 일어난다면 그것은 결코 부 족한 상상력이라고 할 수 없다. 예를 들어 복음서의 어떤 한 부분에서 예수님 과 대면하는 상상을 하게 되었다. 그는 예수님을 시각적으로 보는 데는 실패 했지만 청각적으로 듣는 상상력은 충분했다. 그리고 그는 듣는 상상력으로 예수님의 임재 체험을 하게 되었다면 그는 완전한 상상력을 사용한 것이다.

상상력을 통해 이야기 속으로 들어가는 단계는 이렇게 진행된다. 첫째, 주

---

52) 『영신수련』 [106].
53) 『영신수련』 [107].
54) 『영신수련』 [108].

어진 말씀을 거듭거듭 읽는다. 매번 읽는 동안 잠시 멈춤의 시간을 가지면서 그 시간 동안 그 이야기 속에 나타난 인물이나 말이나 행동을 천천히 생각한다. 이러한 관찰 속에서 그 인물이 듣고 보는 것들이 현재적인 사건으로 되어 간다. 그 사건이 존재의 한 부분으로 깊이 파고들면서 명상의 대상이 된다. 둘째는 그 이야기의 신비 속으로 들어간 사람은 그 안에서 일어나는 사건을 참여자로서 보고 듣고 느끼기 시작한다. 이 단계는 각 개인이 예수 그리스도에 의해서 영향을 받을 수 있도록 존재의 의식 무의식이 활짝 열려 가고 있는 상태이다. 세 번째 단계는 활발하게 일어났던 상상력이나 내적인 활동이 고요해지면서 완전히 수동적으로 내가 보고 듣고 만지고 냄새를 맡고 맛을 보게 된다. 이 경험은 마치 내가 사랑하는 분과 함께 있고, 사랑하는 분이 내게 있는 것과 같다. 상상력 속에 있었던 장면은 서서히 움직이고 나는 그 현장에 있는 것을 느낀다. 더 이상 어떤 말도 어떤 생각도 필요치 않다. 단지 주님의 사랑과 선하심을 맛보고 관조할 뿐이다. 이런 관상의 과정을 통해 수련자는 예수 그리스도에 의해서 지배를 받게 되고 의식 무의식 속에 영향을 받게 된다.

(2) 『영신수련』의 구조와 방법

이냐시오의 '영신수련'은 네 단계로 나누어져 있다. 첫째 단계는 회개의 단계이다. 원죄로 시작해서 구조악 그리고 개인의 죄성을 명상하고, 하나님의 은혜에 대한 배은망덕한 자신의 모습을 발견하고 개혁하는 단계이다. 둘째 단계는 예수님의 공생애에 대한 적용 단계이다. 복음서 안에 있는 예수님의 사건을 관상함으로써 그분의 부르심에 귀를 기울이는 단계이다. 세 번째 단계는 고난받으시고 십자가에 달리신 그리스도를 경험하는 단계이다. 이 단계는 육적으로나 영적으로 그리스도의 수난의 삶과 죽음에 일치하려는 단계이다. 마지막 단계로는 그리스도의 부활의 영광에 참여하는 단계이다. 종말론적으로 부활의 영광을 미리 맛보게 함으로써 그리스도를 따르는 현재적인 삶에 소망과 영적인 양식을 공급받게 하는 것이다. 이러한 네 단계의 영성 수련의 최종적인 지향점은 우리의 영혼이 모든 사욕편정에서 자유함을 얻고, 기꺼이 하나님의 뜻에 순종하려는 내적인 준비를 시켜 주는 데 있다.

이 네 단계의 수련에 들어가기 전에 이냐시오는 다음과 같은 '원리와 기초'를 묵상하게 한다. 이 묵상은 '영신수련'에 임하는 기본적인 태도이며, 동시에 '영신수련'이 지향하는 목표점이다. '원리와 기초'의 내용은 다음과 같다.

> 사람이 창조된 것은 우리 주 하느님을 찬미하고 경배하고 섬기며 또 이로써 자기 영혼을 구하기 위함이다. 그리고 이 세상의 다른 사물들이 창조된 것은 사람을 위해서, 곧 사람이 창조된 목적을 추구하는 데 도움을 주기 위해서이다. 그러므로 그것들이 이 목적에 도움이 되면 그만큼 사용할 것이고, 이 목적에 방해가 되면 그만큼 버려야 한다. 또 그 자체로 금지되지 않고 우리의 자유 의지에 맡겨져 있는 것에 있어서 우리는 모든 피조물들에 대해 초연해지도록(indiferente) 힘써야 한다. 그리하여 우리 편에서는 질병보다 건강을, 가난보다 부를, 불명예보다 명예를, 단명보다 장수를 더 원하지 않을 수 있게 되고 그리고 다른 모든 일에서도 이와 마찬가지로, 오직 창조된 목적으로 우리를 더욱 이끄는 것을 원하고 선택하도록 해야 한다.55)

1) 첫 번째 단계의 '영신수련'

이 단계의 준비 단계로서 이냐시오는 우선 양심 성찰법을 제시한다. 양심 성찰을 함에 있어서 다섯 가지 항목이 있다. ① 이미 받은 은총에 대해서 우리 주 하나님께 감사를 돌려라. ② 나의 죄를 인식하고, 그것을 청산할 수 있는 은총을 간구하라. ③ 아침에 일어나서부터 이 시점까지 혹은 지난날의 각 시기에 따라 생각과 말과 행동에 대해서 자기 양심이 어떠했는지 자세히 조

---

55) 『영신수련』 [23].

사해 본다. ④ 나의 잘못에 대해서 우리 주님께 용서를 구하라. ⑤ 하나님의 은총으로 말미암아 잘못된 부분을 뉘우칠 뿐만 아니라 수정할 결심을 하라.56) 이러한 준비가 곧 첫 번째 묵상으로 들어가기 위한 준비 과정이다.

이제 본격적으로 첫 번째 단계의 영신수련으로 들어가는데, 이 묵상에서 영혼의 세 기능 즉 기억력, 이해력, 의지력를 사용하도록 권한다. 그리고 준비 기도와 두 가지 길잡이를 제시한다. 다음과 같은 '준비기도'로 기도는 시작된다. "나의 모든 의향과 내적, 외적 행위가 순전히 하나님께 대한 봉사와 찬미를 지향하도록 우리 주 하나님께 은총을 구하는"57)는 기도이다. 그리고 '두 가지 길잡이'에서 첫 번째는 그것을 묵상할 것인지 혹은 관상할 것인지를 결정하는 것이다. 시각적으로 볼 수 있는 사건이나 장면이라면 상상력을 사용하여 관상을 함이 유익할 것이요, 볼 수 없는 것이라면 즉 무형적인 죄 등은 추리력을 사용하여 묵상하도록 한다. 두 번째는 이 기도를 통해 받을 은총에 대한 간구이다. 여기서 구할 은총이란 '부끄러움과 당황하는 마음을'58) 청하는 것이다. 왜냐하면 얼마나 많은 사람이 한순간의 치명적인 죄 때문에 영원한 저주에 이르렀는지를 생각하면, 내가 저지른 많은 심각한 죄로 인해서 나는 형벌을 받아 마땅했기 때문이다. 여기 첫 단계에서 말하는 준비 기도와 기도에 대한 길잡이는 앞으로 계속되는 기도에 모두 적용되는 중요한 도구이다. 준비 기도는 언제나 같으며 길잡이는 기도의 제목에 따라 달라지게 된다.

첫 번째 기도의 내용은 기억력과 이해력과 의지력을 사용하여 원죄의 원인과 그 특성과 결과를 묵상하면서 그 죄의 결과가 얼마나 심각했는지를 경험하는 것이다. 그러므로 이 묵상 기도는 아담과 이브의 타락으로부터 시작된다. 첫 번째 기도가 끝날 즈음에 십자가에 달리신 그리스도를 떠올리면서 다음과 같은 물음을 던지며 주님과 대화를 한다. ① 나는 그리스도를 위하여

56) 『영신수련』 [24-32] 참고.
57) 『영신수련』 [46].
58) 『영신수련』 [48].

무엇을 했는가? ② 나는 그리스도를 위하여 무엇을 하고 있는가? ③ 나는 그리스도를 위하여 무엇을 해야만 하는가?59)

둘째 기도에서도 하나의 준비 기도와 두 개의 길잡이를 따른다. 특히 두 번째 길잡이에서 구할 은총은 "나의 죄에 대해서 점점 깊게 아파하고 통회하는 눈물을 간구하라."이다. 기도의 내용은 각 개인의 삶의 역사다. 삶의 역사를 기도의 자료로 끌어내는 데 있어서 다음과 같은 구체적인 과정을 생각하도록 한다. 각 시기별로 조목조목 삶을 나누어 반추한다. ① 지금까지 내가 살고 있었던 장소와 집 등을 생각한다. ② 나와 상종했던 사람들을 생각해 낸다. ③ 내가 과거에 가졌던 직업에 대해서 생각한다. 더욱더 조직적인 자아 성찰을 위하여 자신을 다른 존재와 비교하여 나 자신이 상대적으로 얼마나 비루한 존재인지를 생각하도록 한다. ① 모든 사람들과 비교하여 나는 어떠한 존재인가? ② 하늘의 천사들이나 앞서간 성인들과 비교해 볼 때 나는 어떠한 존재인가? ③ 모든 피조물을 하나님과 비교한다면 무엇이라고 말할 수 있는지 그리고 나 홀로 무엇을 할 수 있는지를 생각해 보라.60) 이 기도를 마치면서 지금 이 순간까지 나에게 베푸신 하나님의 크신 자비하심을 찬양하고 감사하는 기도를 드린다.

세 번째는 반복 기도이다. 반복 기도를 할 때 유의할 점은 보다 큰 영성적 위안(consolation)이나 고독(desolation)61) 혹은 영적인 통찰력이 있었던 그 지점을 반복하는 것이다. 이 반복 기도에서 구할 은총은 다음 세 가지 점이다. "① 내 죄에 대한 내적 인식과 혐오감. ② 내 행동의 무질서함을 느낌. 이를 지겨워하고 개과천선하여 질서를 회복하기 위함이다. ③ 세상에 대한 깨달음. 이로써 세속적이고 헛된 것을 미워하고 떨쳐 버리려는 것"62)을 청하는 은총의 기도를 드린다. 네 번째 기도는 세 번째 기도에 대한 반복이다.

59)『영신수련』[53].
60)『영신수련』[56].
61)『영신수련』[316-317] 참고.
62)『영신수련』[63].

이것은 하나의 종합적인 기도라고 할 수 있다. 다섯 번째 기도는 지옥에 대한 묵상 기도이다. 이 기도에서 특별히 구할 은총은 내가 죄에 떨어지지 않게끔 지옥의 형벌의 맛과 지옥의 깊은 고통을 인식하게 해 달라[63]는 것이다. 그리고 오늘까지 나를 지옥 형벌에 빠지지 않도록 나에게 크신 자비와 은총을 베풀어 주신 우리 주 하나님께 감사의 기도를 하면서 첫 번째 단계의 영성 수련은 모두 마치게 된다. 첫 번째 단계의 수련을 무사히 마친 이들은 하나님의 나라의 일꾼으로 초청을 받게 된다. 여기서 두 번째 단계의 수련으로 넘어간다.

2) 두 번째 단계의 '영신수련'

두 번째 단계의 기도로 들어가기 전에 그리스도가 선포하신 하나님의 나라의 실체를 묵상하도록 한다. 이냐시오는 하나님의 나라를 분명히 인식하게 하기 위해서 세상의 왕국과 비교하여 묵상하도록 한다. 이 기도에서도 역시 한 개의 준비 기도와 몇 가지의 길잡이가 제시된다. 준비 기도는 위에서 제시한 것과 언제나 동일하다. 그러나 길잡이는 상황에 따라 달라진다. 여기서 첫 번째 길잡이로는 우리 주 그리스도가 복음을 외쳤던 회당과 마을을 상상의 눈으로 살펴본다. 두 번째 길잡이로서 구할 은총은 "하나님의 부르심에 귀머거리가 되지 않고 그의 지극히 거룩한 뜻을 이루기 위해서 민첩하고 열심 있는 자가 되게 해 달라."[64]는 간구이다.

세상의 군주로부터 신하로 부름을 받을 때 어떻게 응답하고 어떻게 충성을 바칠 것인지를 상상하면서, 우리 주님이 하나님의 나라를 위하여 모든 원수의 나라를 정복할 부하로서 우리를 부르신다면 어떻게 응답할 것인지를 묵상해 본다. 다음과 같은 내용으로 이 기도를 마친다. "오! 만물의 영원하신 주여,…당신의 은총의 도움으로 인해서 나 자신을 당신께 드립니다. 당신께

---

63) 『영신수련』 [65].
64) 『영신수련』 [91].

서 나의 드림을…받아 주신다면 모든 모욕과 업신여김과, 실제적 가난이건 영적 가난이건 모든 가난함을 감수함에 있어서 당신을 본받기를 원하오니 나를 그러한 삶에 선택해 주시고 허락해 주시기를 바랍니다."65) 이 기도로 인해서 이제 두 번째 단계는 본격적으로 시작된다.

두 번째 단계는 모두 예수님의 공생애에 대한 관상 기도이다. 복음서에 나타난 예수님에 관한 사건이나 활동을 할 수 있는 만큼 연대적인 순서를 따라 기도하도록 한다. 이 자료는 대부분 분명한 사건이나 장면으로 묘사되어 있기 때문에 특별히 상상력을 이용한 관상 기도를 권장한다. 여기서 구할 은총은 "나를 위해 사람이 되신 주님께 대한 내적 인식을 청하는데 이로써 그분을 더 사랑하고 더 잘 따르려는 것"66)이다. 예수님에게는 신성과 인성이 있다. 신성 부분에 대해서는 경배와 찬양을 보낼 것이요, 인성에 대해서는 그의 제자 된 이들이 본받아야 할 부분이다. 로욜라의 이냐시오에게 있어서 그리스도를 본받는다는 것은 개혁된 영혼이 그리스도의 공생애를 관상하는 동안에 그의 부르심에 귀를 기울이고 이에 응답하는 것을 말한다. 이것은 그리스도와의 인격적 일치라는 존재 형성적 차원과 그의 부르심에 응답하는 사역적 차원을 포괄하는 의미이다.

이 단계에서 수련자는 그리스도의 탄생으로부터 수난 직전까지의 성육신하신 그리스도의 삶의 여정을 상상력을 통해 관상(contemplation)하도록 한다. 각 사건과 활동에 관련된 그리스도의 공생애를 관상하는 중에 영적으로 분별하는 훈련을 제시한다. '두 가지 기준에 대한 명상'67)이다. 여기서 구할 은총은 "악한 괴수의 속임수에 대한 인식과 그로부터 나를 지키기 위해 필요한 도움을 청하고 진정한 최고 사령관이 보여 주시는 진실한 삶을 알고 그분을 본받기 위해 필요한 은총을 청한다."68) 여기서 식별 규범을 익히게 하는

---

65) 『영신수련』 [98].
66) 『영신수련』 [104].
67) 『영신수련』 [136]에서는 '두 개의 깃발 묵상'이라고 명명하고 있다.
68) 『영신수련』 [139].

이유는 이 두 번째 단계가 주님을 향한 선택적인 삶을 결단하기에 가장 적합한 시기로 보기 때문이다. '두 가지 기준에 대한 명상'에서 사단의 기준과 그리스도의 기준을 비교하여 묵상하도록 한다. 사단은 위협적이고 위력적인 자세를 보이면서 넓은 한 광장을 무대로(이냐시오는 이것을 바벨론의 거대한 진지라고 부름69)) 자신의 부하들을 모으고 그들을 곳곳으로 파송을 보내려 한다. 그런데 사단의 작전은 대개 부귀를 탐하게 하고, 세상의 헛된 영광을 구하며 마침내 큰 오만에 떨어지게 하는 작전을 쓴다. 반면에 그리스도의 작전은 예루살렘의 한 비천한 곳에서 이루어지고 있다. 그리스도 역시 사도들과 제자들을 부르시어 온 세계에 보내기를 원하신다. 그런데 그들에게 약속하는 것은 부귀 대신에 가난을, 세상적인 명예 대신에 업신여김을, 오만 대신에 겸손함이다. 이렇게 뚜렷이 상반되는 두 가지 상황을 관상함으로써 사단의 전략과 예수님의 뜻을 분별하는 법을 익힌다.

이어서 '세 종류의 그리스도인'을 예로 보여 주면서 묵상하도록 한다. 첫째 사람은 자신의 영혼을 구원하기 위하여 자신의 애착물을 버리기를 원하나 죽는 순간까지 아무 조치도 취하지 못하는 사람이다. 둘째 사람은 애착물을 버리려고는 하나 가장 좋은 대안이 나타나기를 기다리는 사람이다. 즉 자신이 먼저 하나님께로 나아가는 결단보다는 오히려 하나님이 자신에게로 오기를 기대하는 사람이다. 세 번째 사람은 일체의 애착물에서 떠나는 사람이다. 오직 우리 주 하나님을 섬기는 것만이 자신을 움직일 수 있는 힘이다. 보다 훌륭하게 하나님을 섬길 수 있다면 자신의 소유를 버릴 수도 취할 수도 있다. 이러한 식별의 과정을 거치면서 각 개인은 그리스도의 부르심이 무엇인지를 자각하고 식별적인 결단에 이르게 된다. 계속해서 그리스도의 공생애를 관상하면서 그리스도의 부르심에 더욱 민감하게 된다. 이 단계에서 특별히 익히고 경험해야 할 수련은 영적 지도자와의 담화와 내면적인 성찰을 통한 '영적 분별법'70)이다. 각 개인은 어느 정도 분별에 의한 결단에 이르게 되면

---

69) 『영신수련』 [140].
70) 『영신수련』 [313-336] 참고.

세 번째 단계로 넘어가게 된다.

3) 세 번째 단계의 '영신수련'

세 번째 단계의 첫째 관상은 예수 그리스도께서 예루살렘으로 오르시는 장면과 최후의 만찬 장면이다. 이미 했던 대로 준비 기도와 그리고 상상력을 통해 장면을 가정하고 설정하면서 관상으로 들어갈 준비를 한다. 그리고 이 관상에서 구할 은총의 기도를 한다. 여기서 구할 은총의 기도는 "주님께서 내 죄 때문에 수난을 당하러 가시기 때문에 고통과 슬픔, 당혹감"71)을 구하는 것이다. 이 첫 관상은 내용상 밤에 하는 것이 영적인 체험을 위하여 도움이 된다. 둘째 관상으로는 최후의 만찬에서 겟세마네 동산까지의 사적이다. 여기서 우리는 "고통받는 그리스도와 함께 고통을, 비탄에 빠진 그리스도와 함께 눈물과 애끓는 마음을, 그리스도께서 나 때문에 겪으신 그 많은 아픔으로 인해서 내적인 아픔을 함께 느끼기를 청한다."72) 이어서 계속적으로 빌라도의 법정에서 고난을 받으시고 마침내 십자가에 못 박혀 운명하셔서 무덤에 장사지내는 장면까지를 관상한다. 결국 우리는 계속적으로 심화되어 가는 관상 속에서 예수님의 죽음에 참여하게 된다. 이 기간 동안 우리의 환경이나 삶의 태도가 이 기도의 단계에 어울리도록 조성한다. 사람에 따라 이 수난 관상의 기간을 조정할 수 있다. 각 개인의 수련에 맞도록 영적 지도자와의 면담을 통해 그 기간을 정한다. 무엇인가 선택적인 삶을 결단해야 할 필요성이 있는 사람은 이 지점에서, 두 번째 주간에 이미 내린 결정을 다시 재고하고 확정을 짓는 기회로 삼는다. 이렇게 해서 각 사람은 하나님의 뜻에 자신의 의지를 완전히 맡기는 훈련을 한다. 이제 어두운 수난의 관상은 부활의 영광의 장면을 기약한다. 이것이 곧 마지막인 네 번째 단계의 수련이다.

---

71) 『영신수련』 [193].
72) 『영신수련』 [203].

4) 네 번째 단계의 '영신수련'

성경에는 언급된 바가 없지만, 로욜라의 이냐시오는 그리스도로 인하여 가장 깊은 슬픔과 상처를 받았음직한 성모 마리아에게 부활하신 주님이 제일 먼저 현현하셨을 것이라는 가정을 하면서 그리스도와 마리아와의 만남의 장면을 첫 관상의 자료로 제시한다. 그것은 세 번째 단계에서 그리스도의 수난을 관상하는 동안 우리가 경험한 고통스러운 심정이 어머니 마리아의 심정과 어느 정도 공감대를 형성할 수 있다는 점에서 기도의 심리적인 효과를 기대할 수 있다. 계속해서 각각 다른 상황에서 현현하신 그리스도를 관상하게 한다. 연속되는 관상 속에서 부활하신 주님을 만남으로 각 사람은 육신 속에 감추어진 그분의 신성의 신비를 체험한다. 이로 인해서 무너지기 쉬운 육신의 연약함이 영원한 신성의 신비의 체험을 통해서 담대함과 환희를 맛보게 된다. 여기서 구할 은총의 기도는 "우리 주 그리스도께서 누리시는 그 큰 영광과 기쁨에 힘입어 나도 한없이 기뻐하고 즐거워하는 것"[73]이다.

매번의 기도에서 은총의 기도를 간구하도록 하는 것은 성령께서 어떻게 기도를 인도하셨는지를 가늠하게 해 주는 중요한 측정 기준이 될 수 있기 때문이다. 관상 기도는 결코 처음부터 끝까지 개인의 의지로 기도를 만들어 가는 것이 아니다. 우리 주 하나님께서 허락하신 각 개인의 영혼에게 부여해 준 능력을 할 수 있는 만큼 사용할 뿐이고, 더욱 크게 비중을 두는 성령의 인도하심으로 인해서 그리스도의 신비에로 이끌리도록 우리의 영혼을 우리 주 그리스도께 맡기는 것이 이냐시오가 추구하는 관상 기도이다. 이냐시오가 마지막으로 제시하는 수련은 이냐시오식 기도를 마치는 데 대단히 중요한 의미를 지닌다. 그것은 '하나님의 사랑을 얻기 위한 관상'이다. 여기서 구할 은총은 "지금까지 받은 그 많은 것들에 대한 내적 인식을 구한다. 이로써 내가 받은 것들을 온전히 깨달아 모든 것 안에서 하나님을 사랑하고 섬기고자 하

---

73) 『영신수련』 [221].

는 것"74)이다. 이제 수련을 종결지으면서 개인적으로 우리 주 하나님으로부터 받은 모든 은총을 생각하도록 한다. 그리고 모든 이치와 의리로서 내 자신을 돌이켜보면서 어떻게 나의 모든 것들을 바치고 주님을 위해서 어떻게 살아 드릴 수 있을까를 생각한다. 다음 기도가 바로 은총에 합당한 헌신의 표시로 드리는 기도이다.

> 받아 주소서, 주님. 저의 모든 자유와 저의 기억과 지성, 저의 모든 의지와
> 제가 가진 모든 것을 받아 주소서. 당신이 이것들을 제게 주셨습니다. 주님,
> 이 모두를 돌려 드립니다. 모두가 당신 것이오니 당신 뜻대로 처리하소서.
> 제게는 당신의 사랑과 은총을 주소서. 이것으로 저는 족하옵니다.75)

이렇게 네 단계의 영성 수련으로 인하여 각 개인은 주님이 쓰시기에 합당하고 편리한 도구로서의 존재 형성이 이루어지게 된다.

5) '영신수련' 운영과 적용의 다양성

영성 수련의 전 과정을 특정한 기간 동안 완전히 마치려 할 때 보통 30일을 요한다. 이 경우 수련자는 집중적으로 피정 센터에서 머물며 수련을 하는 경우를 말한다. 물론 개인의 사정과 목적에 따라서 15일, 8일, 3일 등으로 자유롭게 운영할 수 있다. 이 수련의 외부적인 전제 조건은 침묵을 유지할 수 있는 제한된 공간을 요하며, 동시에 기도를 지도할 수 있는 영적 지도자가 필요하다. 이냐시오는 일정한 피정 센터에 머물면서 수련을 할 수 없는 사람들을 위해서 매일의 일상 생활을 통해 수련을 할 수 있는 방법을 제시하고 있다. 매일 한 시간 반 정도의 기도 시간을 할애할 수 있다면, 한 주간에 한 번 정도 영적 지도자와의 면담을 통해서 '영신수련'의 과정을 따라갈 수 있다. '영신수련'은 특별히 선택의 기로에 서서 하나님을 뜻을 따르고자 하

74)『영신수련』[233].
75)『영신수련』[234].

는 열망을 가진 사람들에게 매우 유용한 길잡이가 된다. 위의 '영신수련'의 전 과정을 도표로 정리하면 다음과 같다.

준비기도 Disposition Days	원리와 기초	첫째 주	하나님의 나라	둘째 주			셋째 주	넷째 주	하나님의 사랑에 대한 관상	반추 Appropriation Days
		회개 (정화)		예수님의 감추어진 생애	2 Standards 3 Classes 3 Types	예수님의 공생애	예수님의 수난	예수님의 영광 (부활)		
		~으로부터 자유		~을 위한 자유			~와 함께 자유			

5. 향심 기도와 관상

1) 향심 기도란 무엇인가?

기도는 성령의 일이다(롬 8:27)라고 성경은 가르친다. 이것은 기도가 우리의 능동적인 행위 여하에 달려 있지 않다는 것을 암시한다. 그러면 현실적으로 우리 자신이 기도의 의지를 일으키고 기도라는 행위를 하는 것은 무엇이며, 이 모순적인 충돌을 어떻게 극복할 수 있는가? 또 성경은 은밀한 중에 계신 하나님께 은밀하게 기도하라(마 6:6)고 가르친다. 그런데 오늘 현장에서 행해지고 있는 기도는 복잡하고 요란한 언어와 개념과 이미지로 가득 차 있다. 마치 하나님은 저 멀리에 계셔서 우리를 주목하지 않으시고 다른 일로 분주하신 분인 것처럼 우리는 그분을 향하여 부르짖는다. 은밀한 중에 계신 그분에게 은밀하게 기도하는 것이 이러한 모습은 아닐 것이다. 기도는 우리의 심리를 자연스럽게 반영한다는 사실을 인정할 때 그분이 멀게만 느껴진다면 그렇게 기도할 수밖에 없을 것이다.

그러면 어떻게 성경의 가르침과 현실적인 기도의 방식이 화해를 하고 조화를 이룰 수 있는가? 지나간 영성사 속에서 수많은 하나님의 사람들도 이러한 동일한 모순에 직면하여 몸부림을 쳤을 것이다. 그 결과로 나타난 관상의 길 중의 하나가 무념의 길이다. 그들은 언어와 이미지와 개념으로 우리에게 알려진 하나님은 하나님 당신 스스로가 드러내시고자 하는 그런 모습과는 상당히 차이가 있다는 것을 경험하곤 했다. 오히려 그 이미지와 개념이 깃들여진 경험이 하나님 그 자신을 있는 그대로 직면하는 데 장애물이 되고 있다는 것도 알아냈다. 그래서 할 수 있는 만큼 언어와 이미지와 개념이라는 중간 매개체를 제거하고 하나님의 현존과 그 활동에 단순히 귀를 기울이면서, 그곳에 머무는 동안 기도자 자신이 그 무엇을 느끼고 맛볼 겨를도 없이 하나님 그 자신과 만나고 하나가 되는 경험을 한다.

그러면 우리 존재 심연에 이미 현존하고 계시는 그분에게 이르기 위해서 우리가 할 수 있는 일은 무엇인가? 아무것도 하지 않는 것이 우리의 일이다. 십자가의 성 요한은 "하나님 아버지께서는 모든 영원으로부터 한 말씀을 하시며 이 말씀을 침묵 속에서 하신다. 그리고 우리는 이 침묵 속에서 그 말씀을 듣는다."[1]고 했다. 이 말은 하나님은 침묵이시기에 침묵의 심연으로 들어가면 들어갈수록 그분의 존재와 깊은 만남이 이루어질 수 있다는 것을 의미한다.

침묵에 머무는 일이 우리가 할 수 있는 일인데, 그것은 기도 중에 아무것도 하지 않는다는 말과 같다. 침묵을 만들기 위해서 또 다른 일을 하는 것은 이미 그 침묵을 깨고 있는 것이다. 심지어 침묵을 하고 있다는 의식조차 없을 때 비로소 침묵의 세계로 들어간다. 그것은 성령의 일이다. 이러한 기도를 향심 기도라고 부른다. 토마스 키팅(Thomas Keating)은 향심 기도란 어떤 특정한 것에 주의 집중을 하는 것이 아니고, 수용적이며 지향적이라고 말

---

1) Thomas Keating, *Intimacy with God*, 엄무광 역, 『하느님과의 친밀』(서울: 성바오로 출판사, 2008), 72.

한다.2) 어떠한 위안이나 느낌이나 경험을 찾지 않고 무엇이 일어나든지 완전한 자유함 속에서 하나님의 활동하심을 그대로 받아들인다. 이 기도는 아무런 기대도 하지 않으며, 그저 우리 자신은 우리 존재 깊이에 좌정하신 그분을 지향하며, 그리고 자기 자신을 내버려 두는 훈련이며, 동시에 현재 순간에 머무는 것이다. 우리가 할 수 있는 일은 단순히 그분 안에 머물고자 하는 열망이며, 기도를 시작하는 일뿐이다. 그리고 나머지는 성령이 하시는 일이다. 키팅은 그러한 현상을 이러한 비유로 설명한다. "이것은 욕조에서 마개를 빼는 것과 같다. 물은 저절로 흘러내려간다. 욕조에서 물을 밀어 낼 필요가 없다. 그것이 빠져 나가도록 놔두면 된다."3)

향심 기도에서 성령의 역할은 절대적이다. 향심 기도를 하나의 방법이라고 한다면, 그 목적은 성령이 하시도록 나 자신을 그대로 놓아 두는 훈련이다. 우리가 기도하는 동안에 열심히 활동을 하면 할수록(여기 활동이란 갖가지 생각, 느낌, 개념 등을 일으키는 그러한 활동을 말한다.) 성령의 영향력은 그만큼 줄어들고, 그러한 활동을 멈추는 만큼 성령의 영향력은 확대되어 간다. 왜냐하면 내가 활동을 멈춘다는 것은 성령의 이끄심에 나 자신을 내맡기고, 하나님의 활동에 동의하는 것을 의미하기 때문이다. 그러므로 기도는 성령의 일이라는 것을 적극적으로 받아들이는 행위이지만, 그것은 내가 이를 위해서 무엇인가 해야 하는 것이 아니며, 그분이 이미 내 안에 좌정하신다는 사실을 믿고, 자기 자신의 활동을 멈추는 것이다. 그럴 때 그 기도는 은밀한 곳에 계시는 그분을 지향하는 은밀한 기도가 된다.

2) 향심 기도의 역사적 유래

향심 기도의 기원으로는 보통 14세기에 무명의 작가가 쓴 『무지의 구름』

---

2) Thomas Keating, *Open Mind, Open Heart*, 이청준 역, 『마음을 열고 가슴을 열고』 (경남 마산: 도서출판 불휘, 2009), 34, 50.
3) 위의 책, 35.

(*The Cloud of Unknowing*)과 십자가의 성 요한4)을 꼽는다. 이들 모두는 관상에로 이르는 수단으로 무념적 방법(aphophatic way)을 취하고 있는 사람들이다. 그러나 무념적인 방법으로 관상적 체험에 이르는 것을 근본적으로 향심 기도의 기원으로 본다면, 그 기원은 훨씬 위로 거슬러 올라갈 수 있다. 이집트 사막의 수도자나 동방교회의 전통에서 더 많은 유래를 찾아볼 수 있다. 바실 페닝톤(M. Basil Pennington)은 향심 기도의 유래를 매우 초기교회로 거슬러 올라가면서 이 기도를 사막에서 온 선물이라고 말한다.5) 일찍이 4-5세기에 그러한 움직임이 있었다. 이집트 사막의 전통을 서방교회에 전해 주는 일에 중대한 역할을 한 카시안(John Cassian)으로부터 그 유래를 찾아볼 수 있다. 그가 쓴 책 『공주 수도원 강요』(*Institutes of the Coenobites*)는 사막의 압바 이삭(Abba Isaac)으로부터 전해 받은 기도에 대한 가르침을 이렇게 전하고 있다. "어쩌면 끓는 물같이 생각이 계속 일어나서 그것을 어떻게 할 수 없을 뿐 아니라 생각 때문에 기도를 하기 힘들 수도 있습니다. 너무 메말라 영적으로 아무것도 느끼지 못하면서 계속 한숨을 쉬고 끙끙거리지만 그렇게 해도 별로 소용이 없습니다. 다만 '오 하나님, 어서 오시어 저를 도우소서. 오 주님, 어서 저를 도우소서.'라고 기도해야 합니다. 쓸데없는 생각들이 사라지도록 계속 이것을 외워야 합니다. 다른 아름다운 말들은 소용이 없습니다.…시각적 도움이나 그 어떤 생각이나 말도 없이 불에서 불꽃이 튀듯이 마음을 온전히 하나님께 그리고 그 어떤 감각적인 도움도 없이 하나님께 기도를 쏟아 내는 것입니다."6) 페닝톤은 역시 예수 기도를 향심 기도와 같은 것으로 받아들이고 있다. 예수 기도는 예수의 이름을 부르는 짧은 기도문을 사용하는 기도이지만, 사실 예수 기도는 그 기도문에 주목하는 것이 아니고, 하나님의 현존에 머무는 것이 목적이기 때문에 그렇

---

4) 본 책 제 3장 4. 3) 관상적 체험의 다양성 참고.
5) M. Basil Pennington, *Centering Prayer*, 이승구 역, 『향심기도』 (서울: 기쁜소식, 2009), 제2장 참고.
6) 위의 책, 29-30.

다고 한다.[7)

『무지의 구름』의 저자는 그의 저서 서문에서 "기도의 가치는 단순함에 있음을 잊지 마십시오. 어린아이와 같지 않으면 하늘나라에 들어가지 못할 것입니다."[8)라고 말하고 있다. 『무지의 구름』은 곳곳에서 기도의 방법에 대해서 언급하고 있다. "마음의 모든 것을 오로지 하나님께로 모으고, 오직 그것만 바라도록 하라(3장). 바라는 것을 얻고자 하는 열망은 아주 조금이면 된다(4장). 이렇게 할 때 결코 상상력을 긴장시키지 않도록 주의하라. 그렇지 않으면 절대로 성공할 수 없다. 모든 기능을 평화롭게 놓아 두어라(4장). 일상적인 관심과 어떤 기억들이 떠오름으로써 마음이 산란해졌다는 것을 알아차린다면 사랑 안에서 하나님을 향해 돌아서라. 걱정하지 말라. 해가 될 것 없다. 그런 사람은 다시 아주 부드럽게 기도어로 되돌아가라(4장)."[9) 이상의 역사적 유래를 볼 때 기도에서 언어를 사용했지만, 그 언어는 매우 절제된 것이었고 단순한 것이었다. 그리고 더 주목할 것은 그 언어가 바로 기도어라고 할 수 없을 만큼 그 기도어 자체에 주목하지 않고, 그 너머에 있는 하나님의 현존으로 돌아가는 매개체로 사용했을 뿐이다. 그것이 향심 기도에서 거룩한 단어를 사용하는 전통이 되었다고 할 수 있다. 향심 기도에서 사용하는 매우 짧은 단어를 거룩하다고 말하는 것은 그 단어 자체가 가져다 주는 거룩성 때문이 아니고, 기도자의 지향이 흐려졌을 때 거룩한 그 지향점으로 되돌아가도록 해 주는 역할을 하기 때문이다. 거룩한 단어로 돌아가는 것은 사로잡혔던 생각이나 감정이나 개념으로부터 떠나서 하나님의 현존에 동의한다는 원래의 지향을 재확인하는 행동이다.[10)

7) 위의 책, 35.
8) 위의 책, 77.
9) 위의 책, 36-37.
10) T. Keating, 『하느님과의 친밀』, 78.

3) 향심 기도 동안에 무엇이 일어나는가?

향심 기도는 어떤 기도나 대상에 집중하는 것이 아니고, 단순히 지향하는
것이라고 했다. 즉 하나님이 그 곳에 현존하시고, 또 임의적으로 그분이 활동
하심을 동의하면서 기다리고 지향하는 것이다. 그러는 동안 마음에 다양한 생
각과 감정과 인상 등이 떠올라서 지향을 흐트러지게 한다. 단순히 흐트러지게
할 뿐만 아니라, 어떤 생각이나 감정이나 인상에 주목하도록 한다. 이러한 것
들이 우리의 무의식을 자극하여 꼬리를 물고 일어나기 때문에, 하나님의 현존
과 활동을 방해한다. 토마스 키팅은 이러한 작용을 비유로 들어 설명하고 있다.
의식을 강으로 비유하고, 그 의식에 끊임없이 떠다니는 생각, 감정, 인상을 배
로 비유하여 그 관계성을 이렇게 설명한다. 평상적 수준에서는 의식이라는 강
위에 갖가지 감각적 자극, 감정, 영상, 기억, 성찰 등의 배가 떠다니면서 그 의
식이라는 강에 주목하지 못하도록 한다. 이 때 그 배에 올라타기 전에 혹은 이
미 올라탔다 할지라도 거룩한 단어로 돌아가서 의식의 표면으로부터 벗어나야
한다. 그리고 다시 그 의식 깊은 곳으로 내려가기 위해서 거룩한 단어로 돌아가
곤 한다. 하나님이 현존하시는 그 참자아의 심연으로 내려가는 일이 이 기도의
목적이기 때문에 아무리 유용하고 화려하게 보이는 배일지라도 그 곳으로 오르
면 기도는 실패하게 된다.11) 그것이 바로 향심 기도에서 활동을 멈추라는 이야
기이다.

기도가 깊어지고 발전되어 가면서 갖가지 현상을 경험하게 된다. 그런데
향심 기도에서는 이 경험은 추구해야 할 대상이거나 응답해야 할 것들이 아
니다. 향심 기도 자체가 그러한 경험으로부터 자유롭게 되는 것이기 때문에,
그러한 경험에 대해서 마음을 쓸 필요는 없다. 그럼에도 불구하고 인간은 심
리적인 존재이기 때문에 내면 깊이로 내려가면 내려갈수록, 기도자는 그 표
층에 해당하는 어떤 경험을 할 수밖에 없으며, 그러한 경우 그것들을 몰아내

11) 위의 책, 79-82.

거나 억누르려 하지 말고, 있는 그대로 수용한다. 즉 그러한 현상을 거부할 대상처럼 맞서지 말고, 끌어안고 가야 할 자신의 존재의 일부로 여기고, 그 것들로부터 괴롭힘을 받지 말고, 흘러가도록 내버려 두라는 것이다.

향심 기도를 지도하는 사람들이 공통적으로 제시하는 현상은 다음과 같다.12) 첫 번째는 일상적으로 떠도는 피상적인 생각이다. 의식하지 않았던 신체의 일부분이 의식되고, 의식하지 않았던 주변의 소리가 소음으로 들리기도 한다. 그러한 것들이 우리의 주의를 끌면서 의식의 표면에 머물도록 한다. 두 번째는 어떤 생각에 빠지는 경험을 한다. 자기도 모르게 흥미나 호기심을 유발하는 생각에 묶여 의식의 표면 위로 올라오려 한다. 이 때 이미 선택한 거룩한 단어를 사용해서 사랑스럽게 우리를 기다리고 계시는 하나님이 현존으로 돌아간다.

세 번째는 자기 성찰적인 생각에 사로잡힌다. 깊은 평화가 유지되는 동안 더 이상 특정한 생각을 따라가지 않게 될 때 자기 자신의 모습을 성찰하려는 욕구가 일어난다.13) 즉 자신의 기도를 점검하면서 "그래, 기도가 참 잘되고 있구나. 여기까지 해냈구나. 참 좋은 경험을 하고 있구나." 등의 성찰을 말한다. 이것 역시 하나님께로의 지향으로부터 자신의 생각으로 돌아온 것이기 때문에 기도가 멈추어지는 상태라고 할 수 있다. 그것을 발견하자마자 자연스럽게 거룩한 단어로 돌아옴으로써 하나님을 향하여 그 지향을 되돌려 놓는다.

네 번째는 통찰과 심리적 묘안이다.14) 눈부신 신학적 통찰이나 놀라운 묘안이 떠오른다. 설교의 통찰력이 떠오른다든가, 그 동안 머리를 아프게 했던 고민거리가 갑자기 해소되는 듯한 통찰력이 열려서, 그것들을 기억하고 간직하고자 하는 욕구가 일어난다. 향심 기도는 철저히 자기 부정으로부터 비롯

---

12) M. B. Pennington, 『향심기도』, 제6장. T. Keating, 『하느님과의 친밀』, 제8장. T. Keating, 『마음을 열고 가슴을 열고』, 제6장, 제9장.
13) T. Keating, 『마음을 열고 가슴을 열고』, 143.
14) M. B. Pennington, 『향심기도』, 127.

되기에 그러한 것들로 인해서 자신의 거짓 자아에 묶이는 위험으로부터 주의해야 한다.[15] 그래서 살짝 거룩한 단어로 돌아와서 그것으로부터 자유롭게 되고, 하나님께로의 지향을 놓치지 말아야 한다.

4) 향심 기도의 실제

(1) 적어도 20분 이상을 조용히 머물 수 있는 방해받지 않는 장소를 선택한다.

(2) 거룩한 단어를 선택한다. 이 거룩한 단어는 자주 바뀌지 않는 것이 좋다. 거룩한 단어는 반복해서 암송하는 것이 아니고, 우리의 지향점을 방해할 때 그 곳으로 돌아가기 위해서 살짝 떠올리는 단어일 뿐이다. 그 단어에 묶여지면 향심 기도의 지향점을 놓치게 된다. 거룩한 단어 대신에 하나님의 현존을 지향하는 내적 응시나 간단한 이미지도 괜찮다.

(3) 편안히 앉아서 눈을 감고 마음을 가라앉힌 다음에 하나님의 현존과 활동에 동의한다는 의미로 거룩한 단어를 떠올린다. 눈을 감는 것은 보이는 것이 감각을 자극하여 다른 생각을 떠오르게 하는 것을 막아줄 수 있기 때문이다.

(4) 기도가 진행되는 동안에는 어떠한 맛도 보려 하지 말고, 끊임없이 심연 깊이에 현존하시고 활동하시는 그분을 지향하도록 한다. 그것을 흐려지게 할 때마다 거룩한 단어로 돌아간다.

(5) 약속된 기도 시간이 끝나면 조용히 머물면서 주기도문으로 기도를 드리면서 일상으로 돌아온다.

(6) 하나님의 현존과 활동에 대한 동의는 전적인 믿음으로부터 비롯되기에, 그것을 위해서 향심 기도 이전에나 후에 성경을 읽으면서 렉시오 디비나를 겸해도 좋다. 그렇지 않으면 아침에 향심 기도를 드린다면 저녁에는 렉시오 디비나로 기도를 드리는 것도 좋다.

---

15) T. Keating, 『마음을 열고 가슴을 열고』, 143.

참고 문헌

A Monk of the Eastern Church. *The Jesus Prayer.* New York: St. Vladimir's Seminary Press, 1997.

Albright, W. F. *From the Stone Age to Christianity.* Baltimore: The John's Hopkins Press, 1957.

Asselin, David T. "Christian Maturity and Spiritual Discernment." In *Notes on the Spiritual Exercises of St. Ignatius of Loyola,* 201-213. Edited by David L. Fleming. St. Louis, MO: Review for Religious, 1981.

Athanasius. *The Life of St. Anthony.* 안미란 역.『성 안토니의 생애』. 서울: 도서 출판 은성, 1995.

Augustine. *City of God.* Edited by David Knowles. Translated by Henry Betterson. Middlesex, England: Penguin, 1972.

Augustine. *City of God.* Edited by Vernon J. Bourke. New York: Image Books, 1958.

Augustine. *Confessions.*

Augustine. *Confessions.* 선한용 역.『성 어거스틴의 고백록』. 서울: 대한기독교 서회, 1990.

Aumann, Jordan. *Christian Spirituality in the Catholic Tradition.* San Francisco: Ignatius Press, 1985.

Aumann, Jordan. *Spiritual Theology.* 이홍근 역.『영성신학』. 대구: 분도출판 사, 1987.

Barry, William A. and William J. Connolly. *The Practice of Spiritual Direction.* 김창재, 김선숙 공역.『영적 지도의 실제』. 서울: 분도출판사, 1995.

Barry, William A. *Discernment in Prayer: Praying Attention to God.* Notre

Dame, Indiana: Ave Maria Press, 1999.

Bechtle, Regina. "Karl Rahner's Supernatural Existential: A Personalist Approach." *Thought*. Vol. 48. No. 1 1973.

Benedictus. *Regula Benedicti*. 이형우 역주. 『베네딕도 수도 규칙』. 왜관: 분도출판사, 1991.

Bernard of Clairvaux. *Bernard of Clairvaux*. New York: Paulist Press, 1987.

Bernard of Clairvaux. *The Love of God*. Portland, Oregon: Multnomah Press, 1983.

Bianchi, Enzo. *Pregare La Parola*. 이연학 역. 『말씀에서 샘솟는 기도』. 왜관: 분도출판사, 2003.

Biehl, Bobb. *Mentoring*. 김성웅 역. 『멘토링: 사람을 세워주는 22가지 원리』. 서울: 도서출판 디모데, 1998.

Bloesch, Donald G. *The Crisis of Piety*. Grand Rapids: Eerdmans, 1968.

Bloesch, Donald G. *The Reform of the Church*. 오성춘, 최건호 공역. 『목회와 신학』. 서울: 한국장로교출판사, 1992.

Bonaventure. *Bonaventure*. Translated by Ewert Cousins. New York: Paulist Press, 1978.

Bonhoeffer, Dietrich. *The Cost of Discipleship*. New York: Macmillan Publishing Co., 1963.

Bouwsma, William J. *John Calvin: A Sixteenth Century Portrait*. New York: Oxford University Press, 1988.

Buechsel, Friedrich. "$\delta\iota\alpha\kappa\rho\iota\nu o, \delta\iota\alpha\kappa\rho\iota\sigma\iota\varsigma$." In *Theological Dictionary of the New Testament*. Vol. 3, 946-950. Edited by Gerhard Kittel, Gerhard Friedrich, Geoffrey W. Bromiley. Grand Rapids, Michigan: Eerdmans, 1966.

Carpenter, James A. "Nature and Grace." *Sacramentum Mundi: An*

Encyclopedia of Theology. Vol. 2, New York: Herder and Herder, 1968.

Cassian, John. *John Cassian: Conferences.* New York: Paulist Press, 1985.

Cencini, A. and A. Manenti. *Psychology and Formation: Structure and Dynamic.* Translated by Anne Plathara and Anne Mattappallil. Bombay: the Daughters of St. Paul, 1992.

Chariton of Valamo, Igumen. *The Art of Prayer: An Orthodox Anthology.* Translated by E. Kadloubovsky and E. M. Palmer. London: Faber and Faber, 1997.

Chesterton, G. K. *St. Thomas Aquinas.* Garden City, New York: Image Books, 1956.

Church, F. Forrester, ed. *The Essential Tillich: An Anthology of the Writings of Paul Tillich.* New York: Collier Books Macmillan Publishing Co., 1987.

Collins, Kenneth J., ed. *Exploring Christian Spirituality: An Ecumenical Reader.* Grand Rapids, Michigan: Baker Books, 2000.

Come, Arnold B. *Human Spirit and Holy Spirit.* 김성민 역. 『인간의 영과 성령』. 서울: 대한기독교출판사, 1984.

Conroy, Maureen. *Looking into the Well: Supervision of Spiritual Director.* Chicago: Loyola University Press, 1995.

Coreth, Emerich. "Contemplative in Action." In *Contemporary Spirituality.* Edited by R. W. Gleason. New York: Macmillan Co., 1968.

Cousins, Ewert H. "Models and the Future of Theology." *Continuum* VII (1969), 78-92.

Cousins, Ewert H. *Christ of the 21st Century.* Rockport, MA: Element, 1992.

Cousins, Ewert. "Spirituality: A Resource for Theology." *Proceedings of*

Catholic Theological Society of America 35 (1980), 124-137.

Cousins, Ewert. "The Humanity and the Passion of Christ." In *Christian Spirituality II: High Middle Ages and Reformation*, 375-391. Edited by Jill Raitt, Bernard McGinn, and John Meyendorff. New York: Crossroad, 1987.

Cousins, Ewert. Preface in *Christian Spirituality: Origins to the Twelfth Century*. Edited by McGinn, Bernard, John Meyendorff, and Jean Leclercq, eds. New York: Crossroad, 1987.

Cox, Harvery. *Fire from Heaven*. 유지황 역. 『영성. 음악. 여성: 21세기 종교와 성령운동』. 서울: 동연, 1996.

Cullmann, Oscar. *Das Gebet im Neuen Testament*. 김상기 역. 『기도』. 서울: 대한기독교서회, 2007.

Cunningham, Lawrence, ed. *Brother Francis: An Anthology of Writings by and about St. Francis of Assisi*. New York: Harper & Row, 1972.

Dal Sasso, G. and R. Coggi, eds. *Compendio della Somma Teologica*. 이재룡, 이동익, 조규만 공역. 『성 토마스 아퀴나스의 신학대전 요약』. 서울: 가톨릭대학교 출판부, 1995.

De Guibert, Joseph. *The Theology of the Spiritual Life*. New York: Sheed and Ward, 1953.

De Sales, Francis and Jane de Chantal. *Francis De Sales, and Jane de Chantal: Letters of Spiritual Direction*. New York: Paulist Press, 1988.

De Vries, Piet Penning. *Discerment of Spirits*. New York: Exposition Press, 1973.

Devotio Moderna: Basic Writings. Translated and introduced by John Van Engen. New York: Paulist Press, 1988.

Divarkar, Parmananda. *The Path of Interior Knowledge.* 심종혁 역, 『내적 인식의 여정』. 서울: 이냐시오 영성 연구소, 1994.

Dowey, Jr., Edward A. *The Knowledge of God in Calvin's Theology.* New York: Columbia University Press, 1952.

Downey, Michael, ed. *The New Dictionary of Catholic Spirituality.* Collegeville, Minnesota: The Liturgical Press, 1993.

Downey, Michael. *Understanding Christian Spirituality.* 안성근 역. 『오늘의 기독교 영성이해』. 서울: 도서출판 은성, 2001.

Dubay, Thomas, S.M. *Authenticity: A Biblical Theology of Discernment.* San Francisco: Ignatius Press, 1977.

Egan, Harvey D. *Christian Mysticism: the future of a tradition.* New York: Pueblo Publishing Co., 1984.

Egan, Harvey D. *The Spiritual Exercises and the Ignatius Mystical Horizon.* St. Louis: The Institute of Jesuit Sources, 1976.

English, John J. *Spiritual Freedom.* 이건 역. 『영적 자유』. 서울: 가톨릭출판사, 1996.

Exegetical Dictionary of the New Testament (EDNT). Edited by Horst Balz and Gerhard Schneider. Grand Rapids, Michigan: William B. Eerdmans Publishing Co., 1994.

Ferguson, Marilyn. *The Aquarian Conspiracy.* 김용주 역. 『뉴에이지 혁명』. 서울: 정신세계사, 1994.

Flemming, David L., ed. *Notes on the Spiritual Exercises of St. Ignatius of Loyola.* St. Louis: Review for Religious, 1981.

Flemming, David L. *The Spiritual Exercises of St. Ignatius: a Literal Translation and a Contemporary Reading.* Anand: Gujarat Sahitya Prakash, 1978.

Floristan, Casiano and Christian Duquoc. *Discernment of the Spirit and of Spirits*. New York: The Seabury Press, 1979.

Forsyth, P. T. *The Soul of Prayer*. 이길상 역. 『영혼의 기도』. 서울: 복있는 사람, 2005.

Francis and Clare of Assisi. *Francis and Clare*. New York: Paulist Press, 1982.

Futrell, John. *Ignatian Discerment*. St. Louis, MO: American Assistancy Seminar on Jesuit Spirituality, 1970.

Ganoczy, Alexander. *The Young Calvin*. Translated by David Foxgrover and Wade Provo. Philadelphia: The Westminster Press, 1987.

Giordani, Bruno. *Il Colloquio Psicologico Nella Direzione Spirituale*. 박영호 역. 『영성지도: 영성생활을 위한 심리학적 도움』. 서울: 미루나무, 2003.

Gomez, Jesus A. *Historia de la Vida Religiosa*. 강운자 역. 『수도생활 역사 Ⅱ』. 서울: 성바오로 출판사, 2002.

Gonzalez, Justo L. *A History of Christian Thought*. 이형기, 차종순 공역. 『기독교 사상사(I)』. 서울: 대한예수교장로회총회출판국, 1988.

Gossett, Jr., Earl F. "The Doctrine of Justification in the Theology of John Calvin, Albrecht Ritschl, and Reinhold Niebuhr." Ph.D. diss., Vanderbilt University, 1961.

Green, Thomas H. *Weeds among the Wheat: Discernment*. Notre Dame, Indiana: Ave Maria Press, 1986.

Greer, Rowan A. "General Introduction." *Origen: An Exhortation to Martyrdom, Prayer, First Principles: Book IV, The Prologue to the Commentary on The Song of Songs, Homily XXVII on Numbers*. Translated by Rowan A. Greer. New York: Paulist Press, 1979.

Gregory of Nyssa. *Gregory of Nyssa: The Life of Moses*. New York: Paulist

Press, 1978.

Groeschel, Benedict J. *Spiritual Passages: The Psychology of Spiritual Development.* New York: Crossroad, 1984.

Guillet, Jacques, Gustave Bardy, Francois Vandenbroucke, Joseph Pegon, and Henri Martin. *Discernment of Spirits.* Translated by Innocentia Richards. Minnesota: The Liturgical Press, 1970.

Habig, Marion A., ed. *St. Francis of Assisi: Omnibus of Sources.* Chicago: Franciscan Herald, 1983.

Harbaugh, Gary L. *Pastor as Person.* Minneapolis: Augsburg Publishing House, 1984.

Hart, Trevor. "Humankind in Christ and Christ in Humankind: Salvation as Participation in our Substitute in the Theology of John Calvin," *Scottish Journal of Theology* 42 (May 1989), 78-79.

Healey, Charles J. "Prayer: The Context of Discernment." In *Notes on the Spiritual Exercises of St. Ignatius of Loyola.* Edited by David L. Fleming. St. Louis, MO: Review for Religious, 1981.

Helminiak, Daniel A. *The Human Core of Spirituality: Mind as Psyche and Spirit.* New York: State University of New York Press, 1996.

Helminiak, Daniel A. *The Same Jesus: A Contemporary Christology.* Chicago: Loyola University Press, 1986.

Holmes III, Urban T. *Spirituality for Ministry.* 김외식 역. 『영성과 목회』. 서울: 대한기독교서회, 1988.

Holmes III, Urban T. *Ministry and Imagination.* New York: The Seabury Press, 1976.

Horn, John. *Mystical Healing: the Psychological and Spiritual Power of the Ignatian Spiritual Exercises.* New York: the Crossroad Publishing

Co., 1996.

Ignacio de Loyola. *Ejercicios Espirituales.* 정제천 요한 역. 『영신수련』. 서울: 이냐시오 영성 연구소, 2006.

Ignatitus of Loyola. *Ignatius of Loyola: Spiritual Exercises and Selected Works.* New York: Paulist Press, 1991.

Ignatitus Loyola. *The Autobiography of St. Ignatius Loyola with Related Documents.* 한국예수회 역. 『이냐시오 로욜라 자서전』. 서울: 이냐시오 영성연구소, 1997.

Ignatius of Loyola. *The Spiritual Exercises of St. Ignatius.* Translated by Louis J. Puhl. Chicago: Loyola University Press, 1951.

Ivens, Michael. *Understanding the Spiritual Exercises.* Leominster, Herefordshire: Gracewing, 1998.

James, William. *The Varieties of Religious Experiences: A Study in Human Nature.* 김성민, 정지련 공역. 『종교체험의 여러 모습들: 인간본성에 관한 연구』. 서울: 대한기독교서회, 1998.

John of the Cross. *Subida del Monte Carmelo.* 최민순 역. 『갈멜의 산길』. 서울: 성바오로 출판사, 1986.

Keating, Thomas. *Intimacy with God.* 엄무광 역. 『하느님과의 친밀』. 서울: 성바오로 출판사, 2008.

Keating, Thomas. *Open Mind, Open Heart.* 이청준 역. 『마음을 열고 가슴을 열고』. 경남 마산: 도서출판 불휘, 2009.

Lambert, Willi. *Aus Liebe zur Wirklichkeit.* 한연희 역. 『현실에 대한 사랑으로』. 서울: 이냐시오 영성연구소, 1998.

Lamprecht, S. P. *Our Philosophical Traditions: A Brief History of Philosophical in Western Civilization.* 김태길, 윤명로, 최명관 공역. 『서양철학사』. 서울: 을유문화사, 1992.

Leclercq, Jean. *The Love of Learning and the Desire for God.* New York: Fordham University, 1988.

Leclercq, Jean. *The Love of Learning and the Desire for God.* Translated by Catherine Misrahi. New York: Fordham University Press, 1962.

Leech, Kenneth. *Experiencing God: Theology as Spirituality.* New York: Harper & Row, 1985.

Leech, Kenneth. *Soul Friend: Spiritual Direction in the Modern World.* 신선명, 신현복 공역.『영혼의 친구』. 서울: 아침영성지도연구원, 2006.

Leech, Kenneth. *True Prayer.* 노진준 역.『마음으로 드리는 기도』. 서울: 도서출판 은성, 1992.

Leith, John H. *John Calvin's Doctrine of the Christian Life.* Louisville, Kentucky: Westminster/ John Knox Press, 1989.

Lonergan, Bernard J. F. *Insight: A Study of Human Understanding.* San Francisco: Harper & Row Publisher, 1958.

Lonergan, Bernard J. F. *Method in Theology.* Toronto: University of Toronto Press, 1999.

Lonergan, Bernard J. F. *Philosophy of God, and Theology.* Philadelphia: the Westminster Press, 1973.

Maas, Robin and Gabriel O'Donnell. *Spiritual Traditions for the Contemporary Church.* Nashville: Abingdon Press, 1990.

Marcel, Pierre. "The Relation between Justification and Sanctification in Calvin's Thought." *The Evangelical Quarterly* 27 (1955), 132-145.

May, Gerald G. *Care of Mind, Care of Spirit: A Psychiatrist Explores Spiritual Direction.* San Francisco: Harper Collins Publisher, 1992.

McGinn, Bernard, John Meyendorff, and Jean Leclercq, eds. *Christian Spirituality: Origins to the Twelfth Century.* New York: Crossroad,

1987.

McGinn, Bernard, John Meyendorff, and Jean Leclercq, eds. *Christian Spirituality: Origins to the Twelfth Century*. 유해룡, 이후정, 정용석, 엄성옥 공역. 『기독교 영성(1)』. 서울: 도서출판 은성, 1997.

McGinn, Bernard. *The Foundations of Mysticism: Origins to the Fifth Century*. 방성규, 엄성옥 공역. 『서방기독교 신비주의의 역사』. 서울: 도서출판 은성, 2000.

McGinn, Bernard. *The Foundations of Mysticism: Origins to the Fifth Century*. New York: Crossroad, 1992.

Merton, Thomas. *Contemplative Prayer*. New York: Image Books, 1971.

Metropolitan of Nafpaktos Hierotheos. *Orthodox Psychotherapy: The Science of the Fathers*. Translated by Esther Williams. Levadia Hellas: Birth of the Theotokos Monastery, 2002.

Metropolitan of Nafpaktos Hierotheos. *St. Gregory Palamas as a Hagiorite*. Translated by Esther Williams. Levadia Hellas: Birth of the Theotokos Monastery, 2000.

Metropolitan of Nafpaktos Hierotheos. *The Person in the Orthodox Tradition*. Translated by Esther Williams. Levadia Hellas: Birth of the Theotokos Monastery, 2002.

Migne, Jacque P., ed. *Patrologiae Cursus Completus*. Vol 7. Paris: Apud Garnier, 1844.

Miles, Margaret R. *Practicing Christianity: Critical Perspectives for an Embodied Spirituality*. New York: Crossroad, 1990.

Miller, Patrick D. *They Cried to the Lord: The Form and Theology of Biblical Prayer*. Minneapolis: Fortress Press, 1994.

Moore, Robert L., ed. *Carl Jung and Christian Spirituality*. New York:

Paulist Press, 1988.

Moore, Sebastian. *Let This Mind Be in You: The Quest for Identity through Oedipus to Christ.* New York: Winston Press, 1985.

Nemeck, Francis Kelly and Marie Theresa Coombs. *The Way of Spiritual Direction.* Collegeville, Minnesota: The Liturgical Press, 1993.

Niesel, William. *The Theology of Calvin.* Translated by Harold Knight. Philadelphia: The Westminster Press, 1956.

Nouwen, Henri. *The Wounded Healer.* 최원준 역. 『상처입은 치유자』. 서울: 두란노, 1999.

Nouwen, Henry. *Desert Spirituality and Contemporary Ministry.* 신현복 역. 『사막의 영성』. 서울: 아침영성지도연구원, 2002.

Nouwen, Henry. *The Living Reminder.* 성찬성 역. 『살아있는 기억매체』. 서울: 성바오로 출판사, 1991.

O'Donovan, Leo J., ed. *A World of Grace: An Introduction to the Themes and Foundation of Karl Rahner's Theology.* New York: Crossroad, 1989.

Orr, William F., and James Arthur Walther. *I Corinthians, Anchor Bible.* Vol. 32. New York: Doubleday & Company, Inc, 1982.

Ozment, Steven. *The Age of Reform 1250-1550: An Intellectual and Religious History of Late Medieval and Reformation Europe.* New Haven: Yale University Press, 1980.

Peck, M. Scott. *The Road Less Traveled: A New Psychology of Love, Traditional Values and Spiritual Growth.* New York: A Touchstone Book, 1978.

Pennington, M. Basil. *Centering Prayer.* 이승구 역. 『향심기도』. 서울: 기쁜소식, 2009.

Pietists: Selected Writings. New York: Paulist Press, 1983.

Power, Carla. "Lost in Silent Prayer." *Newsweek*, 12 July 1999, 44-49.

Pseudo-Dionysius. *Pseudo-Dionysius*. New York: Paulist Press, 1987.

Rahner, Karl. *Foundations of Christian Faith: An Introduction to the Idea of Christianity*. New York: Crossroad, 1989.

Rahner, Karl. *Spiritual Exercises*. Translated by Kenneth Baker. New York: Herder and Herder, 1965.

Rahner, Karl. *Theological Investigations*. Vol. IV. and Vol. VI. Baltimore, MD: Darton, Longman & Todd Ltd., 1966.

Richard of St. Victor. *Richard of St. Victor*. New York: Paulist Press, 1979.

Richard, Lucien J. *The Spirituality of John Calvin*. Atlanta: John Knox Press, 1974.

Schneiders, Sandra M. "Scripture and Spirituality." In *Christian Spirituality I*, 1-20. Edited by Bernard McGinn, John Meyendorff, and Jean Leclercq. New York: Crossroad, 1987.

Schneiders, Sandra M. "제1장 성서와 영성". 버나드 맥긴, 존 마이엔도르프, 장 레크레르크 편. 유해룡 외 공역. 『기독교 영성(1): 초대부터 12세기까지』. 서울: 도서출판 은성, 1997. •

Schneiders, Sandra M. "Theology and Spirituality: Strangers, Rivals, or Partner?" *Horizon* 13/2 (1986), 253-274.

Shannon, William H. "Contemplation, Contemplative Prayer." In *The New Dictionary of Catholic Spirituality*. Edited by Michael Downey. Collegeville, Minnesota: The Liturgical Press, 1993.

Sheldrake, Philip, ed. *The Way of Ignatius of Loyola*. St. Louis: The Institute of Jesuits Source, 1991.

Sheldrake, Philip. *Spirituality & History*. Maryknoll, New York : Orbis,

1998.

Sperry, Len. *Transforming Self and Community: Revisioning Pastoral Counseling and Spiritual Direction.* Collegeville, Minnesota: The Liturgical Press, 2002.

St Nikodimos of the Holy Mountain and St Makarios of Corinth, compiled, *The Philokalia.* 엄성옥 역. 『필로칼리아』. Vol. 1. 서울: 도서출판 은성, 2001.

St Nikodimos of the Holy Mountain and St Makarios of Corinth, compiled, *The Philokalia.* 엄성옥 역. 『필로칼리아』. Vol. 2. 서울: 도서출판 은성, 2002.

St Nikodimos of the Holy Mountain and St Makarios of Corinth, compiled, *The Philokalia.* Vol. 3. Translated and edited by G. E. H. Palmer, Philip Sherrard, and Kallistos Ware. London: Faber and Faber, 1995.

St. Anselm. *Basic Writings, Proslogium.* La Salle, IL: Open Court Publishing Co., 1988.

St. John of the Cross. *The Collected Works of St. John of the Cross.* "The Spiritual Canticle." Translated by Kieran Kavanaugh and Otilio Rodriguez. Washington, D.C.: ICS Publications, 1979.

Teresa of Avila. *The Interior Castle.* 최민순 역. 『영혼의 성』. 서울: 성바오로 출판사, 1989.

The Way of a Pilgrim. 최익철 역. 『이름없는 순례자』. 서울: 가톨릭 출판사, 1994.

The Works of Bonaventure I (Mystical Opuscula). Translated by Jose de Vinck. Paterson, N. J.: St. Anthony Guild Press, 1960.

Theological Dictionary of the New Testament. Vol. V. Edited by Gerhard Friedrich. Translated by Geoffrey W. Bromiley. Grand Rapids:

William B. Eerdmans Publishing Co., 1983.

Toner, Jules J. *Discerning God's Will: Ignatius of Loyola's Teaching on Christian Decision Making.* St. Louis: Institute of Jesuit Sources, 1991.

Toner, Jules. *A Commentary on Saint Ignatius' Rules for the Discernment of Spirits.* Anand: Gujarat Sahitya Prakash, 1982.

Toner, Jules. *Spirit of Light or Darkness?* St. Louis, MO: The Institute of Jesuit Sources, 1995.

Tyrrell, Bernard J. *Christotherapy: Healing through Enlightenment.* 유병일, 김중원 공역.『깨달음을 통한 치유: 그리스도테라피 I』. 서울: 가톨릭대학교출판부, 2002.

Ulanov, Ann and Barry Ulanov. *Primary Speech: A Psychology of Prayer.* Atlanta: John Knox Press, 1982.

Van Kaam, Adrian. *Fundamental Formation.* 황종렬 역.『근본적 형성』. 서울: 도서출판 국태원, 1996.

Van Ness, Peter H., ed. *Spirituality and the Secular Quest.* New York: Crossroad, 1996.

Walker, Williston. *A History of the Christian Church.* 류형기 역.『기독교회사』. 서울: 한국기독교문화원, 1985.

Wallace, Ronald S. *Calvin Doctrine of the Christian Life.* Edinburgh and London: Oliver and Boyd, 1959.

Ware, Kallistos. "제16장 기도와 관상의 길: 동방교회". 버나드 맥긴, 존 마이엔도르프, 장 레크레르크 편. 유해룡 외 공역『기독교 영성(1): 초대부터 12세기까지』. 서울: 도서출판 은성, 1997.

Ware, Kallistos. *The Power of the Name: The Jesus Prayer in Orthodox Spirituality.* Fairacres, Oxford: SLG Press, 2002.

Wendel, Francois. *Calvin: Origins and Development of His Religious Thought.* Durham, North Carolina: The Labyrinth Press, 1987.

Whitehead, Alfred N. *The Aims of Education and Other Essays.* New York: The Macmillan Company, 1929.

Whitley, C. F. *The Prophetic Achievement.* 양승애 역. 『선지자들의 중심사상』. 서울: 성바오로 출판사, 1982.

Willard, Dallas. *The Spirit of the Disciplines.* 엄성옥 역. 『영성훈련』. 서울: 도서출판 은성, 1993.

김성민. "기도를 잃어버린 시대의 기도". 『기독교 사상』 제 451 호 (1996.7), 60-74.

서인석. 『말씀으로 기도드리기』. 서울: 성서와 함께, 2002.

유해룡. "교회의 양적인 성장과 영성의 상관관계". 『長神論壇』 제14집 (1998), 369-402

유해룡. "'영성의 이론과 실제'에서의 영적지도의 효율성 연구". 『봉사를 위한 교육, 봉사를 통한 교육: 교수학습에 관한 연구보고서』 제4호 (2008), 113-142

유해룡. 『하나님 체험과 영성수련』. 서울: 장로회신학대학교출판부, 2002.

정승훈. 『종교개혁과 칼뱅의 영성』. 서울: 대한기독교서회, 2000.

허성준. 『수도 전통에 따른 렉시오 디비나』. 왜관: 분도출판사, 2003.